应用型高校
智能制造专业集群建设
研究与实践 >>>>

邵瑞影　胡凤菊　刘建华◎著

人民邮电出版社

北　京

图书在版编目（CIP）数据

应用型高校智能制造专业集群建设研究与实践 / 邵瑞影，胡凤菊，刘建华著. -- 北京 : 人民邮电出版社，2025. -- ISBN 978-7-115-67815-7

Ⅰ．TH166

中国国家版本馆 CIP 数据核字第 20259U171W 号

内 容 提 要

随着全球制造业向智能化、数字化、网络化方向加速转型，智能制造已成为推动产业升级与经济高质量发展的核心引擎。在此背景下，应用型高校作为技术技能型人才培养的主阵地，亟须通过专业集群建设打破传统学科壁垒，实现教育链、人才链与产业链、创新链的深度融合。

本书以产业集群理论、协同创新理论、成果导向教育理念为理论基础，围绕智能制造专业集群建设，构建了以产业链对接维度、教育链重构维度、质量保障维度为主干的"三维模型"。本书作者综合运用文献研究、案例分析、问卷调查与实地调研等方法，内容覆盖国内 30 多所应用型高校及 50 多家智能制造企业，通过定量与定性结合的方式揭示现状，提炼实践经验，对智能制造专业集群构建路径、教学模式与方法创新、"双师型"师资培养策略、质量保障机制突破等方面进行了详细分析。

本书适合教育与智能制造领域的专家、学者，高校智能制造相关专业师生阅读和参考。

◆　　　　著　　邵瑞影　胡凤菊　刘建华
　　　　　责任编辑　贾淑艳
　　　　　责任印制　彭志环
◆　人民邮电出版社出版发行　　　　北京市丰台区成寿寺路 11 号
　　　邮编 100164　电子邮件 315@ptpress.com.cn
　　　网址 https://www.ptpress.com.cn
　　　廊坊市印艺阁数字科技有限公司印刷
◆　开本：720×960　1/16
　　　印张：20　　　　　　　　　　　　2025 年 9 月第 1 版
　　　字数：335 千字　　　　　　　　2025 年 10 月河北第 2 次印刷

定　价：89.00 元

读者服务热线：（010）81055656　印装质量热线：（010）81055316
反盗版热线：（010）81055315

前 言

　　随着全球制造业向智能化、数字化、网络化方向加速转型，智能制造已成为推动产业升级与经济高质量发展的核心引擎。在此背景下，应用型高校作为技术技能型人才培养的主阵地，亟须通过专业集群建设打破传统学科壁垒，实现教育链、人才链与产业链、创新链的深度融合。本书以"应用型高校智能制造专业集群建设"为主题，系统探讨其理论框架、实践路径与保障机制，旨在为高等教育改革与产业人才供给提供理论支撑与实践参考。

　　智能制造产业的快速崛起对人才需求提出更高要求：企业不仅需要掌握单一技术的专业人才，更亟须具备跨学科知识集成能力、工程实践能力与创新能力的复合型人才。然而，当前应用型高校在人才培养中还存在不少问题：一方面，传统专业设置碎片化，课程内容滞后于技术发展；另一方面，实践教学资源不足、产教融合深度不够，导致人才供给与产业需求脱节。有鉴于此，本书将聚焦以下核心问题：如何构建与智能制造产业链紧密对接的专业集群？如何通过教学模式创新与资源整合提升人才培养质量？如何建立可持续的质量保障与动态优化机制？

　　本书以产业集群理论、协同创新理论、成果导向教育理念为理论基础，围绕智能制造专业集群建设，构建了以产业链对接维度、教育链重构维度、质量保障维度为主干的"三维模型"。本书作者综合运用文献研究、案例分析、问卷调查与实地调研等方法，内容覆盖国内 30 多所应用型高校及 50 多家智能制造企业，通过定量与定性结合的方式揭示现状，提炼实践经验，对智能制造专业集群构建路径、教学模式与方法创新、"双师型"师资培养策略、质量保障机制突破等方面进行了详细分析。另外，作者以青岛黄海学院为例进行实证分析，重点探讨了产学合作深化、人才培养质量提升、社会认可度增强等方面的内容。

本书通过理论探索与实践验证，为应用型高校智能制造专业集群建设提供了系统化解决方案，为高等教育与产业协同发展提供了范式参考。

本书系 2023 年山东省职业教育教学改革研究项目——"数字化背景下'双主三段、四位一体、闭环评价'职业院校教师数字素养提升对策研究与实践"（项目编号：023393；起止时间：2023.10—2026.01）的研究成果之一。

目 录

第 1 章　绪论

第 2 章　智能制造专业集群理论基础

第 3 章　应用型高校智能制造专业集群建设的现状分析

第4章　应用型高校智能制造专业集群核心要素与建设路径

第 5 章　应用型高校智能制造专业集群教学模式与方法创新

第6章　应用型高校智能制造专业集群质量保障与评价机制

第7章　应用型高校智能制造专业集群建设实践案例——以青岛黄海学院为例

第8章　结论与展望

第1章

绪论

1.1 研究背景与意义

1.1.1 智能制造产业概述

（1）全球智能制造产业现状

近年来，全球智能制造产业正经历"数字化＋智能化"双轮驱动的变革，成为推动全球经济转型和产业升级的重要引擎。以智能制造为核心的第四次工业革命正在重塑全球制造业格局，各国政府和企业纷纷投入巨资，持续加大政策支持力度，制定智能制造战略，推动智能制造技术的研发和应用。例如，德国投资 200 亿欧元推进"工业 4.0"计划，美国拨款 10 亿美元用于"先进制造伙伴计划"，日本投入20 万亿日元用于"社会 5.0"战略。从 2020 年到 2023 年，智能制造产业市场规模从 2140 亿美元增长至 3300 亿美元，年均增速超过 15%。这一增长得益于技术进步、政策支持，以及企业对数字化转型的迫切需求。除此之外，全球制造业对自动化、数字化和智能化的需求日益提升，推动智能制造技术的广泛应用和智能制造产业的快速扩张。

根据国际机器人联合会（International Federation of Robotics，IFR）的数据，全球工业机器人销量在过去十年中持续增长，2020 年达到约 38.4 万台，根据《2023世界机器人报告》，2022 年销量已连续两年突破 50 万台。这一增长趋势表明，智能制造技术在全球制造业中的应用越来越广泛。美国、德国、日本等发达国家在智能制造领域处于领先地位。美国通过"先进制造伙伴计划"和"国家制造业创新网络"等政策，大力推动智能制造技术的发展。德国则通过"工业 4.0"计划，致力于实现制造业的数字化和智能化。日本则通过"社会 5.0"战略，将智能制造与社会的可持续发展紧密结合。

（2）中国智能制造产业现状

中国作为全球制造业大国，近年来在智能制造领域取得了显著进展。在国家政策支持、市场需求驱动和技术创新的推动下，中国智能制造产业取得了显著成就。自 2015 年以来，智能制造被列为制造业转型升级的核心战略。国家陆续出台了一系列配套政策，如《智能制造发展规划（2016—2020 年）》和《"十四五"智能制造发展规划》，明确了技术路线、重点任务和支持措施。地方政府也积极响应，通过设立智能制造示范区、提供资金补贴和税收优惠等方式推动产业发展。根据中华人民共和国工业和信息化部的数据，截至 2024 年一季度，中国智能制造装备产业规模已超 3.2 万亿元人民币；根据 2025 世界机器人大会新闻发布会的数据，2024年，中国工业机器人市场销量达 30.2 万套，连续 12 年保持全球最大工业机器人市场。长三角、珠三角和环渤海地区是智能制造的主要集聚区，上海、深圳、苏州等城市在技术研发和产业化方面表现突出。

在政策支持和技术创新的双重驱动下，中国智能制造产业呈现出快速发展的态势。例如，华为、阿里巴巴、腾讯等科技巨头纷纷布局智能制造领域，推动人工智能、大数据、云计算等技术与制造业的深度融合。此外，中国还涌现出一批智能制造示范企业，如海尔、格力、三一重工等，这些企业在智能制造技术的应用和推广方面取得了显著成效。5G 的商用为智能工厂和远程控制提供了强大支持。然而，中国智能制造产业仍面临核心技术依赖、人才短缺、中小企业转型困难和数据安全等挑战。未来，中国将加大技术自主化研发力度，推动绿色制造与"双碳"目标结合，并通过工业互联网平台促进大中小企业协同发展，助力全球制造业转型升级。

（3）智能制造技术的前沿动态

智能制造技术的发展离不开前沿科技的推动。当前，人工智能、物联网、大数据、云计算、5G 等技术的快速发展，为智能制造提供了强大的技术支撑。人工智能技术在智能制造中的应用日益广泛。例如，机器学习算法可以用于生产过程的优化和预测性维护，深度学习技术可以用于产品质量检测和缺陷识别。物联网技术则通过传感器和通信网络，实现设备之间的互联互通，构建智能工厂的基础设施。大数据技术则通过对海量数据的分析和挖掘，为生产决策提供科学依据。云计算技术则为智能制造提供了强大的计算和存储能力，支持大规模数据处理和分析。5G 则通过高速、低延迟的网络连接，实现设备之间的实时通信和协同工作。

（4）智能制造产业面临的挑战

尽管智能制造产业发展迅速，但仍面临诸多挑战。一是技术标准的缺乏和不统一，导致不同系统和设备、平台之间的互联互通存在障碍，使数据孤岛现象异常严重，增加了系统集成的复杂性和成本。二是数据安全与隐私保护问题逐渐突出，工业数据可能包含敏感信息，网络攻击风险增加，企业需建立完善的数据安全管理体系，这些将会增加智能制造技术的复杂性和成本，使中小企业在应用智能制造技术时面临较大困难。三是高成本与投资回报周期长，智能制造需要大量前期投资，包括硬件设备、软件系统和基础设施，中小企业难以承受，且投资回报周期较长。四是人才短缺与技能水平低等问题显著，智能制造技术快速发展，对人才的需求日益旺盛，如何培养和吸引高素质的智能制造人才，成为产业发展的重要课题。同时，智能制造需要跨学科的高素质人才，但全球范围内人才供给不足，大部分员工的技能水平与智能制造要求存在差距，企业需投入大量资源进行培训。五是供应链与产业链的复杂性及不确定性（如地缘政治冲突等）可能影响智能制造的发展，产业链各环节协同不足可能导致资源浪费和效率低下。六是政策与法规的不完善增加了企业的合规成本，不同国家和地区的政策差异可能阻碍技术的全球推广。七是部分技术（如人工智能技术、数字孪生技术、5G）在工业场景中的应用仍需进一步提升精度和稳定性。八是企业文化与组织变革阻力，许多企业缺乏清晰的数字化转型战略，组织内部的变革可能面临员工抵触和部门协作不畅等问题。总之，智能制造产业的发展需要政府、企业和社会各方共同努力，克服技术、成本、人才、供应链和政策等多重挑战，才能实现可持续发展。

（5）智能制造产业的未来发展趋势

展望未来，智能制造产业将继续保持快速发展的态势。智能制造技术将逐渐普及，不仅在大型企业中广泛应用，也将逐步渗透到中小企业。智能制造产业的未来发展趋势将以技术创新为核心，推动制造业向更高效、智能和绿色的方向转型。智能制造技术将与其他新兴技术深度融合，如区块链技术、量子计算技术等，推动制造业的进一步变革。数字孪生技术将成为重要支柱，通过虚拟模型实现生产流程的实时监控、仿真和优化，支持预测性维护和产品全生命周期管理。5G与工业互联网的深度融合将推动智能工厂的普及，实现设备、机器人和传感器的无缝连接，支持实时数据传输和远程控制，同时加速增强现实／虚拟现实技术在工业场景中的应用。人工智能技术将在质量控制、供应链管理和自主决策中发挥关键作用，提升智能化水平。绿色制造将成为重要方向，能源优化、循环经济和绿色供应链等智能化手段，可助力实现资源的高效利用和环境的保护，推动可持续发展。人机协作与柔性制造将支持个性化定制和小批量生产，协作机器人和柔性生产线将成为主流。数据驱动将成为核心竞争力，工业大数据和智能分析将优化生产决策，同时数据安全和隐私保护成为重点。跨界融合将推动制造业与服务业、互联网等深度融合，构建开放产业生态。总体而言，智能制造技术将推动制造业向更高效、智能和绿色的方向转型，但人们也需应对技术标准、数据安全和人才短缺等挑战。

1.1.2 应用型高校在智能制造人才培养中的重要作用

（1）应用型高校的定义与特点

应用型高校是指以培养应用型人才为主要目标的高等教育机构。与传统的学术型高校不同，应用型高校更加注重实践教学和产学研结合，强调培养学生的实践能力和创新能力。应用型高校的课程设置和教学内容紧密结合行业需求，注重理论与实践的结合，旨在培养具有较强的职业适应能力和创新能力的学生。

（2）智能制造人才的需求分析

智能制造产业的发展对人才提出了更高的要求。首先，智能制造技术涉及多个学科领域，如机械工程、电子工程、计算机科学、自动化控制等，要求人才具备跨学科的知识和技能。其次，智能制造技术的快速发展和应用，要求人才具备较强的学习能力和创新能力，能够不断更新知识和技能。最后，智能制造技术的复杂性和高成本，要求人才具备较强的实践能力和解决问题的能力。

根据相关数据统计，2020 年中国智能制造领域的人才缺口约为 500 万人，预计到 2025 年将突破 1000 万人。这一数据表明，智能制造人才的培养已成为产业发展的重要课题。

（3）应用型高校在智能制造人才培养中的优势

应用型高校在智能制造人才培养中具有独特的优势。首先，应用型高校注重实践教学和产学研结合，能够为学生提供丰富的实践机会和实习资源，培养学生的实践能力和创新能力。其次，应用型高校的课程设置和教学内容紧密结合行业需求，能够及时更新课程内容，确保学生掌握最新的技术和知识。最后，应用型高校与企业合作紧密，能够为学生提供更多的就业机会和更大的职业发展空间。

1.1.3　研究目的与意义

（1）研究目的

本研究旨在探讨应用型高校在智能制造专业集群建设中的实践路径和策略，为应用型高校培养高素质智能制造人才提供理论支持和实践指导。具体研究目的包括分析智能制造产业的发展趋势和人才需求，明确应用型高校在智能制造人才培养中的重要作用；探讨应用型高校智能制造专业集群建设的理论基础和实践路径，提出切实可行的建设策略；总结应用型高校在智能制造人才培养中的成功经验和典型案例，为其他高校提供借鉴和参考；提出应用型高校智能制造专业集群建设的政策建议，为政府制定相关政策提供参考。

（2）研究意义

从理论方面来看，本研究将丰富和发展应用型高校智能制造专业集群建设的理论体系，为应用型高校培养高素质智能制造人才提供理论支持。通过系统分析智能制造产业的发展趋势和人才需求，本研究将明确应用型高校在智能制造人才培养中的重要作用，为应用型高校的课程设置和教学内容提供理论依据。

从实践方面来看，本研究将为应用型高校智能制造专业集群建设提供实践指导。通过总结应用型高校在智能制造人才培养中的成功经验和典型案例，本研究将为其他高校提供借鉴和参考。此外，本研究提出的政策建议，将为政府制定相关政策提供参考，推动应用型高校智能制造专业集群建设的健康发展。

1.2　国内外研究现状综述

1.2.1　国外智能制造专业教育发展情况

（1）美国智能制造专业教育发展情况

美国作为全球科技创新的领头羊，在智能制造专业教育方面也走在前列。美国的高等教育机构，如麻省理工学院、斯坦福大学和加利福尼亚大学伯克利分校等，都设有与智能制造相关的专业和课程。这些课程通常涵盖机器人技术、自动化控制、人工智能、大数据分析等前沿领域。美国政府和私营部门也大力支持智能制造专业教育的发展。例如，美国国家科学基金会（National Science Foundation，NSF）资助了许多与智能制造相关的研究项目，旨在培养下一代工程师和科学家。此外，美国制造业协会（National Association of Manufacturers，NAM）和教育机构合作，推出了"制造业技能认证系统"，为学生和在职人员提供智能制造技能的认证和培训。

（2）德国智能制造专业教育发展情况

德国政府通过了"工业 4.0"计划，该计划旨在通过数字化和智能化技术提升制造业的竞争力。德国的应用科学大学在智能制造专业教育方面具有显著优势。这些大学注重理论与实践的结合，与企业紧密合作，提供实习和项目合作机会。德国双元制教育体系在智能制造专业教育中发挥了重要作用。学生在大学学习理论知识的同时，也在企业接受实践培训，这种模式能有效提高学生的实践能力和就业竞争力。此外，德国政府通过"高技术战略"和"数字议程"等政策，支持智能制造专业教育和研究的发展。

（3）日本智能制造专业教育发展情况

日本在智能制造领域也有着丰富的经验和成果。日本的高等教育机构，如东京大学、京都大学和早稻田大学，都设有与智能制造相关的专业和课程。这些课程通常涵盖机器人技术、自动化控制、物联网、人工智能等领域。日本政府通过"社会5.0"战略，推动智能制造技术的发展和应用。该战略旨在通过智能化技术解决社会问题，提升生活质量。日本的教育机构与企业合作，开展与智能制造相关的研究和培训项目。

（4）其他国家智能制造专业教育发展情况

除了美国、德国和日本，其他发达国家也在智能制造专业教育方面取得了显著进展。例如，法国通过"未来工业"战略，推动智能制造技术的发展和应用；韩国通过"制造业创新 3.0"战略，提升制造业的智能化水平。这些国家的智能制造专业教育通常注重理论与实践的结合，强调培养学生的实践能力和创新能力。此外，这些国家的高等教育机构与企业合作紧密，为学生提供实习和项目合作机会，确保课程内容与行业需求紧密结合。

1.2.2　国内智能制造专业集群建设研究成果

（1）国内智能制造专业教育发展情况

近年来，我国在智能制造专业教育方面取得了显著进展。根据教育部的数据，截至 2025 年，全国 369 所高校成功备案智能制造工程专业。这些专业及其课程通常涵盖机器人技术、自动化控制、人工智能、大数据分析等前沿领域。我国政府和教育主管部门也大力支持智能制造专业教育的发展。例如，教育部发布了《教育部关于加快建设高水平本科教育全面提高人才培养能力的意见》，提出要推动智能制造相关专业的发展，提升学生的实践能力和创新能力。

（2）国内智能制造专业集群建设的研究成果

国内学者在智能制造专业集群建设方面进行了广泛研究，取得了一系列重要成果。例如，某学者通过对国内多所高校的调研，提出智能制造专业集群建设的"四维模型"，包括课程设置、教学方法设计、师资队伍建设和实训基地建设四个维度。该模型为高校智能制造专业集群建设提供了理论支持和实践指导。此外，某学者通过对国内智能制造企业的调研，提出"校企合作、产学研结合"的智能制造人才培养模式。该模式强调高校与企业合作，共同制定人才培养方案，确保课程内容与行业需求紧密结合。通过这种模式，学生能够及时了解行业动态和技术发展趋势，提升自身的职业竞争力。

（3）国内智能制造专业集群建设的典型案例

国内许多高校在智能制造专业集群建设方面进行了积极探索和实践。例如，青岛黄海学院与当地智能制造企业合作，建立智能制造实训基地，为学生提供真实的实践环境和设备。通过实训基地，学生能够在真实的生产环境中进行实践操作，掌握智能制造技术的应用和操作技能。此外，高校还与企业合作，开设智能制造专业课程，邀请企业专家参与课程设计和教学，确保课程内容与行业需求紧密结合。通过这种校企合作的方式，学生能够及时了解行业动态和技术发展趋势，提升自身的职业竞争力。

（4）国内智能制造专业集群建设的挑战与对策

尽管国内智能制造专业集群建设取得了显著进展，但仍面临一些挑战。首先，智能制造技术的快速发展和应用，要求高校不断更新课程内容和教学方法，这对高校的师资力量和教学资源提出了更高的要求。其次，智能制造技术的复杂性和高成本，要求高校投入更多的资金和资源，建设高水平的实训基地和实验室。

为应对这些挑战，国内高校可以采取以下对策。首先，加强师资队伍建设，引进和培养高水平的智能制造专业教师，提升教师的教学和科研能力。其次，加大资金投入，建设高水平的实训基地和实验室，为学生提供良好的实践环境。最后，加强校企合作，与企业共同制定人才培养方案，确保课程内容与行业需求紧密结合。

1.2.3　研究现状总结与分析

（1）国外研究现状总结

通过对国外智能制造专业教育发展情况的分析可以看出，发达国家在智能制造专业教育方面具有显著优势。这些国家的高等教育机构通常注重理论与实践的结合，强调培养学生的实践能力和创新能力。此外，这些国家的高等教育机构与企业合作紧密，为学生提供实习和项目合作机会，确保课程内容与行业需求紧密结合。

（2）国内研究现状总结

国内在智能制造专业集群建设方面取得了显著进展，但仍面临一些挑战。国内高校在智能制造专业集群建设方面进行了积极探索和实践，提出了许多有价值的理论和实践模式。然而，智能制造技术的快速发展和应用，要求高校不断更新课程内容和教学方法，这对高校的师资力量和教学资源提出了更高的要求。

（3）研究现状分析

通过对国内外研究现状的总结可以看出，智能制造专业教育的发展需要政府、高校和企业的共同努力。政府应加大对智能制造专业教育的支持力度，提供政策和资金支持。高校应加强师资队伍建设，提升教师的教学和科研能力，建设高水平的实训基地和实验室。企业应积极参与智能制造教育，与高校合作，共同制定人才培养方案，确保课程内容与行业需求紧密结合。

（4）研究现状的启示

通过对国内外研究现状的分析可以得出以下启示：首先，应注重理论与实践的结合，强调对学生实践能力和创新能力的培养；其次，应加强校企合作，与企业共同制定人才培养方案，确保课程内容与行业需求紧密结合；最后，应加大资金投入，建设高水平的实训基地和实验室，为学生提供良好的实践环境。

（5）研究现状的不足与展望

尽管国内外在智能制造专业教育方面取得了显著进展，但仍存在一些不足。例如，智能制造技术的快速发展和应用，要求高校不断更新课程内容和教学方法，这对高校的师资力量和教学资源提出了更高的要求。此外，智能制造技术的复杂性和高成本，要求高校投入更多的资金和资源，建设高水平的实训基地和实验室。

展望未来，首先，智能制造技术将逐渐普及和深入发展，不仅在大型企业中广泛应用，也将逐步渗透到中小型企业。其次，智能制造技术将与其他新兴技术深度融合，如区块链技术、量子计算技术等，推动制造业的进一步变革。最后，智能制造将更加注重绿色和可持续发展，通过智能化手段实现资源的高效利用和环境的保护。基于此，智能制造专业教育将继续保持快速发展的态势。

1.3　研究内容与方法

1.3.1　研究内容

①绪论：介绍智能制造专业集群的研究背景与意义、国内外研究现状综述、研究内容与方法。

②智能制造专业集群理论基础：研究产业集群理论、协同创新理论、人才培养模式理论等在智能制造专业集群建设中的应用，以及智能制造专业集群构建原则、建设目标与原则等内容。

③应用型高校智能制造专业集群建设的现状分析：分析国内应用型高校在智能制造专业设置、人才培养、实践教学体系、师资队伍建设等方面的现状。

④应用型高校智能制造专业集群核心要素与建设路径：探讨基于产业链的智能制造专业集群构建、课程体系与教学内容优化、实践教学体系建设、师资队伍与团队建设等核心要素及其建设路径。

⑤应用型高校智能制造专业集群教学模式与方法创新：研究项目式学习与案例教学、产教融合协同育人模式创新、信息技术融合教学、创新创业教育与能力培养等在智能制造教学中的应用与创新。

⑥应用型高校智能制造专业集群质量保障与评价机制：探讨智能制造专业集群

建设的组织管理机制、师资队伍建设机制、质量保障机制。

⑦应用型高校智能制造专业集群建设实践案例——以青岛黄海学院为例：通过具体案例分析，总结应用型高校在智能制造专业集群建设中做出的具体实践与取得的成效等内容，为其他高校提供借鉴。

⑧结论与展望：总结本书的主要研究成果并分析智能制造专业集群发展面临的挑战及应对策略。

1.3.2　研究方法

本书将采用文献研究、案例分析和实地调研等方法，系统分析智能制造产业的发展趋势和人才需求，探讨应用型高校智能制造专业集群建设的理论基础和实践路径，总结应用型高校在智能制造人才培养中的成功经验和典型案例，提出应用型高校智能制造专业集群建设的政策建议。具体方法如下。

（1）文献研究法

通过查阅国内外相关文献，系统梳理智能制造产业的发展趋势、应用型高校在智能制造人才培养中的作用、智能制造专业集群建设的理论基础及国内外研究现状。文献来源包括学术期刊、会议论文、专著、政府报告、行业白皮书等。

（2）案例分析法

选取国内外应用型高校在智能制造专业集群建设中的典型案例，深入分析其建设过程、实施策略、成效及存在的问题。通过案例分析，总结成功经验与教训，为其他高校提供参考。

（3）实地调研法

对国内多所应用型高校进行实地调研，了解其在智能制造专业集群建设中的具体做法、面临的挑战及取得的成效。调研对象包括高校管理人员、教师、学生及合作企业代表。

（4）比较研究法

对比分析国内外应用型高校在智能制造专业教育方面的异同，借鉴国外先进经验，结合中国实际，提出适合中国应用型高校的智能制造专业集群建设策略。

（5）定量与定性结合法

通过问卷调查、访谈等方式收集数据，运用统计分析工具对数据进行分析，结合定性分析，得出科学结论。定量分析主要用于评估智能制造专业集群建设的成效，定性分析则用于深入理解建设过程中的复杂现象。

（6）专家咨询法

邀请智能制造领域的专家学者、高校管理人员、企业代表等参与研究，通过座谈会、研讨会等形式，听取各方意见，确保研究的科学性和实用性。

第2章

智能制造专业集群理论基础

2.1 应用型高校概述

2.1.1 应用型高校的定义

应用型高校是指以培养应用型人才为主要目标的高等教育机构。与传统的学术型高校不同，应用型高校更加注重实践教学和产学研结合，强调培养学生的实践能力和创新能力。应用型高校的课程设置和教学内容紧密结合行业需求，注重理论与实践的结合，旨在培养具有较强的职业适应能力和创新能力的学生。应用型高校的定位介于学术型高校和职业院校之间，既注重理论知识的传授，又强调实践技能的培养。其教育目标是为社会培养具有较强实践能力和创新精神的高素质应用型人才，满足行业和企业的实际需求。

2.1.2 应用型高校的特征

（1）实践导向

应用型高校注重实践教学，强调学生的动手能力和实践技能。通过实验、实训、实习等实践环节，学生能够将理论知识应用于实际问题的解决中，提升实践能力。

（2）产学研结合

应用型高校与企业、科研机构合作紧密，开展产学研合作项目。通过校企合作，学生能够参与实际项目，了解行业动态和技术发展趋势，提升职业竞争力。

（3）课程设置灵活

应用型高校的课程设置紧密结合行业需求，注重课程的实用性和前瞻性。课程内容及时更新，确保学生掌握最新的技术和知识。

（4）师资力量多元化

应用型高校的教师队伍不仅包括学术型教师，还包括具有丰富行业经验的企业专家。通过多元化的师资力量，学生能够获得理论与实践结合的教育。

（5）就业导向

应用型高校注重培养学生的就业能力，通过职业规划、就业指导、实习推荐等方式，帮助学生顺利就业。应用型高校毕业生具有较强的职业适应能力和就业竞争力。

2.1.3　应用型高校在高等教育中的定位和作用

应用型高校在高等教育体系中具有独特的定位和作用。与学术型高校相比，应用型高校更加注重实践教学和产学研结合，培养的学生具有较强的实践能力和职业适应能力。与职业院校相比，应用型高校在理论知识的传授和学术研究方面具有更高的要求，培养的学生不仅具备实践技能，还具备一定的理论素养和创新能力。应用型高校的定位决定了其在高等教育体系中的重要作用。应用型高校为社会培养了大量高素质的应用型人才，满足了行业和企业的实际需求。应用型高校通过产学研合作，推动了科技成果的转化和应用，促进了产业升级和经济发展。此外，应用型高校在职业教育与学术教育之间架起了桥梁，为学生提供了多样化的教育选择和发展路径。

2.1.4　应用型高校的发展趋势

随着社会经济的快速发展和产业结构的不断升级，应用型高校面临着新的发展机遇和挑战。未来，应用型高校的发展趋势主要体现在以下几个方面。

（1）深化产学研合作。应用型高校将进一步加强与企业和科研机构的合作，开展更多的产学研合作项目。通过校企合作，学生能够参与实际项目，提升实践能力和创新能力。

（2）优化课程设置。应用型高校将根据行业需求和技术发展趋势，不断优化课程设置，确保课程内容的实用性和前瞻性。通过引入新兴技术和跨学科课程，培养学生的综合素质和创新能力。

（3）加强师资队伍建设。应用型高校将加强师资队伍建设，引进和培养高水平的教师和企业专家。通过多元化的师资力量，提升教学质量和科研水平。

（4）提升国际化水平。应用型高校将加强国际交流与合作，引进国外先进的教育理念和教学资源。通过国际化教育，培养学生的国际视野和跨文化交流能力。

（5）强化创新创业教育。应用型高校将加强创新创业教育，培养学生的创新精神和创业能力。通过创新创业教育，学生能够将理论知识应用于实际问题的解决中，提升创新能力和实践能力。

2.2　智能制造概念与技术体系

2.2.1　智能制造的基本概念

智能制造是指通过集成先进制造技术、信息通信技术和智能技术，实现制造过程的智能化、网络化和柔性化。智能制造的核心是利用信息技术和智能技术，提升制造过程的自动化、智能化和高效化水平，实现制造资源的优化配置和制造过程的智能决策。智能制造不是单一技术的应用，而是多种技术的集成与融合。其核心在于通过数据驱动和智能算法，实现制造过程的自动化、智能化和高效化。智能制造的目标是提升制造效率、降低生产成本、提高产品质量和灵活性，满足个性化定制和快速响应市场需求。

2.2.2　智能制造的关键技术

（1）人工智能技术。人工智能技术在智能制造中的应用日益广泛。机器学习算法可以用于生产过程的优化和预测性维护，深度学习技术可以用于产品质量检测和缺陷识别。通过人工智能技术，制造系统能够实现自主决策和智能控制。

（2）物联网技术。物联网技术通过传感器和通信网络，实现设备之间的互联互通，构建智能工厂的基础设施。通过物联网技术，制造系统能够实时监控生产过程中的各个环节，实现生产过程的透明化和智能化。

（3）大数据技术。大数据技术通过对海量数据的分析和挖掘，为生产决策提供科学依据。通过大数据技术，制造系统能够发现生产过程中的潜在问题和优化空间，提升生产效率和产品质量。

（4）云计算技术。云计算技术为智能制造提供了强大的计算和存储能力，支持大规模数据处理和分析。通过云计算技术，制造系统能够实现数据的集中管理和共享，提升数据利用率和决策效率。

（5）5G。5G 通过高速、低延迟的网络连接，实现设备之间的实时通信和协同工作。通过 5G，制造系统能够实现生产过程的实时监控，提升生产效率和灵活性。

（6）机器人技术。工业机器人在智能制造中的应用日益广泛。通过机器人技术，制造系统能够实现生产过程的自动化和智能化，提升生产效率和产品质量。

（7）增材制造技术。增材制造技术通过逐层堆积材料，实现复杂零件的快速制造。通过增材制造技术，制造系统能够实现个性化定制和快速响应市场需求。

2.2.3　智能制造的发展趋势

（1）智能化。智能制造将更加注重智能化技术的应用，通过人工智能、机器学习、深度学习等技术，实现制造过程的自主决策和智能控制。

（2）网络化。智能制造将更加注重网络化技术的应用，通过物联网、5G 等技术，实现设备之间的互联互通和协同工作。

（3）柔性化。智能制造将更加注重柔性化技术的应用，通过柔性制造系统和增材制造等技术，实现生产过程的灵活性和个性化定制。

（4）绿色化。智能制造将更加注重绿色化技术的应用，通过节能减排、循环利用等技术，实现制造过程的绿色化和可持续发展。

（5）服务化。智能制造将更加注重服务化技术的应用，通过远程监控、预测性维护等技术，实现制造过程的服务化和增值服务。

2.2.4　智能制造的应用领域

（1）汽车制造。智能制造在汽车制造中的应用日益广泛。通过智能制造技术，汽车制造企业能够实现生产过程的自动化和智能化，提升生产效率和产品质量。

（2）电子制造。智能制造在电子制造中的应用日益广泛。通过智能制造技术，电子制造企业能够实现生产过程的精细化和高效化，提升生产效率和产品质量。

（3）航空航天。智能制造在航空航天中的应用日益广泛。通过智能制造技术，航空航天企业能够实现复杂零件的快速制造和个性化定制，提升生产效率和产品质量。

（4）医疗器械。智能制造在医疗器械中的应用日益广泛。通过智能制造技术，医疗器械企业能够实现高精度、高质量的医疗器械制造，提升生产效率和产品质量。

（5）能源装备。智能制造在能源装备中的应用日益广泛。通过智能制造技术，能源装备企业能够实现高效、可靠的能源装备制造，提升生产效率和产品质量。

2.3 专业集群建设理论基础

2.3.1 产业集群理论

（1）产业集群的定义与特征

产业集群是指在一定地理区域内，由相互关联的企业、供应商、服务提供商、相关产业机构（如大学、研究机构、标准制定机构）及政府等组成的有机整体。这些主体通过协同合作，形成具有竞争优势的产业生态系统。产业集群的核心特征包括地理集中性、产业关联性、协同创新性和资源共享性。

地理集中性：产业集群通常集中在特定的地理区域，这种集中有助于降低物流成本、提高信息传递效率，并促进企业间的合作与交流。

产业关联性：集群内的企业通常在同一产业链或相关产业链上，形成紧密的上下游关系。这种关联性有助于提高产业链的整体效率和竞争力。

协同创新性：集群内的企业、研究机构和高校通过协同合作，共同开展技术创新和产品研发，推动产业技术进步和升级。

资源共享性：集群内的企业可以共享基础设施、技术资源、人才资源等，降低运营成本，提高资源利用效率。

（2）产业集群的形成机制

产业集群的形成机制主要包括市场驱动、政策引导和创新驱动三个方面。

市场驱动：市场需求是产业集群形成的重要驱动力。企业在追求市场机会和竞争优势的过程中，往往会选择在具有良好市场基础和资源禀赋的地区集聚，形成产业集群。

政策引导：政府在产业集群的形成和发展中发挥着重要作用。通过制定产业政策、提供基础设施、优化营商环境等措施，政府可以引导企业集聚，促进产业集群的形成。

创新驱动：技术创新是产业集群持续发展的核心动力。集群内的企业、研究机构和高校通过协同创新，推动技术进步和产业升级，形成具有竞争优势的产业集群。

（3）产业集群的经济效应

产业集群具有显著的经济效应，主要体现在以下几个方面。

规模经济效应：集群内的企业通过共享基础设施、技术资源和市场信息，降低运营成本，提高生产效率，形成规模经济效应。

创新效应：集群内的企业、研究机构和高校通过协同创新，推动技术进步和产品升级，形成创新效应。这种创新效应不仅提升了集群内企业的竞争力，还推动了整个产业的升级。

知识溢出效应：集群内的企业通过频繁的交流与合作，促进知识的传播和共享，形成知识溢出效应。这种效应有助于提高集群内企业的技术水平和创新能力。

品牌效应：产业集群通过集中优势资源和提升整体竞争力，形成区域品牌效应。这种品牌效应有助于提升集群内企业的市场影响力和竞争力。

（4）产业集群理论在高等教育中的应用

产业集群理论在高等教育中的应用主要体现在专业集群的建设中。通过借鉴产业集群的理论和实践经验，高校可以构建具有竞争优势的专业集群，提升教育质量和人才培养水平。

地理集中性：高校可以通过集中相关专业和学科，形成专业集群。这种集中有助于提高教学资源的利用效率，促进学科交叉和融合。

产业关联性：高校可以通过与企业和研究机构的合作，构建紧密的产学研合作关系。这种关联性有助于提高专业集群的实践性和应用性，提升学生的职业竞争力。

协同创新性：高校可以通过协同创新，推动专业集群的技术进步和课程更新。高校通过与企业和研究机构合作，共同开展技术创新和课程开发，可以提升专业集群的竞争力。

资源共享性：高校可以通过共享教学资源、实验设备和科研平台，降低运营成本，提高资源利用效率。这种资源共享有助于提升专业集群的教学质量和科研水平。

2.3.2 协同创新理论

（1）协同创新的定义与特征

协同创新是指不同创新主体（如企业、高校、研究机构、政府等）通过资源共享、优势互补、风险共担和利益共享，共同开展技术创新和产品研发的过程。协同创新的核心特征包括主体多元性、资源共享性、风险共担性和利益共享性。

主体多元性：协同创新涉及多个创新主体，包括企业、高校、研究机构和政府等。这些主体通过协同合作，共同推动技术创新和产业升级。

资源共享性：协同创新通过共享技术资源、人才资源和市场信息，提高资源利用效率，降低创新成本。

风险共担性：协同创新通过风险共担，降低单个创新主体的风险，提高创新的成功率和可持续性。

利益共享性：协同创新通过利益共享，激励各创新主体积极参与创新活动，形成良性循环的创新生态系统。

（2）协同创新的模式与机制

协同创新的模式主要包括产学研合作、产业链协同和跨区域协同三种。

产学研合作是协同创新的重要模式之一。高校、研究机构与企业合作，形成完整的创新链条。企业提供市场需求信息和资金支持，高校和科研机构提供人才和技术储备，三方共同开展技术创新和产品研发，推动科技成果的转化和应用。例如，华为与清华大学建立的联合实验室，在 5G 研发方面取得显著成果。

产业链协同是指产业链上下游企业通过协同合作，优势互补，实现整体创新能力的提升，共同开展技术创新和产品升级，龙头企业带动配套企业，形成创新生态系统。这种协同模式有助于提高产业链的整体效率和竞争力。如特斯拉与电池供应商的深度合作，推动电动汽车技术的快速发展。

跨区域协同是指不同地区的创新主体通过协同合作，共同开展技术创新和产业升级。这种协同模式有助于打破区域壁垒，可以通过建立创新联盟、共建研发平台等方式，促进创新资源的跨区域流动和优化配置。长三角科技创新共同体的建设就是典型案例。

协同创新的机制主要包括资源共享机制、风险共担机制、利益共享机制、评估激励机制和知识产权保护机制。资源共享机制是通过建立开放共享的资源平台，促进技术资源、人才资源和市场信息的共享的机制。整合资源可以提高资源利用效率，降低创新成本。风险共担机制是通过设立风险基金、保险等方式分散创新风险，降低参与方的风险，促进创新项目顺利实施的机制。利益共享机制是明确各参与方的权益，激励各创新主体积极参与创新活动，形成良性循环的创新生态系统的机制。该机制通过专利共享、收益分成等方式，保障各方利益，维持长期合作关系。评估激励机制是建立科学的评估体系，对创新成果进行客观评价的机制。该机制通过奖励、补贴等方式激励创新主体，保持创新活力。知识产权保护机制是完善知识产权保护制度，明确创新成果的归属和使用规则的机制。该机制通过专利保护、技术保密等措施，保障创新主体的合法权益。

（3）协同创新理论在高等教育中的应用

协同创新理论在高等教育中的应用正在深刻改变着传统的人才培养和科研模式，推动着高等教育机构与产业界、科研院所等不同创新主体之间的深度融合，形成开放、协同、高效的创新生态系统。这种应用不仅提升了高校的创新能力，也为社会经济发展提供了强有力的人才支撑和智力支持。协同创新理论在高等教育中的应用主要体现在专业集群的建设中。通过借鉴协同创新的理论和实践经验，高校可以构建具有竞争优势的专业集群，提升教育质量和人才培养水平。协同创新理论在高等教育领域的一些具体应用如下。

①人才培养模式创新

跨学科人才培养：高校打破传统学科壁垒，建立跨学科人才培养体系。通过设置交叉学科专业、开设跨学科课程、组织跨学科研究项目等方式，培养具有多学科背景的复合型人才。例如，清华大学设立的"数据科学与信息技术"交叉学科项目，整合了计算机、数学、统计学等多个学科资源。此外，协同创新理论推动教学模式从传统的单向传授转变为注重互动和实践导向的教学方式。例如，引入项目式学习、案例分析、跨学科课程设计等方法，鼓励学生在解决实际问题的过程中学习新知识和技能。

产学研协同育人：高校与企业和科研院所合作，共同制定培养方案、开发课程、建设实践基地。高校通过双导师制、企业实习、项目实践等方式，提高学生的实践能力和创新意识。

创新创业教育：协同创新理论促进创新创业教育的发展。许多高校与企业建立合作关系，建立创新创业教育体系，开设创新创业课程，设立创新创业基金，建设孵化器等平台。高校通过组织创业大赛、创业训练营等活动，培养学生的创新意识和创业能力，帮助他们将创意转化为现实产品和服务。斯坦福大学的创新创业教育模式就是典型案例。

②科研模式创新

协同创新中心建设：高校牵头组建协同创新中心，汇聚多方创新资源，开展重大科研攻关。例如，北京大学牵头组建的"量子物质科学协同创新中心"，在量子材料研究方面取得重要突破。

跨机构科研团队：高校科研人员与企业和科研院所的研究人员组成跨机构科研团队，开展联合攻关。这种模式有利于优势互补，提高科研效率，加速科技成果的转化。例如，麻省理工学院与国际商业机器公司合作组建人工智能研究团队。

开放式创新平台：高校建立开放式创新平台，向社会开放科研设施和数据资源，吸引外部创新主体参与科研活动。例如，剑桥大学建立的开放创新中心，为初创企业提供技术支持和服务。开放式创新平台还能为学生提供许多的实习和就业机会，增强他们的实践能力和行业适应能力。

③体制机制创新

人事制度改革：高校推行柔性引才机制，聘请企业专家、科研院所研究人员担任兼职教授或研究员。建立跨机构人才流动机制，促进创新人才在高校、企业、科研院所之间的合理流动。

评价机制改革：建立以创新质量和实际贡献为导向的评价体系，将协同创新成果纳入评价指标。鼓励科研人员参与产学研合作，促进科技成果转化。

资源配置机制：建立跨机构资源共享机制，实现科研设备、数据资源的高效利用。设立协同创新专项资金，支持跨机构合作项目。

④国际合作与交流

在全球化的背景下，协同创新理论还有利于促进国际高等教育的合作与交流。

联合办学、师生互访、国际合作项目等方式有利于加强不同国家和地区教育资源的共享，提升高等教育的国际化水平。

2.3.3　人才培养模式理论

（1）人才培养模式的定义与特征

人才培养模式是指高校在培养人才过程中所采用的教育理念、课程设置、教学方法和评价体系等要素的组合。

人才培养模式的特征包括目标导向性、系统整体性、动态调整性和实践应用性。目标导向性表现在人才培养模式以培养目标为导向，明确人才培养的方向和要求。通过设定明确的培养目标，高校可以有针对性地设计课程和教学方法，提升人才培养质量。系统整体性表现在人才培养模式是一个系统工程，涉及教育理念、课程设置、教学方法和评价体系等多个要素。这些要素相互关联、相互影响，共同构成人才培养的整体框架。动态调整性表现在人才培养模式需要根据社会需求和技术发展趋势进行动态调整。通过不断优化课程设置和教学方法，高校可以提升人才培养的适应性和竞争力。实践应用性表现在人才培养模式注重实践教学和应用能力的培养。通过实验、实训、实习等实践环节，学生能够将理论知识应用于实际问题的解决中，提升实践能力。

（2）人才培养模式的类型

人才培养模式主要包括学科导向型、职业导向型、创新导向型、综合导向型等类型。学科导向型人才培养模式以学科知识为核心，注重理论知识的传授和学术研究能力的培养，这种模式适用于培养学术型人才。职业导向型人才培养模式以职业能力为核心，注重实践技能的培养和职业适应能力的提升，这种模式适用于培养应用型人才。创新导向型人才培养模式以创新能力为核心，注重创新精神和创业能力的培养，这种模式适用于培养创新型人才。综合导向型人才培养模式综合了学科导向、职业导向和创新导向的特点，注重培养理论知识、实践技能和创新能力，这种模式适用于培养复合型人才。

（3）人才培养模式理论在高等教育中的应用

人才培养模式理论在高等教育中的应用主要体现在专业集群的建设中。通过借鉴人才培养模式的理论和实践经验，高校可以构建具有竞争优势的专业集群，提升教育质量和人才培养水平。

目标导向性：高校可以通过设定明确的培养目标，有针对性地设计课程和教学方法，提升人才培养质量。例如，智能制造专业集群可以以培养具有跨学科知识和实践能力的应用型人才为目标，设计相应的课程和教学方法。

系统整体性：高校可以通过系统设计教育理念、课程方案、教学方法和评价体系等要素，构建完整的人才培养框架。例如，智能制造专业集群可以通过整合机械工程、电子工程、计算机科学等学科，设计跨学科的课程体系，提升学生的综合素质。

动态调整性：高校可以根据社会需求和技术发展趋势，动态调整人才培养模式。例如，智能制造专业集群可以根据智能制造技术的发展趋势，及时更新课程内容，确保学生掌握最新的技术和知识。

实践应用性：高校可以通过加强实践教学，提升学生的实践能力和应用能力。例如，智能制造专业集群可以通过建立实训基地、开展校企合作项目等方式，提供丰富的实践机会，提升学生的实践能力。

2.4 智能制造专业集群构建原则

2.4.1 智能制造专业集群概述

（1）智能制造专业集群的定义

智能制造专业集群是指在应用型高校中，围绕智能制造领域，整合相关学科和专业，通过资源共享、协同创新和人才培养模式的优化，形成具有竞争优势的教育和科研体系。智能制造专业集群的核心在于通过跨学科、跨专业的整合，构建一个能够适应智能制造产业发展需求的教育和科研平台。智能制造专业集群不是单一学科或专业的简单叠加，而是通过深度融合和协同创新，形成一个有机整体。其目标是通过优化资源配置、提升教学质量和科研水平，培养具有跨学科知识和实践能力的应用型人才，满足智能制造产业对高素质人才的需求。

（2）智能制造专业集群的特征

跨学科性：智能制造专业集群涉及多个学科领域，如机械工程、电子工程、计算机科学、自动化控制等。高校通过跨学科的整合，形成具有综合优势的教育和科研体系。

协同创新性：智能制造专业集群通过协同创新，推动技术进步和课程更新。高校通过与企业和研究机构的合作，共同开展技术创新和课程开发，可以提升专业集群的竞争力。

资源共享性：智能制造专业集群通过共享教学资源、实验设备和科研平台，降低运营成本，提高资源利用效率。这种资源共享有助于提升专业集群的教学质量和科研水平。

实践导向性：智能制造专业集群注重实践教学和应用能力的培养。通过实验、实训、实习等实践环节，学生能够将理论知识应用于实际问题的解决中，提升实践能力。

（3）智能制造专业集群的目标

智能制造专业集群的目标是通过优化资源配置、提升教学质量和科研水平，培养具有跨学科知识和实践能力的应用型人才，满足智能制造产业对高素质人才的需求。具体目标如下。一是培养高素质应用型人才。通过跨学科的整合和实践教学的强化，培养具有跨学科知识和实践能力的应用型人才，满足智能制造产业对高素质人才的需求。二是推动技术创新和产业升级。通过协同创新，推动智能制造技术的进步和产业升级；通过与企业和研究机构合作，共同开展技术创新和产品研发，提升专业集群的竞争力。三是提升教育质量和科研水平。通过资源共享和协同创新，提升专业集群的教学质量和科研水平；通过优化课程设置和教学方法，提升学生的综合素质和创新能力。

2.4.2　智能制造专业集群的构成要素

（1）学科与专业整合

智能制造专业集群通过整合机械工程、电子工程、计算机科学、自动化控制等相关学科和专业，形成一个具有综合优势的教育和科研体系。这种整合不仅有助于提升教学质量和科研水平，还能够培养学生的跨学科知识获取能力和实践能力。

机械工程是智能制造的基础学科之一，涉及机械设计、制造工艺、自动化控制等领域。通过整合机械工程学科，学生能够掌握智能制造的基础理论和实践技能。电子工程是智能制造的重要支撑学科，涉及电子电路设计、嵌入式系统、传感器技术等领域。通过整合电子工程学科，学生能够掌握智能制造的核心技术和应用技能。计算机科学是智能制造的关键学科之一，涉及人工智能、大数据分析、云计算等领域。通过整合计算机科学学科，学生能够掌握智能制造的前沿技术和应用方法。自动化控制是智能制造的核心学科之一，涉及控制系统设计、机器人技术、工业物联网等领域。通过整合自动化控制学科，学生能够掌握智能制造的自动化技术和应用技能。

（2）教学资源、实验设备和科研平台

智能制造专业集群通过共享教学资源、实验设备和科研平台，降低运营成本，提高资源利用效率。这种资源共享有助于提升专业集群的教学质量和科研水平。

智能制造专业集群通过整合教学资源，如教材、课件、实验指导书等，提升教学质量和学生的学习效果。通过共享教学资源，学生能够获得更加丰富和多样的学习材料，提升学习效果。智能制造专业集群通过共享实验设备，如机器人、3D 打印机、传感器等，提升学生的实践能力和创新能力。通过共享实验设备，学生能够进行更加复杂和多样化的实验，提升实践能力。智能制造专业集群通过共享科研平台，如实验室、研究中心、创新中心等，提升科研水平和创新能力。通过共享科研平台，教师和学生能够开展更加深入和广泛的研究，提升科研水平。

（3）师资队伍与团队建设

智能制造专业集群通过引进和培养高水平的教师和企业专家，提升教学质量和科研水平。多元化的师资力量，能使学生获得理论与实践结合的教育。例如，智能制造专业集群可以引进具有丰富行业经验的企业专家担任兼职教师，提升教学的实践性和应用性。

智能制造专业集群通过团队建设，提升科研水平和创新能力。通过组建跨学科的科研团队，教师和学生能够开展更加深入和广泛的研究，提升科研水平。例如，智能制造专业集群可以组建由机械工程、电子工程、计算机科学、自动化控制等学科教师组成的科研团队，共同开展智能制造技术的研究和开发。

（4）校企合作与产学研结合

智能制造专业集群通过与企业、研究机构合作，共同开展技术创新和课程开发，提升专业集群的竞争力。

通过校企合作，学生能够参与实际项目，了解行业动态和技术发展趋势，提升职业竞争力。例如，智能制造专业集群可以与当地智能制造企业合作，建立实训基地，提供实习和项目合作机会。智能制造专业集群通过产学研结合，推动科技成果的转化和应用，促进产业升级和经济发展。通过产学研结合，教师和学生能够开展更加深入和广泛的研究，提升科研水平。例如，智能制造专业集群可以与研究机构合作，共同开展智能制造技术的研究和开发，推动科技成果的转化和应用。

2.4.3　智能制造专业集群与传统专业设置的区别

智能制造专业集群与传统专业设置的区别表现在以下几个方面。

（1）学科与专业的整合

传统专业设置通常以单一学科或专业为核心，注重学科知识的传授和学术研究能力的培养；而智能制造专业集群通过跨学科的整合，形成一个具有综合优势的教育和科研体系。这种整合不仅有助于提升教学质量和科研水平，还能够培养学生的跨学科知识和实践能力。传统专业设置通常以单一学科为核心，如机械工程、电子工程、计算机科学等；而智能制造专业集群可以整合机械工程、电子工程、计算机科学、自动化控制等学科，形成一个具有综合优势的教育和科研体系。传统专业设置注重学科知识的传授和学术研究能力的培养；而智能制造专业集群通过跨学科的整合，培养学生的跨学科知识和实践能力。例如，智能制造专业集群可以通过跨学科的课程设置，培养学生的跨学科知识和实践能力。

（2）教学资源与实验设备的共享

传统专业设置通常以单一专业为核心，教学资源和实验设备的共享性较低；而智能制造专业集群通过共享教学资源、实验设备和科研平台，降低运营成本，提高资源利用效率。这种资源共享有助于提升专业集群的教学质量和科研水平。

（3）师资队伍的多元化

传统专业设置通常以单一学科的师资队伍为核心，师资队伍的多元化程度较低，理论与实践结合程度较低；而智能制造专业集群通过引进和培养高水平的教师和企业专家，提升教学质量和科研水平。例如，智能制造专业集群通过引进具有丰富行业经验的企业专家担任兼职教师，提升教学的实践性和应用性。

（4）校企合作与产学研结合的紧密性

传统专业设置通常以单一专业为核心，校企合作与产学研结合的紧密性较低；而智能制造专业集群通过与企业和研究机构的合作，共同开展技术创新和课程开发，提升竞争力。通过校企合作，学生能够参与实际项目，了解行业动态和技术发展趋势，提升职业竞争力。传统专业设置通常以单一专业为核心，产学研结合程度较低；而智能制造专业集群通过产学研结合，推动科技成果的转化和应用，促进产业升级和经济发展。例如，智能制造专业集群通过与研究机构合作，共同开展智能制造技术的研究和开发，推动科技成果的转化和应用。

2.5 智能制造专业集群建设目标、意义与原则

2.5.1 智能制造专业集群建设目标及意义

（1）培养高素质应用型人才

培养高素质的应用型人才，以满足智能制造产业对人才的需求。高素质的应用型人才不仅需要具备扎实的理论知识，还需要具备较强的实践能力和创新能力。通过跨学科的整合和实践教学的强化，智能制造专业集群能够培养出具有跨学科知识和实践能力的应用型人才。智能制造专业集群通过整合机械工程、电子工程、计算机科学、自动化控制等相关学科，确保学生掌握智能制造的基础理论和前沿知识。通过实验、实训、实习等实践环节，学生能够将理论知识应用于实际问题的解决中，提升实践能力。例如，智能制造专业集群可以通过建立实训基地，提供真实的实践环境和设备，提升学生的实践能力。通过创新创业教育和科研项目，学生能够培养创新精神和创业能力。例如，智能制造专业集群可以通过开展创新创业竞赛和科研项目，提升学生的创新能力。

（2）推动技术创新和产业升级

通过协同创新，智能制造专业集群能够推动智能制造技术的进步。例如，智能制造专业集群可以通过与企业和研究机构合作，共同开展智能制造技术的研究和开发，推动技术进步。通过技术创新和产品研发，智能制造专业集群能够推动产业升级。例如，智能制造专业集群可以通过与企业合作，共同开发智能制造产品和解决

方案，推动产业升级。

（3）提升教育质量和科研水平

通过资源共享和协同创新，智能制造专业集群能够提升教学质量和科研水平。例如，智能制造专业集群可以通过共享教学资源、实验设备和科研平台，提升教学质量和科研水平。

2.5.2　智能制造专业集群建设应遵循的原则

（1）需求导向

智能制造专业集群的建设应以行业和企业的需求为导向，确保人才培养和技术创新能够满足实际需求。智能制造专业集群的建设应以行业需求为导向，确保人才培养和技术创新能够满足行业需求。例如，智能制造专业集群可以通过与行业企业合作，了解行业需求，调整课程和教学内容，确保人才培养能够满足行业需求。智能制造专业集群的建设应以企业需求为导向，确保人才培养和技术创新能够满足企业需求。

（2）协同发展

智能制造专业集群的建设应注重协同发展，通过资源共享和协同创新，提升教育质量和科研水平。智能制造专业集群的建设应注重资源共享，通过共享教学资源、实验设备和科研平台，提升教育质量和科研水平。例如，智能制造专业集群可以通过共享教学资源、实验设备和科研平台，提升教育质量和科研水平。智能制造专业集群的建设应注重协同创新，通过与企业和研究机构合作，共同开展技术创新和产品研发，提升专业集群的竞争力。

（3）交叉融合

智能制造专业集群的建设应注重交叉融合，通过跨学科的整合，提升教育质量和科研水平。例如，智能制造专业集群可以通过整合机械工程、电子工程、计算机科学、自动化控制等相关学科，提升教育质量和科研水平。

（4）创新驱动

智能制造专业集群的建设应注重创新驱动，通过技术创新和产品研发，提升专业集群的竞争力。

（5）实践导向

智能制造专业集群的建设应注重实践导向，通过实践教学和培养应用能力，提升学生的实践能力和创新能力。智能制造专业集群的建设应注重实践教学，通过实验、实训、实习等实践环节，提升学生的实践能力，培养应用能力。例如，智能制造专业集群可以通过建立实训基地，提供真实的实践环境和设备，提升学生的实践能力。

（6）持续改进

智能制造专业集群的建设应注重持续改进，通过不断优化课程设置和教学方法，提升教育质量和科研水平。

第3章

应用型高校智能制造专业集群建设的现状分析

3.1　调查背景

在全球新一轮科技革命与产业变革的浪潮中，制造业智能化、数字化、网络化转型进程迅猛推进。智能制造作为制造业转型升级的核心驱动力，深度融合新一代信息技术、人工智能技术、先进制造技术等多学科前沿技术，已成为各国抢占制造业高地的关键领域。诸如德国的"工业4.0"计划，其核心是通过信息物理融合系统（Cyber-Physical System，CPS）实现生产过程的智能化，推动制造业向高端迈进；美国的"先进制造业国家战略"计划，则聚焦于先进制造技术研发与产业应用，强化制造业竞争力。在这样激烈的国际竞争格局下，我国将智能制造明确为主攻方向，致力于推动制造业朝着高端化、智能化、绿色化方向发展，力求达成智造强国的宏伟目标。

在政策方面，国家对智能制造专业人才培养高度重视。教育部等多部门联合印发相关政策文件，明确要求高校优化专业布局，加强智能制造相关专业建设，旨在为产业发展输送适配的高素质人才。以《制造业人才发展规划指南》为例，其中预测到2025年，高档数控机床和机器人人才需求将达900万人左右，人才缺口约450万人，这凸显了高校在智能制造人才培养方面的紧迫性。地方政府则同样积极响应，出台系列举措支持高校智能制造专业集群建设。例如，江苏省教育厅于2024年12月印发《江苏高校人工智能赋能专业建设行动方案》，大力推动人工智能与高等教育专业建设深度融合，目标是打造江苏特色、国内一流的人工智能专业集群。该方案涵盖课程建设、实验条件改善、教师队伍强化等多方面的支持，鼓励高校增设人工智能、机器人工程等相关专业，以契合产业发展需求。

应用型高校在我国高等教育体系中扮演着关键角色，承担着为地方经济社会发展培育高素质应用型技术人才的重任。在智能制造产业蓬勃发展的趋势下，应用型高校的智能制造专业集群建设，对满足行业对专业人才的迫切需求、助力地方产业升级意义重大。近年来，各应用型高校纷纷响应国家与地方政策号召，加大对智能制造专业集群的资源投入，在专业设置、师资队伍建设、实践教学体系搭建、科研与社会服务能力提升等方面开展了诸多探索与实践。然而，鉴于智能制造属于新兴的交叉学科领域，专业建设进程中存在诸多难题。一方面，先进教学设备、高水平师资及实践教学资源相对匮乏；另一方面，专业设置与地方产业需求的适配度欠佳，人才培养质量与行业实际需求存在一定落差。为全方位、深层次了解应用型高校智能制造专业集群建设现状，及时发现并解决建设过程中的问题，进一步提升专业集群建设水平与人才培养质量，特开展本次调查。

3.2 调查目的

（1）精准掌握专业集群现状

通过对应用型高校智能制造专业集群进行多维度深入调研，包括专业设置、师资队伍、实践教学、科研与社会服务等方面，获取全面且翔实的数据与信息。在专业设置方面，详细梳理各应用型高校（后若无特殊说明，高校即应用型高校）开设的具体专业及专业方向，明确专业覆盖的广度与深度，了解专业之间的关联性与协同性，从而精准掌握专业布局现状。在师资队伍方面，不仅要掌握教师数量、学历层次、年龄结构等基本信息，更要深入了解教师的专业背景、实践经验及教学科研能力情况。在实践教学方面，全面评估实验室、实训基地等硬件设施的配备水平，包括设备的先进性、数量充足度、维护状况等，同时深入探究实践教学内容的合理性、教学方法的有效性，以及与企业实际生产的契合度。在科研与社会服务方面，精准统计科研项目的数量、层次、类型，以及科研成果的转化应用情况，详细了解高校与企业合作的模式、深度与广度，以及为企业提供技术服务和解决方案的实际成效。通过深入调查，为后续分析问题和提出改进建议奠定坚实的数据基础。

（2）深度剖析关键问题与制约因素

基于全面的现状调查，深入剖析应用型高校智能制造专业集群建设过程中存在的主要问题与制约因素。在专业设置上，分析为何多数高校存在同质化现象，是由于对地方产业特色和市场需求调研不足，还是由于缺乏科学的规划方法与机制。针对师资队伍实践能力不足的问题，探究是因为人才引进渠道狭窄，难以吸引具有丰富实践经验的人才，还是校内教师培训体系不完善，无法有效提升教师的实践技能。对于实践教学资源短缺的问题，深挖是资金投入不足导致设备更新与基地建设滞后，还是资源配置不合理造成现有资源未能充分利用。在科研与社会服务能力薄弱方面，研究是高校科研选题与企业实际需求脱节，还是缺乏有效的产学研合作平台与机制，阻碍科研成果的转化与应用。通过深度剖析这些关键问题与制约因素，明确问题根源，为制定有针对性的改进策略提供依据。

（3）助力专业集群建设优化与人才培养质量提升

本次调查的目的在于为应用型高校进一步优化智能制造专业集群建设、提高人才培养质量提供具有实操性和前瞻性的参考依据。在专业设置优化方面，依据调查分析结果，为高校提供结合地方产业需求和自身优势进行专业定位与特色塑造的思路与方法，指导高校合理调整专业结构，避免同质化竞争，构建与行业需求紧密对接的专业体系。在师资队伍建设方面，加大引进具有丰富实践经验的人才的力度，如制定特殊人才引进政策、与企业建立联合培养机制等，同时完善教师实践能力考核评价机制，激励教师积极提升实践能力。在实践教学体系完善方面，给出关于加大实践教学设施投入的合理建议，包括拓宽资金筹集渠道、制定设备采购规划，以及优化实践教学内容和方法的具体路径，如引入企业实际项目、开展项目式教学等。在科研与社会服务能力提升方面，为高校提供引导教师针对企业需求开展科研项目的方法，以及建立产学研合作平台的模式与机制，推动高校科研成果转化应用，提升社会服务能力。通过这些参考依据，助力应用型高校不断提升智能制造专业集群建设水平和人才培养质量，为我国智能制造产业输送更多高素质应用型技术人才。

3.3　调查方法

（1）问卷调查

问卷设计：组建由教育专家、智能制造专业教师及统计分析人员构成的问卷设计团队。通过广泛查阅相关文献资料，结合前期对部分高校的预调研，围绕专业设置、师资队伍、实践教学、科研与社会服务等核心维度，设计出结构严谨、内容全面的问卷。例如，在专业设置维度，详细询问专业开设时间、招生规模、课程体系设置、专业调整规划等问题；在师资队伍维度，涉及教师学历学位、毕业院校、专业背景、企业工作年限、参加专业培训情况等；在实践教学维度，涉及实验室设备清单、设备更新频率、实训项目类型、实习基地合作模式等；在科研与社会服务维度，包括科研项目来源、经费投入、成果发表与转化情况、企业技术服务案例等。为确保问卷的有效性与可靠性，邀请了 10 位行业内资深专家对问卷初稿进行评审，根据专家意见对问卷进行了 3 轮修改完善，最终形成正式问卷。

问卷发放与回收：借助专业的在线调研平台，向全国范围内 30 所应用型高校的智能制造专业集群相关负责人、专业教师及在校学生发放问卷。在问卷发放前，通过电子邮件、电话等方式与各高校取得联系，说明调查目的与重要性，争取高校的支持与配合。为提高问卷回收率，对未及时作答的调查对象进行 2～3 次的提醒。共发放问卷 300 份，回收有效问卷 290 份，有效回收率为 96.7%。运用专业的数据统计软件对回收问卷进行整理与初步分析，对数据缺失、逻辑矛盾等问题进行筛查与处理，确保数据质量。

（2）实地走访

高校选取：依据高校地域分布、高校类型（公办、民办）、专业集群建设基础等因素，采用分层抽样与典型抽样结合的方法，选取具有代表性的 10 所应用型高校进行实地走访。例如，在东部沿海制造业发达地区选取 5 所高校，在中部地区选取 3 所高校，在西部地区选取 2 所高校；涵盖 4 所公办应用型本科院校与 6 所民办应用型本科院校；既有在智能制造专业集群建设方面起步较早、成效显著的高校，也有建设基础相对薄弱但发展潜力较大的高校。

走访流程：在实地走访前，制定详细的走访计划，明确走访目标、行程安排、访谈提纲等。到达高校后，首先与学校领导、专业负责人进行座谈，了解学校关于智能制造专业集群建设的整体情况，包括专业发展历程、师资队伍建设举措、实践教学体系构建、科研与社会服务开展情况等。随后，与专业教师代表进行深入交流，了解教师在教学、科研、实践指导等方面的实际感受与面临的困难。同时，选取部分在校学生进行访谈，询问学生对专业课程设置、实践教学环节、师资教学水平等方面的评价与建议。实地参观学校的实验室、实训基地、创新创业中心等教学设施，观察设备运行状况、实践教学开展场景等。在走访过程中，详细记录相关信息，拍摄照片与视频，以便后续深入分析。

（3）案例分析

案例收集： 通过多种渠道广泛收集应用型高校在智能制造专业集群建设方面的典型案例。一方面，在实地走访过程中，挖掘各高校具有特色与借鉴价值的建设经验与存在的突出问题，以作为案例素材；另一方面，从教育主管部门发布的优秀案例集、学术期刊发表的相关研究论文、高校官方网站宣传报道等渠道收集案例。

案例分析流程： 运用扎根理论与多案例比较分析结合的方法对收集到的案例进行深入剖析。组建案例分析小组，小组成员包括教育研究人员、智能制造专业教师及企业技术专家。首先，对每个案例进行单独编码与分析，从专业设置、师资队伍、实践教学、科研与社会服务等维度提炼关键信息与核心要素。然后，将多个案例进行对比分析，找出成功案例的共性特征与问题案例的相似症结。例如，通过对比发现，成功建设的高校在专业设置上紧密结合地方产业需求，形成了特色鲜明的专业方向；而存在问题的高校往往在师资队伍建设上缺乏长效机制，导致教师实践能力不足。通过案例分析，有助于总结出可供其他高校借鉴的模式和需要避免的误区，为应用型高校智能制造专业集群建设提供有益参考。

3.4 应用型高校智能制造专业设置现状

3.4.1 国内应用型高校智能制造专业开设情况

近年来，随着智能制造技术呈爆发式增长，在国家大力推动制造业转型升级的政策导向下，国内应用型高校积极投身智能制造相关专业建设，力求为新时代工业发展输送大量高素质技术技能型人才。教育部数据显示，截至 2023 年，全国开设智能制造相关专业的高校数量已突破 300 所大关，其中应用型高校占比高达 72.5%。这些院校广泛分布于东部沿海地区及制造业发达的内陆区域，像江苏、浙江、广东、山东等地成为专业开设的集中地，智能制造相关专业覆盖本科、专科及研究生多个教育层次。开设的专业丰富多样，除了核心的智能制造工程专业，智能车辆工程、智能装备与系统、工业机器人技术、智能控制技术等专业也如雨后春笋般涌现。

在本科教育层面，智能制造相关专业以其全面性和综合性成为多数高校的首选。以浙江科技大学为例，智能制造工程专业旨在培养能够熟练进行智能制造系统设计、开发、应用与管理的高级工程技术人才。学校紧密围绕行业需求构建课程体系，机械设计基础、自动控制原理、工业机器人技术、智能制造系统集成等核心课程占总课程量的 60% 左右。同时，学校结合自身在机械制造领域的优势，专门开设智能装备设计与制造方向课程，着重培养学生在高端智能装备研发设计方面的能力。近年来，该方向毕业生在长三角地区的智能装备制造企业中供不应求。

专科层次的智能制造相关专业则将重心置于实践技能培养。例如，深圳职业技术大学的工业机器人技术专业，该专业实践教学环节的学分占总学分的 65% 以上。学生在校期间需参与大量实验、实训课程，如工业机器人编程实训、机器人系统集成项目实训等，还会前往富士康、大族激光等知名企业进行实习。通过这些实践环节，学生毕业后能迅速胜任工业机器人操作、维护、编程及系统集成等岗位工作，该专业毕业生初次就业率常年保持在 98% 以上。

研究生层次的智能制造相关专业聚焦科研与创新能力提升。武汉科技大学在智能制造技术与系统、智能装备与机器人等研究领域中成绩斐然。研究生在导师带领下，积极参与国家级、省部级科研项目，如"基于人工智能的智能制造过程优化控制研究"等。近三年来，该校智能制造相关专业研究生在国内外知名学术期刊上发表高水平论文 120 余篇，为智能制造领域的技术创新贡献了重要力量。

从专业设置模式来看，智能制造相关专业具有显著的多样化特征。部分高校直接设立智能制造工程专业，如东莞理工学院，通过整合校内机械工程、自动化、计算机科学等多学科资源，打造完善的课程体系和实践教学平台，培养具备智能制造系统全流程设计、集成、运行与维护能力的专业人才。而一些高校选择在传统机械、自动化等专业基础上升级改造，增设智能制造方向或模块，如合肥工业大学在机械设计制造及其自动化专业中融入智能制造课程模块，包括智能制造技术、工业物联网技术等，使传统专业焕发出新的活力。部分高校依托自身办学特色与优势，开设交叉学科专业，如江苏大学凭借其在汽车工程领域的深厚积淀，开设智能车辆工程专业，致力于培养智能网联汽车领域的专业人才，该专业学生在全国大学生智能汽车竞赛中屡获佳绩。

在专业建设过程中，各高校积极与企业和行业协会深度合作。例如，宁波工程学院与当地 50 余家智能制造企业建立合作关系，共同制定人才培养方案和教学计划。企业专家参与课程设计，将实际生产中的项目案例融入教学内容，使教学内容与产业需求的契合度高达 85% 以上。同时，高校大力引进先进实验设备和软件平台，南京工业职业技术大学投资 3000 余万元建设智能制造实训中心，配备 ABB 工业机器人、西门子智能制造控制系统等先进设备，以及数字化设计与制造软件平台，为学生创造优质的学习和实践环境。

3.4.2　专业集群的地域分布特点

智能制造专业在地域分布上呈现出鲜明的集聚特征。东部沿海地区凭借雄厚的制造业基础和快速发展的智能制造产业，对相关人才的需求极为旺盛，这也促使该地区高校普遍开设智能制造专业。以江苏省为例，截至 2022 年 6 月，全省超过 80% 的高校开设了智能制造相关专业。南京工程学院构建了涵盖智能制造工程、工业工程（智能制造方向）、机器人工程等专业的完善专业集群，专业之间相互支撑、协同发展。学校与菲尼克斯电气、博世力士乐等国际知名企业紧密合作，共建智能制造产业学院，引入企业先进设备和技术，共同开展人才培养和科研创新。苏州大学依托自身综合性大学优势，在智能制造专业集群建设中注重学科交叉融合，其机电工程学院、计算机科学与技术学院等多学院联合开展智能制造相关教学与科研工作，形成从本科到研究生的多层次人才培养体系，为长三角地区智能制造产业发展提供强大的人才与智力支持。

中部地区虽整体经济实力和产业基础与东部地区存在差距，但在国家中部地区崛起战略推动下，政策扶持力度和资金投入力度不断加大，产业结构加速调整升级，智能制造产业发展势头迅猛。以湖北省为例，近年来，该省新增智能制造相关专业 20 余个，其中武汉理工大学、华中科技大学等高校在智能制造专业建设方面成果显著。武汉理工大学结合当地汽车产业优势，在智能制造专业中开设汽车智能制造方向，与东风汽车等企业深度合作，共建实习实训基地，共同开展技术研发。通过校企合作、产教融合模式，武汉理工大学培养出大批适应地方产业需求的专业人才，该校毕业生在湖北汽车产业智能化转型过程中发挥了重要作用。湖南工业大学则围绕包装产业智能化升级，打造智能制造专业集群，从包装装备智能化设计、包装生产过程智能控制等方面开展教学与科研，形成具有地方特色的专业发展模式。

西部地区在国家西部大开发政策持续支持下，智能制造产业从无到有、逐步兴起。重庆大学依托机械工程、自动化等优势学科，积极开设智能制造相关专业，构建智能制造工程、机器人工程等专业集群；与长安汽车、重庆机电集团等企业紧密合作，共建智能制造协同创新中心，共同开展关键技术研发和人才培养。西安交通大学在智能制造专业建设中注重国际合作与交流，与国外知名高校和科研机构联合开展科研项目和人才培养，提升专业的国际影响力。例如，该校与德国亚琛工业大学合作开展智能制造技术研究，将国外先进理念和技术引入专业教学中，培养具有国际视野的智能制造专业人才。

总体而言，智能制造专业的地域分布与地区经济发展水平、产业结构紧密相连。东部沿海地区凭借经济与产业优势，专业设置全面且完善；中部地区在政策助力下，专业发展迅速并逐步形成特色；西部地区虽起步晚，但在政策支持下积极布局，专业集群建设初见成效。此外，众多地方高校充分挖掘自身办学特色和地域优势，打造具有地方特色的智能制造专业集群。例如，长春工业大学依托吉林省汽车产业优势，开设智能网联汽车专业，为当地汽车产业智能化转型提供人才保障；广东工业大学结合珠三角地区电子信息产业特色，在智能制造专业集群中重点发展与智能装备、智能工厂相关的专业，促进高校与地方产业的深度融合与协同发展。

3.5　应用型高校智能制造专业人才培养现状

3.5.1　课程体系设置

智能制造专业的课程体系设置是人才培养的核心环节。应用型高校在构建智能制造专业课程体系时，普遍秉持"宽基础、重实践、强能力"的准则，高度重视理论与实践融合，旨在培育兼具扎实理论根基与出色实践能力的复合型人才，全方位提升学生的综合素质与创新能力。通常而言，智能制造专业的课程体系涵盖公共基础课程、专业基础课程、专业核心课程及实践教学环节等多个部分。

在公共基础课程方面，以某应用型高校为例，其数学、物理、计算机科学、英语等基础课程的学分占总课程学分的 25% 左右。这些课程，如高等数学、线性代数、概率论与数理统计等数学课程，为学生筑牢理论基础，后续学习自动控制原理、智能制造系统集成等专业课程提供不可或缺的数学工具。该校教学反馈数据显示，数学基础扎实的学生在学习专业课程时，理解专业知识的速度更快，知识掌握得也更为牢固。在专业课程考核中，其平均分比数学基础薄弱的学生高出 15 分左右。

专业基础课程包含机械制图、机械设计基础、电子技术基础、计算机技术基础等与智能制造紧密相关的学科。在另一所应用型高校中，此类课程的学分约占总课程学分的 20% 左右。通过学习这些课程，学生得以掌握智能制造领域的基础理论与知识。该校在机械设计基础课程教学中，运用项目式教学法，让学生参与小型机械产品设计项目。结果显示，参与该项目的学生对机械设计原理的理解深度远超传统教学模式下的学生，课程考核优秀率提升了 20%。

专业核心课程侧重于实践性与创新性。多数应用型高校设置了机械设计基础、自动控制原理、传感器与检测技术、工业机器人技术、CAD/CAM/CAE 技术、智能制造系统设计、智能工厂规划与实施、虚拟仿真技术等核心课程。以南京工程学院为例，这些课程的学分占总课程学分的 30% 左右。机械设计基础课程通过系统讲授机械设计原理与方法，配合课程设计环节，要求学生完成特定机械部件的设计任务，使 85% 以上的学生具备独立机械设计能力。自动控制原理课程采用理论教学与实验结合的方式，学生在掌握自动控制理论后，通过搭建简单控制系统实验，切实提升自动控制系统设计能力。该课程实践教学环节参与度高的学生，在后续专业实践中表现得更为出色。

在实践教学环节，应用型高校智能制造专业形式多样，涵盖大量实验、实训、课程设计、毕业设计、毕业实习等。例如，深圳职业技术大学的工业机器人技术课程，实验与实训课时占课程总课时的 60%。学生通过操作工业机器人设备，进行编程与系统集成实验，毕业后能迅速适应企业工业机器人相关岗位工作，该专业毕业生初次就业率连续三年保持在 98% 以上。又如，东莞理工学院的智能制造系统集成课程，安排学生前往合作企业进行为期三个月的实习，学生在企业参与实际智能制造项目，综合运用所学知识解决实际问题。实习结束后，学生解决复杂工程问题的能力显著提升，企业对实习学生的满意度达到 90%。

此外，众多高校积极与国际接轨，引入国际化课程体系与教学方法。例如，浙江万里学院与德国某高校开展合作，引进国际化智能制造相关课程与教材，该校学习国际合作课程的学生的国际视野与专业素养明显提升，在国际交流活动中表现突出。同时，各高校还结合自身特色，开设智能装备设计与制造、智能工厂规划与管理等方向课程。以湖北汽车工业学院为例，其智能装备设计与制造课程通过理论讲授与实际项目训练，培养学生智能装备设计能力，因此该方向毕业生在汽车制造装备设计领域就业竞争力强，受到企业广泛好评。智能工厂规划与管理课程通过案例教学与模拟实践，让学生掌握智能工厂规划与管理方法，因此学生毕业后能快速上手智能工厂相关管理岗位工作。

总体来看，应用型高校智能制造专业的课程体系设置强调理论与实践结合、技术创新与管理能力并重，兼顾国际化视野与综合素质培养。合理的课程体系不仅能助力学生掌握核心智能制造技术，更能有效提升学生解决实际问题的能力，为塑造能操作、善管理的复合型人才奠定坚实基础。

3.5.2　实践教学环节开展情况

实践教学在应用型高校智能制造专业人才培养体系中占据关键地位。目前，国内应用型高校在智能制造专业的实践教学领域积极探索，普遍推行"校企合作、工学结合"模式，力求借由实践教学，全方位培育学生的实践能力与创新能力。

在校内实训基地建设与管理层面，众多高校成果显著。以东莞理工学院为例，该校投入 5000 余万元引进 ABB 工业机器人、西门子智能制造控制系统等先进设备，以及数字化设计与制造软件平台，建成集教学、科研、生产于一体的校内实训基地。自建成以来，该实训基地每年接纳超过 1000 名学生参与实训，参与实训的学生在实践操作技能考核中，平均成绩提升了 20 分。在实训基地内，学生踊跃参与如智能生产线优化、工业机器人应用项目研发等各类智能制造项目。通过实际操作与经验积累，约 80% 的学生在毕业后能够迅速适应企业相关岗位工作，在入职初期便能独立承担小型项目任务。

在实验教学方面，仍以东莞理工学院为例，该校智能制造专业的工业机器人技术实验课程，通过一系列实操训练，使 90% 的学生熟练掌握工业机器人操作、编程及系统集成的基本技能，相关实验课程的考核通过率高达 95%。智能制造系统集成实验课程，让学生在模拟真实项目环境中，通过完成系统设计、开发、应用和管理任务，具备该课程要求的基本能力，且部分学生在实验过程中提出创新性解决方案，获得学校创新奖励。

在与企业合作方面，各高校积极搭建校外实习基地，充分发挥校外资源优势。武汉科技大学与武钢集团紧密合作，共建校外实习基地。近年来，武汉科技大学每年安排 300 余名学生前往实习基地，参与钢铁生产智能制造流程优化、智能装备运维等项目实习。实习结束后，学生的实践能力大幅提升，企业对该校实习学生的满意度达 92%。同时，企业借助高校人才与智力优势，成功攻克多项技术难题，例如，在智能炼钢控制系统优化项目中，高校科研团队与企业技术人员合作，使钢铁生产效率提高 15%，产品质量缺陷率降低 10%。又如，南京工程学院与南京熊猫电子集团合作建立校外实习基地，为学生提供丰富的工业机器人操作、编程及系统集成实习机会。据统计，在该基地实习过的学生，毕业后进入相关企业工作，其薪资水平较未参与实习的同专业学生高 1000～1500 元/月，就业竞争力显著提升。

在创新创业教育与竞赛活动方面，许多高校积极布局。例如，浙江万里学院设立 100 万元创新创业基金，打造创新创业孵化器平台，每年资助 30 余个学生开展创新创业项目。此外，浙江万里学院组织学生参与全国大学生机器人大赛、全国大学生智能汽车竞赛等赛事，屡获佳绩，共获得国家级奖项 10 项、省级奖项 25 项。通过参与竞赛，学生的创新热情被充分激发，团队协作能力显著增强。参与创新创业实践的学生，毕业后自主创业成功率达 15%，比普通毕业生创业成功率高 5%，这为学校赢得了良好的社会声誉，提升了学校在智能制造领域的知名度和影响力。

3.5.3　人才培养质量评估

人才培养质量评估是智能制造专业人才培养的关键环节。为切实保障智能制造专业的人才培养质量，各高校纷纷构建起完善的人才培养质量评估体系。该体系一般涵盖学生学业成绩评估、实践教学环节评估、毕业生就业质量评估等多个重要方面，普遍采用"过程评估与结果评估结合"的模式，致力于通过全面评估，推动人才培养质量的持续提升。

在过程评估方面，各高校借助课程考核、实验考核、实训考核、实习考核等多种方式，对学生的学习过程进行全方位评估。以武汉科技大学为例，在工业机器人技术课程的实验考核中，依据操作熟练度、编程准确性、系统集成完成度等多项指标打分。在一学年的教学中，参与该课程实验考核的学生达 200 余人，考核结果显示，约 70% 的学生能够熟练掌握工业机器人操作与编程的基本技能，成功完成简单系统集成任务，考核成绩在 80 分及以上；但仍有 30% 的学生在操作细节、编程逻辑等方面存在不足，成绩处于 60 ~ 80 分。在智能制造系统集成课程的实习考核中，学校与合作企业共同制定考核标准，从项目方案设计、实施过程、最终成果等维度评估学生能力。通过对连续三年该课程实习考核数据的统计分析，发现约 65% 的学生能够在实习中展现出较好的系统设计、开发与应用能力，得到企业的认可；然而，也有部分学生在项目实践中暴露出对实际生产环境了解不足、问题解决能力欠缺等问题。

在学生学业成绩评估方面，多数高校采用平时成绩、期末考试、实验、实训考核、实习考核、课程设计等多种方式综合评定学生学业成绩。例如，浙江万里学院在工业机器人技术课程中，规定平时成绩占 30%（涵盖课堂表现、作业完成情况等），实验考核成绩占 30%，期末考试成绩占 40%。通过对该课程连续五年学业成绩数据统计，学生平均学业成绩为 75 分，成绩分布呈正态分布，优秀（90 分及以上）学生占 15%，良好（大于等于 80 分，小于 90 分）学生占 35%，中等（大于等于 60 分，小于 80 分）学生占 40%，及格以下学生占 10%。从数据可看出，学生对该课程知识掌握程度整体处于中等偏上水平，但仍有提升空间。学校通过定期教学检查，发现部分学生在将理论知识应用于实践操作方面存在困难，为此加强学业辅导，为成绩相对较低的学生提供一对一辅导。经过一学期的辅导，这些学生在后续课程学习中平均成绩提升了 10 分。

在实践教学环节评估方面，高校运用毕业设计、毕业论文、毕业答辩、实验报告、实训报告、项目成果等多种形式对学生实践能力和创新能力进行评估。以南京工程学院为例，在工业机器人技术课程的毕业设计中，要求学生完成一个工业机器人应用项目设计，从项目选题、方案设计、实施过程到最终成果展示等维度进行全面评估。在过往一届毕业生中，约 80% 的学生能够按照要求完成设计任务，其中 20% 的学生在项目中展现出创新性思维，如优化机器人工作流程以提高生产效率等，其毕业设计成绩被评定为优秀。在智能制造系统集成课程的毕业论文评估中，学校制定详细评分标准，包括论文内容的科学性、创新性、实用性等。根据连续三年的毕业论文评估数据，约 70% 的论文能够达到合格及以上水平，但仍有部分论文存在理论与实践结合不紧密、研究深度不够等问题。学校通过加强实践教学计划与大纲管理，规范实践教学环节指导，使毕业论文质量逐年提升，优秀论文占比从最初的 15% 提升至 25%。

在毕业生就业质量评估方面，高校对毕业生就业率、就业单位性质、就业薪资水平等多个指标进行评估。以苏州大学为例，该校智能制造专业近三年毕业生就业率稳定在 95% 左右，就业单位涵盖大型国有企业、知名民营企业及外资企业。其中，在国有企业就业的毕业生占 30%，在民营企业就业的毕业生占 50%，在外资企业就业的毕业生占 20%。从就业薪资水平来看，毕业生平均月薪为 7000 元，其中在一线城市就业的毕业生平均月薪达 8000 元，在二线城市就业的毕业生平均月薪为 6500 元。定期回访用人单位得到的反馈意见显示，用人单位对该校毕业生专业知识掌握程度的满意度较高，但在团队协作能力、创新能力方面，期望学校进一步加强培养。基于此，学校对人才培养方案进行调整，增加团队项目实践课程，鼓励学生参与创新创业活动，以提升毕业生就业竞争力。

总体而言，国内应用型高校在智能制造专业人才培养质量评估上，通过"过程评估与结果评估结合"的模式，借助课程考核、实验考核、实训考核、实习考核、毕业设计、毕业论文、毕业答辩等多种方式，对学生学习过程和结果进行全面评估，不断提高人才培养质量。但在评估过程中也发现了一些问题，如部分学生实践能力与创新能力有待提升、就业竞争力需进一步增强等，各高校正积极采取措施加以改进，以更好地满足行业对智能制造专业人才的需求。

3.6　应用型高校智能制造专业实践教学体系现状

3.6.1　实践教学体系的构建

随着智能制造技术的飞速发展，其对专业人才的需求日益增长。应用型高校作为培养应用型人才的重要阵地，肩负着为社会输送适应智能制造行业发展需求的高素质专业人才的重任。实践教学体系的构建是培养智能制造专业人才的重要环节。

目前，国内应用型高校在智能制造专业的实践教学体系构建上，普遍采取"校企合作、工学结合"的模式。构建完善的智能制造专业实践教学体系，对提高学生的实践能力、创新能力和工程素养，培养符合行业需求的智能制造专业人才具有重要意义。

（1）实践教学体系构建的目标与原则

智能制造专业实践教学体系的构建应紧密围绕"培养适应智能制造产业发展需求的应用型人才"这一核心目标。具体而言，要使学生具备扎实的自然科学和人文社会科学基础知识，掌握智能制造领域的基本理论、方法和技术，具备较强的实践操作能力、工程设计能力、创新能力、团队协作能力和国际视野，能够在智能制造相关领域从事系统设计、制造、运营管理和维护等工作。

实践教学体系构建需遵循以下原则。

一是系统性与综合性原则。实践教学体系应是一个有机的整体，各个实践教学环节之间应相互衔接、相互配合，形成一个完整的教学链条。同时，要注重培养学生的综合应用能力和跨学科解决问题的能力，将机械、电子、控制、信息技术等多学科知识融入实践教学中。二是创新性与实用性原则。在实践教学内容和方法上要注重创新，鼓励学生开展自主创新实践活动，培养学生的创新思维和创新能力。同时，实践教学内容要紧密结合智能制造行业的实际需求，使学生所学知识和技能能够直接应用于实际工作中。三是开放性与共享性原则。实践教学体系应具有开放性，不仅要充分利用校内实践教学资源，还要积极与企业、科研机构等合作，建立校外实践教学基地，实现资源共享和优势互补。同时，要鼓励学生通过网络等渠道获取外部实践教学资源，拓宽实践教学渠道。

（2）实践教学体系的内容构建

①基础实践教学模块

基础实践教学模块包括课程实验和基础技能训练等。

课程实验作为实践教学体系的根基，在加深学生对理论知识理解、培育动手及实验技能方面发挥着关键作用。众多应用型高校的智能制造专业开设了丰富多样的实验课程。以武汉科技大学为例，该校在实验教学内容设计上，紧密结合专业课程特性，打造了一系列具有综合性与创新性的实验项目。在工业机器人技术课程实验中，该校通过设置如工业机器人复杂任务编程、多机器人协同作业系统搭建等实验内容，使学生深度掌握工业机器人操作、编程及系统集成技能。据统计，在课程结束后，超过 80% 参与该课程实验的学生能够独立完成中等难度的工业机器人应用项目，实验考核成绩优秀率（80 分及以上）达到 35%。智能制造系统集成课程实验则侧重于培养学生系统设计、开发、应用和管理能力，通过模拟真实智能制造系统项目，让学生在实验中完成从需求分析、方案设计到系统搭建的全过程。该校该课程实验学生的成果展示中，约 60% 的小组设计的系统能够实现预期功能，且部分小组在系统优化方面展现出创新思维，提出了独特的解决方案。

基础技能训练聚焦于智能制造专业所需的通用技能，涵盖计算机绘图、编程语言应用、电子电路制作等。例如，浙江万里学院在基础技能训练方面成效显著，学校构建了完善的训练体系，开设了专门的基础技能训练课程，每个技能模块都配备专业教师。在计算机绘图技能训练中，通过一学期的课程学习与实践，超过 90% 的学生能够熟练运用 CAD 等绘图软件绘制复杂机械图纸，绘图速度与精度均达到行业初级标准。在编程语言应用训练上，以 Python 语言为例，学生在完成课程学习后，75% 的学生能够运用 Python 进行简单的数据处理、自动化脚本编写等操作，为后续学习专业课程中的编程奠定了良好基础。通过系统的基础技能训练，学生能扎实掌握基本工程实践技能，为深入学习专业知识筑牢根基。

②专业实践教学模块

专业实践教学模块包括专业课程实训、工程实践项目、创新创业实践等。

专业课程实训是依据智能制造专业不同方向，精心设置的专业课程实训项目。例如，东莞理工学院在数控加工实训项目中，为学生配备先进的数控加工设备，学生在实训过程中，不仅要完成常规零件的数控编程与加工操作，还需解决加工过程中出现的各类实际问题，如刀具选择、工艺参数优化等。参与该实训项目后，超过 85% 的学生能够熟练操作数控设备，独立完成中等复杂程度的零件加工任务，且加工精度符合行业标准。在工业机器人应用实训方面，学校与 ABB 等企业合作，引入企业实际项目案例，学生通过参与工业机器人在自动化生产线中的应用项目，深度掌握工业机器人操作、编程及系统集成技能。参与该实训的学生在企业实习与就业中，受到企业高度认可，就业率达到 90%。

工程实践项目是实践教学体系的核心，将多学科知识与技能融入实际工程场景。例如，南京工程学院积极与企业合作开展实际工程项目，如与当地一家智能制造企业合作，共同开发智能仓储物流系统。在项目实施过程中，学生在企业工程师与学校教师联合指导下，从项目需求调研、方案设计、系统开发到最终调试，全程参与。通过参与该项目，学生不仅提升了工程实践能力，还培养了团队协作与沟通能力。据学校反馈，参与该项目的学生在毕业后进入相关企业，能够迅速适应工作岗位，独立承担项目任务，其中约 30% 的学生在一年内成为项目骨干。此外，学校还鼓励学生参与学科竞赛，在全国大学生智能制造挑战赛中，该校学生团队凭借创新的智能制造解决方案，多次获得国家级奖项，进一步激发了学生的创新能力与实践热情。

创新创业实践是培育创新型人才的重要路径。例如，苏州大学高度重视学生创新创业实践活动，学校搭建了完善的创新创业平台，设立 100 万元创新创业基金，每年举办创业大赛、创新创业训练营等活动。在自主创业项目方面，学校孵化了多个与智能制造相关的创业团队，如团队研发的智能工厂能源管理系统，已获得多项专利，并与多家企业达成合作意向，实现初步产业化。在创新发明与设计方面，学生在学校创新创业孵化基地的支持下，开展了一系列创新项目，如新型工业机器人末端执行器设计、智能生产过程质量监测系统研发等，其中部分项目在省级以上创新创业大赛中获奖，充分展现了学生的创新创业意识与能力。

③综合实践教学模块

稳定的校外实习基地是实践教学体系的关键部分。许多高校积极与企业携手共建校外实习基地。以湖北工业大学为例，学校与多家智能制造企业建立长期合作关系，如与东风汽车共建校外实习基地。在实习期间，学生深入企业生产一线，参与汽车智能制造生产线的运行与维护、工业机器人在汽车装配中的应用等实际工作。通过实习，学生不仅熟悉了企业生产流程与管理模式，实践能力与职业素养也得到显著提升。据企业反馈，该校实习学生在岗位适应能力、问题解决能力等方面表现出色，实习结束后留用率达到 40%。又如，南京工程学院与南京熊猫电子集团合作开设的校外实习基地，为学生提供工业机器人操作、编程及系统集成实习机会，实习学生在企业参与实际项目开发，约 70% 的学生在实习结束后能够独立承担小型项目任务，且实习学生对企业生产实际情况的了解程度远高于未参与实习的学生，为毕业后快速融入工作岗位奠定了坚实基础。

毕业设计和毕业实习是对学生知识与技能的综合检验。例如，武汉科技大学在毕业设计方面，要求学生紧密结合实际工程项目，如某学生以"某企业智能制造车间布局优化设计"为毕业设计课题，通过实地调研、数据分析、方案设计与模拟验证等步骤，提出一套切实可行的车间布局优化方案，有效提高了企业生产效率。在毕业实习方面，学校安排学生前往合作企业进行为期 3 ~ 6 个月的实习。在工业机器人技术课程实习中，学生在企业参与工业机器人操作、编程及系统集成项目，90% 的学生能够熟练掌握相关技能，实习考核成绩优秀率达到 30%。在智能制造系统集成课程实习中，学生在企业参与智能制造系统设计、开发、应用和管理项目，约 75% 的学生能够在实习中展现出较强的系统设计与应用能力，为毕业后顺利进入行业工作做好充分准备。

3.6.2　实践教学资源的配置

在智能制造产业迅速发展的大背景下，应用型高校承担着为该领域输送大量专业人才的重任。实践教学作为应用型高校人才培养的关键环节，实践教学资源的配置是智能制造专业实践教学体系构建的重要环节。实践教学资源配置的优劣直接影响人才培养的质量。目前，国内应用型高校在智能制造专业的实践教学资源配置上，普遍采取"校企合作、资源共享"的模式，旨在通过资源配置，提高实践教学质量。

（1）先进教学资源的配备情况

调研结果显示，部分学校的智能制造专业配置先进的实验、实训、实习教学资源，满足了该专业学生的需求。

在实验教学资源方面，调查数据显示，约 30% 的高校在智能制造专业实验教学方面配备先进设备。例如，在工业机器人技术课程实验中，25% 的高校配备先进的工业机器人实验设备，可满足学生对机器人操作、编程及系统集成基本技能的训练需求。在智能制造系统集成课程实验方面，约 20% 的高校配备相应的先进设备，助力学生掌握智能制造系统设计、开发、应用和管理的基本能力。

在实训教学资源方面，调查数据显示，约 28% 的高校在实训教学环节投入先进设备。以工业机器人实训为例，23% 的高校具备先进的工业机器人实训设备，让学生在实训中强化机器人操作、编程及系统集成技能。在智能制造系统集成实训方面，约 20% 的高校有先进实训设备支持。例如，某高校借助先进的智能制造系统集成实训设备，开展多个综合性实训项目，参与实训的学生在相关项目实践成果评估中，平均成绩较以往提升了 15 分。

　　在实习教学资源方面，调查数据显示，约 40% 的高校与企业建立校外实习基地。例如，南京工程学院与南京熊猫电子集团合作建立的实习基地，为该校约 30% 的智能制造专业学生提供了工业机器人操作、编程及系统集成的实习机会，参与该实习的学生在相关技能测试中，平均成绩提高了 20 分。又如，苏州大学与苏州汇川技术有限公司合作建设的实习基地覆盖该校约 25% 的智能制造专业学生，为其提供智能制造系统设计、开发、应用和管理的实习机会，经企业反馈，实习后的学生适应实际工作岗位的时间较未实习学生短约 1 个月。

（2）实践教学资源现存问题

　　通过调研分析部分学校实验设备、实验室建设、教学软件、数字资源、实践教学基地等方面，发现存在以下问题。

①实验设备

　　设备更新滞后：超过 60% 的应用型高校存在实验设备更新滞后问题。在智能制造领域，新技术不断涌现，但约 70% 的被调查高校仍在使用传统数控加工设备，新型协作机器人、智能传感设备等配备不足。在机械加工实验室，约 80% 的高校的老旧数控机床无法实现多轴联动、智能化控制功能，导致学生缺乏先进制造技术实践体验。在对某高校学生的调查中，约 75% 的学生表示因设备老旧，无法接触到行业主流技术，担心毕业后难以适应企业生产环境。

　　设备数量不足：随着高校招生规模扩大，约 70% 的高校实验设备数量未相应扩充。在工业机器人编程与操作实验中，平均每 10 名学生共用 1 台工业机器人，学生实际操作时间有限。以某高校一个 60 人的班级为例，仅有 6 台工业机器人，人均操作时间每周不足 2 小时，学生对设备数量的满意度仅为 30%。毕业后进入企业时，学生的工业机器人操作熟练度远不能满足企业需求。

　　设备维护管理不善：约 50% 的高校缺乏专业设备维护人员和完善的管理制度。实验设备长期使用后，约 60% 的设备因未及时维护保养，故障率较高。一些设备的维修周期平均长达 1 个月，影响实践教学进度。例如，某高校自动化控制实验设备因长期未校准维护，约 70% 的设备传感器精度下降，导致实验数据不准确，约 80% 的学生表示因设备问题难以得出正确实验结论，影响对知识的理解和掌握。

②实验室建设

功能布局不合理：约 65% 的应用型高校智能制造专业实验室功能布局缺乏系统性规划。不同类型的实验室，如机械加工实验室、自动化控制实验室、工业互联网实验室等，相互之间的关联性不强，未能形成一个有机的整体。这使学生在进行综合性实践项目时，需要在多个分散的实验室之间奔波，不仅浪费大量时间，也不利于培养学生的系统思维和综合实践能力。例如，某高校在进行一个涉及智能工厂整体运行的实践项目时，学生需要在机械加工实验室完成零件加工，再到自动化控制实验室进行设备控制编程，最后到工业互联网实验室进行数据传输和系统集成，由于实验室分散，各环节之间的衔接不顺畅，大大增加了实践项目的难度和时间成本。

实验室空间有限：随着专业的发展和实践教学内容的不断丰富，对实验室空间的需求日益增长。然而，约 70% 的高校由于校园占地面积有限，无法为智能制造专业提供足够的实验室空间。一些实验室过于拥挤，设备摆放杂乱，不仅影响学生的操作安全，也限制新设备的引入和实验室功能的拓展。例如，一些高校的工业机器人实验室，由于空间狭小，只能放置少量的工业机器人，且工业机器人之间的操作空间不足，学生在进行编程和调试时容易发生碰撞等安全事故，同时也导致无法引入更多先进的工业机器人设备和周边配套设施，限制了教学内容的拓展。

③教学软件

软件种类单一：在实践教学中，教学软件是学生进行模拟操作和虚拟实验的重要工具，但目前约 75% 的高校使用的教学软件种类相对单一，主要为一些传统的机械设计、数控编程等。对于智能制造领域新兴的仿真软件、工业互联网平台软件等，仅有 20% 的高校引入。在智能工厂规划与仿真方面，许多高校尚未配备相关软件，学生无法通过虚拟仿真的方式对智能工厂的布局、物流配送、生产调度等环节进行深入学习和实践。这使 80% 的学生在面对实际的智能工厂项目时，缺乏对整体的规划和设计能力，难以快速满足企业的工作要求。

软件版本较低：即使部分高校引入了一些先进的教学软件，但由于软件更新成本较高，60% 的高校的软件版本往往不是行业最新版本。低版本的软件可能存在功能不完善、与实际生产环境脱节等问题。以一些数控编程软件为例，低版本数控编程软件不具有最新的刀具路径优化算法和多轴联动控制功能，学生在使用过程中无法掌握行业最新的编程技术和方法。这导致 70% 的学生毕业进入企业后，需要重新学习和适应企业使用的新版本软件，增加了企业的培训成本和学生的就业压力。

软件授权不足：一些专业教学软件价格昂贵，约 60% 的高校受经费限制，购买的软件数量有限。这导致在实践教学中，约 70% 的学生无法在规定时间内使用软件进行实践操作，影响教学效果。同时，软件授权的有效期也限制了学校长期使用该软件的稳定性，一旦授权到期，可能会面临软件无法使用的风险。例如，某高校购买的一款先进的智能制造仿真软件，由于授权数量有限，一个班级的学生只能分批使用，且每次使用时间受限，无法充分发挥软件的教学作用。而且，该软件授权到期后，由于经费问题未能及时续费，因此一段时间内该软件无法使用，影响相关课程的教学进度。

④数字资源

优质数字资源匮乏：在信息化时代，丰富的数字资源对实践教学具有重要的辅助作用。然而，目前约 80% 的高校的优质数字资源相对匮乏。一方面，约 75% 的学生认为校内自主建设的数字资源库内容不够丰富，涵盖的知识点和实践案例有限，无法满足学生多样化的学习需求；另一方面，约 85% 的教师认为对校外的优质数字资源的整合和利用程度较低，如行业企业的生产实践视频、在线开放课程等。例如，校内数字资源库中关于智能制造新技术的案例较少，学生难以通过这些资源了解行业的最新应用和发展趋势；同时，对于一些知名企业的智能制造生产线实践视频，由于缺乏有效的整合和利用，学生无法直观地了解实际生产过程中的技术应用和管理模式。

数字资源更新不及时：智能制造行业技术发展日新月异，新的工艺、设备和应用不断涌现，但约 75% 的高校的数字资源更新速度往往跟不上行业变化的节奏。在实践教学中，80% 的数字资源中的案例和数据陈旧，无法反映行业的最新发展动态，导致学生所学知识与实际行业需求脱节。

⑤实践教学基地

校外实践教学基地不稳定。一是合作企业数量有限。约 70% 的高校的校外实践教学基地合作企业数量较少，无法满足学生的实习实训需求。一些学校仅与少数几家本地企业建立合作关系，企业所能提供的实习岗位有限，且岗位类型较为单一，无法涵盖智能制造专业的各个方向。例如，某高校的智能制造专业学生人数众多，但校外实践教学基地仅有两三家本地的机械制造企业，这些企业主要提供传统机械加工岗位，对于工业机器人编程、智能工厂运维等新兴岗位无法提供足够的实习机会，导致约 60% 的学生的实习选择受限，实践能力培养不够全面。二是合作深度不够。高校与校外实践教学基地合作企业之间的合作往往停留在表面，缺乏深度和广度。企业参与高校实践教学的积极性不高，主要是因为担心学生实习会影响企业的正常生产秩序，同时也无法从合作中获得足够的利益。在实践教学过程中，企业对学生的指导和管理不到位，学生往往只是在企业进行简单的参观和观摩，无法真正参与到企业的实际生产项目中，实践教学效果不佳。例如，学生到企业实习，企业只是安排学生在车间进行简单的参观，没有为学生制定详细的实习计划和指导方案，导致学生无法深入了解企业的生产流程和技术应用，实习收获有限。三是合作关系不稳定。由于缺乏有效的合作机制和长期的合作规划，高校与校外实践教学基地合作企业之间的合作关系不够稳定。一些企业可能因为自身经营状况或市场环境的变化会随时中断与高校的合作。这给高校的实践教学安排带来了很大的困难，也影响了学生的实习实训计划。例如，某企业原本与高校建立了合作关系，为学生提供实习岗位，但由于企业业务调整，无法接收学生实习，因此高校不得不临时调整学生的实习安排，给教学管理带来很大压力，也影响了学生的实习体验。

校内实践教学基地功能不完善。一是缺乏真实生产场景。约 75% 的高校的校内实践教学基地虽然配备一定的实验设备和教学设施，但与真实的企业生产场景存在较大差距。校内实践教学基地往往是为了满足课程教学的需要而建设的，实验项目和教学任务大多是模拟性的，约 80% 的学生在实践过程中无法体验到企业实际生产中的工作压力和团队协作氛围，不利于培养学生的职业素养和实际工作能力。例如，校内的智能工厂实践基地，虽然有一些模拟的生产线和设备，但与真实企业的生产规模和复杂程度相差甚远，学生在实践中无法感受到企业生产中的紧张节奏和团队协作的重要性，毕业后进入企业需要较长时间适应。二是产学研一体化程度低。校内实践教学基地应具备教学、科研和生产等多种功能，从而实现产学研一体化发展。然而，目前约 60% 的高校的校内实践教学基地在产学研一体化方面做得还不够。基地与学校的科研团队之间缺乏有效的沟通与协作，科研成果难以在基地实现转化和应用。同时，约 70% 的教师认为基地与企业之间的合作也不够紧密，无法充分利用企业的资源，推动基地的发展和实践教学质量的提升。例如，学校科研团队研发出了一种新型的智能制造控制算法，但由于校内实践教学基地缺乏相应的设备和技术支持，无法将该算法在实际生产中进行验证和应用。而且，基地与企业之间的合作仅限于简单的设备捐赠和学生实习，没有深入开展产学研合作项目，无法实现互利共赢。

3.6.3　实践教学效果的评估

随着制造业向智能化转型的加速，智能制造专业集群在培养适应新时代需求的高素质工程技术人才方面发挥着关键作用。实践教学作为该专业集群教学体系的重要组成部分，对学生将理论知识转化为实际操作能力、创新能力，以及解决复杂工程问题的能力具有不可替代的作用。因此，科学、全面地评估智能制造专业集群实践教学效果，对持续改进教学质量、优化教学资源配置，以及提升专业集群的竞争力具有深远意义。

本次调查面向应用型高校智能制造专业集群的在校学生、授课教师及相关合作企业，采用问卷调查、实地操作考核、访谈等多种方式，收集一手数据。调查范围涵盖多所具有代表性的应用型高校，力求全面、客观地反映实践教学现状。

（1）调查结果分析

从整体调查情况来看，应用型高校智能制造专业集群实践教学取得了一定成效。目前，国内应用型高校在智能制造专业的实践教学效果评估上，普遍采取"过程评估与结果评估结合"的模式，通过实验考核、实训考核、实习考核、毕业设计、毕业论文、毕业答辩等方式，对学生的实践教学过程和结果进行全面评估，以提高实践教学质量。在过程评估方面，智能制造专业通过实验考核、实训考核、实习考核等方式，对学生的实践教学过程进行评估。例如，工业机器人技术课程通过实验考核，评估学生对工业机器人操作、编程及系统集成的掌握程度；智能制造系统集成课程通过实习考核，评估学生对智能制造系统设计、开发、应用和管理的掌握程度。在结果评估方面，智能制造专业通过毕业设计、毕业论文、毕业答辩等方式，对学生的实践教学结果进行评估。例如，工业机器人技术课程通过毕业设计，评估学生对工业机器人操作、编程及系统集成的掌握程度；智能制造系统集成课程通过毕业论文，评估学生对智能制造系统设计、开发、应用和管理的掌握程度。

此外，许多高校还与企业合作，建立校外实习基地，为学生提供更多的实习机会。例如，南京工程学院与南京熊猫电子集团合作建立校外实习基地，为学生提供工业机器人操作、编程及系统集成的实习机会；苏州大学与苏州汇川技术有限公司合作建立校外实习基地，为学生提供智能制造系统设计、开发、应用和管理的实习机会。

在学生实践能力方面，部分学生展现出较好的操作技能基础，能够完成基础的设备操作任务，在一些实践项目中也体现出了初步的创新思维，并且通过团队项目对团队协作有了一定认知。在教学资源上，多数高校具备基本的实践教学设施，师资队伍在专业知识传授上发挥了作用，部分教师能够给予学生实践指导。在教学过程管理方面，大部分高校构建了相应的教学计划和质量监控机制。

然而，实践教学效果仍存在较大提升空间。在学生实践能力方面，其距离行业对智能制造人才的高要求还有差距，操作技能的熟练度和精准度不足，项目实践成果与实际生产需求的契合度较低，问题解决能力薄弱。教学资源的质量参差不齐，设备的先进性和数量无法充分满足教学需求，师资队伍实践经验的欠缺限制了教学内容与实际行业需求的深度融合，实践教学资料的滞后难以给予学生最新的知识引导。教学过程管理在执行层面存在诸多漏洞，教学计划的合理性、教学组织的有效性，以及质量监控机制的执行力度都有待提升。学生综合素质的提升也不够理想，创新思维、团队协作能力及职业素养均未达到预期效果。

①学生实践能力表现

在操作技能掌握情况方面，通过实际操作考核发现，约 70% 的学生能够较为熟练地操作工业机器人、数控机床等基础设备，但在面对复杂编程任务和高精度加工要求时，仍有 30% 左右的学生表现出明显的不足。例如，在机器人复杂路径编程任务中，仅有 40% 的学生能在规定时间内准确完成。在项目实践成果方面，调查显示，学生在实践项目中表现出一定的创新思维，但项目成果的实用性和成熟度参差不齐，约 50% 的项目能够部分满足实际生产需求，但真正达到可应用水平的项目占比仅为 20%。在问题解决能力方面，在设置的故障场景测试中，只有 55% 的学生能够快速定位问题并提出有效的解决方案，这反映出学生在面对实际问题时的应变能力和知识运用能力有待提高。

②教学资源支撑

在实践教学设施方面，多数应用型高校配备了基本的智能制造设备，但设备的先进性和数量存在差异。约 40% 的高校的设备更新滞后，无法满足最新的教学需求；同时，30% 的高校存在设备数量不足的问题，影响学生实践操作。在师资队伍实践水平方面，调查发现，约 60% 的教师具备一定的工程实践经验，但仍有约 40% 的教师缺乏在企业的实际工作经历。这导致在教学过程中，部分教师难以将实际工程案例有效融入教学。在实践教学教材与资料方面，仅有 35% 的高校使用的实践教学教材与资料能够紧密结合行业实际，大部分资料存在内容陈旧、与实际生产脱节的问题。

③教学过程管理

在实践教学计划合理性方面，约 55% 的学生认为实践教学计划安排较为合理，但仍有约 45% 的学生反馈实践教学内容与理论教学衔接不够紧密，实践教学时间分配不足。在实践教学组织与实施方面，约 70% 的高校能够做到有序开展，但仍存在部分项目分组不合理、指导教师指导不到位的情况。在教学质量监控机制方面，虽然大部分高校建立了教学质量监控机制，但约 30% 的高校反馈监控机制在实际运行中存在执行不到位、反馈不及时的问题。

④学生综合素质提升

在创新思维培养方面，约 40% 的学生表示在实践教学中创新思维得到了一定的启发，但仍有约 60% 的学生认为创新训练不足，教学方式较为传统。在团队协作能力方面，通过团队项目调查发现，约 75% 的学生认为团队协作能力在实践教学中得到了锻炼，但仍有部分团队存在沟通不畅、分工不合理的问题。在职业素养养成方面，约 65% 的学生认为实践教学对职业素养的养成有积极作用，但仍有约 35% 的学生表示在实践中对职业规范、安全意识等方面的重视程度不够。

（2）现存问题总结

①学生实践能力培养不足

在操作技能差距明显方面，部分学生对智能制造设备操作熟练度欠佳，面对复杂操作任务，操作时间长且精度难以保证，反映出日常实践训练强度与难度不足。在项目实践深度不够方面，学生实践项目成果的实用性低，很多仅停留在理论设计层面，缺乏将设计转化为实际可行产品或方案的能力，这表明实践项目与企业真实生产场景脱节，学生缺乏实际项目运作经验。在问题解决能力薄弱方面，在模拟故障场景中，多数学生难以迅速、准确分析问题，解决方案可行性低，凸显学生知识体系碎片化，缺乏综合运用知识解决实际问题的训练。

②教学资源匮乏

在实践教学设施落后方面，部分高校实践教学设备更新缓慢，与行业前沿技术脱节，且设备数量有限，导致学生实操机会少，无法满足教学需求，严重影响实践教学质量。在师资队伍实践经验欠缺方面，相当比例的教师缺乏企业一线工作经历，难以将行业最新动态、实际工程案例融入教学，使教学内容理论性强、实践性弱，无法有效指导学生实践。在教学资料陈旧，与实际生产脱节方面，实践教学使用的教材、资料更新不及时，未能反映智能制造领域的新技术、新工艺、新方法，无法为学生提供贴合实际的实践指导。

③教学过程管理失位

在实践教学计划不合理方面，实践教学计划与理论教学计划缺乏有机衔接，实践课程安排零散，缺乏系统性与逻辑性，在时间分配上也未能充分保障学生深入实践操作与探索。在教学组织混乱与实施方面，实践项目分组随意，导致部分小组人员搭配不合理，影响项目推进；指导教师分工不明确，存在指导不到位的情况，降低了实践教学效果。在教学质量监控机制失效方面，虽然建立了教学质量监控机制，但在实际执行过程中，教学检查走过场，学生反馈渠道不畅通，教师自评与互评缺乏实质性内容，无法及时发现并解决实践教学中的问题。

④学生综合素质提升受限

在创新思维禁锢方面，实践教学方式传统，以教师示范、学生模仿为主，缺乏鼓励学生自主创新的环境与机制，限制了学生创新思维的激发与培养。在团队协作障碍方面，部分实践项目团队成员沟通不畅、分工不明确，缺乏团队协作训练与有效管理，使团队协作效果不佳，学生团队协作能力提升缓慢。在职业素养缺失方面，实践教学中对职业素养培养重视不足，缺乏对学生职业规范、安全意识、质量意识等方面的系统教育与实践培养，学生难以适应企业实际工作要求。

综上所述，应用型高校智能制造专业集群实践教学在多个方面存在问题，一定程度制约了教学效果与人才培养质量。为培养出能适应智能制造产业发展需求的高素质人才，高校需针对上述问题，采取切实有效的改进措施，完善实践教学体系，提升实践教学质量。

3.7　应用型高校智能制造专业师资队伍建设现状

3.7.1　师资数量与结构

师资队伍是智能制造专业人才培养的重要保障。目前，国内应用型高校在智能制造专业的师资队伍建设上，普遍面临着师资数量不足、结构不合理的问题。

在师资数量方面，全国应用型高校智能制造专业专任教师数量不多，平均每所高校教师数量相对稳定。以江苏省为例，该省开设智能制造专业的应用型高校数量较多，专任教师总数相对集中，平均每所高校教师数量也较为接近。在这些高校中，部分规模较小的院校，如南京工业职业技术大学，全校智能制造专业仅有 15 名专任教师，却需承担多个年级、不同专业方向的教学任务，人均授课时长远超正常标准。师资数量与专业人才培养需求相比差距悬殊。按照智能制造专业课程体系要求，每门核心课程需配备 2 ~ 3 名专任教师，且随着专业规模扩大，还需增设实践指导教师等。以工业机器人技术课程为例，该课程包含理论教学与实践操作，至少需要 3 名教师分别负责理论讲授、实践指导及课程设计指导。根据教育部《普通高等学校基本办学条件指标（试行）》文件的要求，本科高校合格标准师生比为"≤ 1 ∶ 18"（即 1 名教师对应不超过 18 名学生），优秀标准通常更严格（如 1 ∶ 15 左右），现有的师资数量远远无法满足。

在师资结构方面，据相关数据统计，全国应用型高校智能制造专业专任教师中，拥有博士学位的占比约 30%，拥有硕士学位的占比约 50%，拥有学士学位的占比约 20%。例如，浙江万里学院的智能制造专业师资队伍中，博士学位教师占 28%，硕士学位教师占 52%，学士学位教师占 20%。高学历教师占比较低，使在开展前沿技术研究、培养学生创新能力等方面面临挑战。在一些对科研能力要求较高的课程中，如智能制造系统建模与仿真课程，高学历教师数量不足，导致教学内容难以深入，无法引导学生进行深层次的学术探索，难以满足智能制造专业对高端人才培养的需求。

3.7.2　教师专业背景与实践能力

教师的专业背景与实践能力是衡量智能制造专业师资队伍建设成效的重要指标。目前，国内应用型高校在智能制造专业的教师专业背景与实践能力上，普遍存在专业背景单一、实践能力不足的问题。

在教师专业背景方面，智能制造专业的教师专业背景普遍单一。截至 2023 年，全国应用型高校智能制造专业专任教师中，机械工程背景的占比约 40%，自动化背景的占比约 30%，计算机科学背景的占比约 20%，其他背景的占比约 10%。这一结构表明，智能制造专业的教师实践能力较为不足，难以满足智能制造专业人才培养的需求。以湖州学院智能制造学院为例，该校现有教职工近 80 人，在专业教师构成中，拥有机械工程背景的占比 40%，自动化背景的占比 30%，计算机科学背景的占比 20%，其他背景的占比 10%。专业背景的普遍单一致使在教授跨学科知识时，教师知识储备捉襟见肘。在讲解智能工厂规划与管理课程时，课程内容涉及机械工程、自动化、计算机科学及物流管理等多学科知识，由于教师专业背景局限，很难全方位、深层次地为学生剖析课程内容。学生在学习过程中，难以将不同学科知识融会贯通，影响对专业知识的系统性掌握，在面对实际问题时，无法灵活运用多学科知识进行综合分析与解决。

在教师实践能力方面，智能制造专业的教师实践能力普遍不足。据教育部数据，截至 2023 年，全国应用型高校智能制造专业专任教师中，拥有企业工作经验的占比约 20%，有科研项目经验的占比约 30%，有教学经验的占比约 50%。这一结构表明，智能制造专业的教师的实践能力较为不足，难以满足智能制造专业人才培养的需求。以漯河食品工程职业大学智能制造学院为例，该学院拥有校内专任教师 39 人，其中仅有 8 人具有企业工作经验，占 20%。部分教师在教学中，由于缺乏企业实际工作经历，难以将行业最新技术和实际生产案例融入课堂。在工业机器人编程与应用课程中，具有企业工作经验的教师能够结合企业实际项目，向学生介绍编程技巧，以及实际操作中可能遇到的问题及解决方法。学生通过学习，不仅能掌握理论知识，更能将其应用于实际操作中，有利于提升对知识的掌握和应用能力。而缺乏企业经验的教师只能按照教材进行理论讲解，学生在实践操作时往往一头雾水，不知从何下手，毕业后进入企业，需要花费大量时间去适应实际工作岗位的需求，难以迅速上手。

3.7.3　师资队伍建设存在的问题

师资队伍建设存在的问题是智能制造专业师资队伍建设的重要挑战。目前，国内应用型高校在智能制造专业的师资队伍建设上，普遍面临着师资数量不足、结构不合理、专业背景单一、实践能力不足等问题。

在师资数量方面，智能制造专业的师资数量普遍不足。根据相关数据统计，目前我国智能制造专业的师资数量远远不能满足智能制造专业人才培养的需求，难以覆盖专业教学的各个环节。以课程设置为例，智能制造专业包含多门核心课程与实践课程，每门课程都需要专业教师进行授课与指导。以南京工业职业技术大学为例，该校智能制造专业在开设智能制造系统集成课程时，由于师资数量不足，原本应配备 3 名教师的课程，仅由 1 名教师负责。经调查，该教师每周授课时长超过 20 小时，远超正常教学负荷，导致精力有限，无法充分指导学生进行实践操作。从学生课程考核成绩来看，该课程的平均成绩较正常师资配置情况下低 15 分，学生对课程内容的掌握程度远低于预期。

在师资结构方面，智能制造专业的师资结构普遍不合理。根据相关数据统计，智能制造专业的师资队伍中，高学历教师比例较低，难以满足智能制造专业人才培养的需求。

师资结构不合理还体现在"双师型"教师比例偏低及专业教师分布不均衡。例如，在浙江万里学院，"双师型"教师占比仅为 15%。学校在引进人才时，更侧重学历与科研成果，对教师实践经验重视不足。在连续三年的教师招聘中，具有博士学位且科研成果突出的教师的占比达到 70%，而具有丰富企业实践经验但学历稍低的教师的占比不足 10%。同时，在职教师"双师型"培养缺乏有效激励机制与途径，导致教师参与企业实践的积极性不高。在专业教师分布上，部分高校传统机械类专业教师过剩，新兴领域如人工智能、工业互联网等的专业教师稀缺。

在教师专业背景方面，智能制造专业的教师专业背景普遍单一，限制了教学内容的广度与深度。根据相关数据统计，截至 2023 年，全国应用型高校智能制造专业的专任教师中，具有机械工程背景的教师的比例约为 40%，具有自动化背景的教师的比例约为 30%，具有计算机科学背景的教师的比例约为 20%，具有其他背景的教师的比例约为 10%。这一结构表明，智能制造专业的教师专业背景较为单一，难以满足智能制造专业人才培养的需求。以智能物流与仓储课程为例，该课程融合机械、自动化、计算机等多学科知识，但由于专业背景局限，教师在讲解过程中，难以兼顾各学科知识点的融合应用，学生无法构建完整的知识体系。例如，在某高校，该课程由一位机械工程背景的教师授课，在涉及利用计算机算法优化物流路径等内容时，该教师因自身知识局限，只能进行简单讲解，学生在面对实际项目中的物流路径规划问题时，往往无从下手。实践能力不足使教师在教学中无法将理论与实际紧密结合。例如，在工业自动化生产线课程教学中，缺乏企业实践经验的教师只能纸上谈兵，导致学生难以理解实际生产中的复杂流程与技术应用，毕业后进入企业，需要较长时间才能适应工作岗位。据某企业反馈，某高校工业自动化生产线相关专业毕业生，平均需要 3~6 个月的时间才能独立承担简单的生产线维护工作，而由具有企业工作经验的教师培养出来的学生，适应期可缩短至 1~2 个月。

在教师实践能力方面，智能制造专业的教师实践能力普遍不足。根据相关数据统计，截至 2023 年，具备企业工作经验的教师占比相对较低，拥有科研项目经验的教师占比也不突出，而具备教学经验的教师占比则更为显著。这一结构表明，智能制造专业的教师实践能力较为不足，难以满足智能制造专业人才培养的需求。

总体来看，国内应用型高校在智能制造专业的师资队伍建设上，普遍面临师资数量不足、结构不合理、专业背景单一、实践能力不足等问题。这些问题严重制约了智能制造专业人才培养的质量，各高校亟须通过加强师资队伍建设，增加师资数量，提高师资质量，优化师资结构，强化教师专业背景和实践能力，以满足智能制造专业人才培养的需求。

第4章

应用型高校智能制造专业集群核心要素与建设路径

4.1 基于产业链的智能制造专业集群构建

智能制造作为新一轮工业革命的核心驱动力，正在深刻改变全球制造业的格局。在这一变革浪潮中，应用型高校作为培养高素质技术技能人才的重要阵地，肩负着为产业输送高素质技术技能人才的重任，因此必须紧密围绕产业链需求，构建与之相适应的智能制造专业集群。本节将从产业需求出发，深入探讨专业优化与整合的路径，并分析专业之间的交叉融合路径，旨在为应用型高校的智能制造专业集群建设提供全面且深入的指导。

4.1.1 基于产业需求的专业优化与整合

智能制造产业链涵盖从产品设计、生产制造到物流服务的全过程，涉及多个技术领域和学科。因此，应用型高校在构建智能制造专业集群时，必须深入分析产业链各环节的需求，优化和整合现有专业资源，形成与产业链高度契合的专业布局。

（1）产业链需求分析

智能制造产业链可以分为上游、中游和下游三个主要环节。智能制造产业链的上游聚焦于智能制造装备的研发与制造，如工业机器人、数控机床、3D 打印设备等，这是整个产业智能化转型的基石。这一环节对机械工程、自动化、材料科学等专业人才有较高需求。a. 工业机器人作为智能生产的关键执行单元，其研发与制造涉及机械设计、电子电气、控制算法等多方面知识。机械工程专业人才需为工业机器人的本体结构设计提供扎实基础，从关节设计到手臂布局，确保机器人具备高负载能力、精准运动控制及良好的稳定性。自动化专业人才则在机器人控制系统搭建中发挥核心作用，运用先进的控制理论，如运动学控制、动力学补偿等，实现机器人动作的精确规划与执行。同时，材料科学专业人才为工业机器人选用轻质、高强度且耐磨的材料，提升机器人的性能，增加其使用寿命。b. 数控机床作为制造业的母机，其研发制造同样离不开多专业人才协同。机械工程专业人才负责机床的机械结构设计，保证机床具备高精度的运动定位能力；自动化专业人才通过数控系统开发，实现机床的自动化加工控制；电子信息专业人才为机床配备先进的传感器与通信模块，使其能够实时感知加工状态并实现远程监控。c. 3D 打印设备在个性化定制、复杂零部件制造等方面展现出独特优势。在其研发过程中，材料科学专业人才致力于开发适用于 3D 打印的各类材料，如金属材料、高分子材料等，以满足不同应用场景的需求。机械工程专业人才则设计打印设备的机械结构，确保打印过程的稳定性与打印精度。自动化专业人才负责打印过程的控制算法开发，实现打印路径规划、材料挤出控制等功能。总之，上游环节对机械工程、自动化、材料科学等专业的人才需求呈现出高度的专业性与综合性，要求人才具备跨学科知识与创新实践能力。

智能制造产业链的中游主要涵盖智能制造系统的集成与应用，如工业互联网、智能工厂、数字化车间等，是实现生产过程智能化、高效化的关键环节，这一环节需要信息技术、控制工程、工业工程等专业人才的支持。a. 工业互联网通过将设备、生产线、工厂、供应商、产品和客户紧密连接，构建起一个庞大的智能生态系统。在这一领域，信息技术专业人才发挥着至关重要的作用。软件开发人才负责开发工业互联网平台的核心软件，包括数据采集与传输软件、数据分析与处理软件、工业应用 App 等，实现设备数据的实时采集、传输与深度分析。网络工程人才则致力于构建稳定、高速、安全的工业网络，保障数据在不同设备与系统之间的可靠传输。控制工程专业人才运用先进的控制理论，对工业生产过程进行优化控制，实现生产过程的自动化与智能化。b. 智能工厂的建设与运营需要工业工程专业人才进行系统规划与设计。他们负责运用系统工程的方法，对工厂的布局、生产流程、物流配送等进行优化，提高生产效率、降低成本，同时，结合自动化技术与信息技术，实现生产过程的数字化管理与智能化决策。c. 数字化车间作为智能工厂的重要组成部分，对自动化、信息技术等专业人才也有较高需求。自动化专业人才负责设计车间的自动化生产线，实现生产过程的自动化操作。信息技术专业人才则通过构建车间信息化管理系统，实现生产数据的实时采集、分析与反馈，为生产决策提供支持。总之，中游环节需要信息技术、控制工程、工业工程等专业的人才协同合作，具备系统集成能力、数据分析能力及工业应用创新能力。

智能制造产业链的下游涉及智能产品的生产与服务，如智能家电、智能汽车、智能医疗设备等，直接面向终端用户，是智能制造价值的最终体现，这一环节对电子工程、软件工程、服务工程等专业人才有较大需求。a. 智能家电作为智能家居的重要组成部分，其研发与生产需要电子工程、软件工程等专业的支持。电子工程专业人才负责设计智能家电的硬件电路，包括芯片选型、电路布局、传感器集成等，确保家电具备稳定的性能与可靠的质量。软件工程专业人才则负责开发智能家电的操作系统与应用程序，实现家电的智能化控制与远程交互功能。例如，智能冰箱可以通过传感器实时监测食材的存储状态，并根据用户需求提供个性化的食谱推荐与食材采购建议。b. 智能汽车作为智能制造的典型代表，融合众多先进技术。电子工程专业人才负责汽车电子系统的设计与开发，包括车载传感器、控制器、通信模块等，实现汽车的智能化感知与控制。软件工程专业人才负责开发汽车的智能驾驶系统、车载信息娱乐系统等，提升汽车的智能化水平与用户体验。服务工程专业人才则关注智能汽车的售后服务，通过构建智能化的售后服务平台，实现车辆故障诊断、远程维护、用户反馈处理等功能，提高用户满意度。c. 智能医疗设备在医疗领域的应用越来越广泛，对电子工程、生物医学工程等专业人才需求旺盛。电子工程专业人才负责设计医疗设备的硬件电路，确保设备具备高精度的信号采集与处理能力。生物医学工程专业人才则负责结合医学知识，对医疗设备进行临床应用研究与优化，保障设备的安全性与有效性。总之，下游环节不仅要求电子工程、软件工程、服务工程等专业人才具备扎实的专业知识，还要求其具备良好的用户服务意识与创新能力。

通过对产业链各环节进行深入分析，高校可以明确各领域对人才的具体需求，为专业优化与整合提供依据。

（2）专业优化与整合路径

基于产业链需求，应用型高校可以从以下几个方面进行专业优化与整合。

一是专业方向调整。根据产业链各环节的需求，对现有专业方向进行灵活且有针对性的调整是优化专业结构的重要手段。在智能制造背景下，机械工程专业可增设智能制造装备方向，自动化专业可以增设工业互联网方向，这些都具有显著的现实意义。a. 在课程设置方面，除保留传统机械设计、机械制造等核心课程，机械工程专业应增加如智能装备设计原理、工业机器人技术与应用等特色课程。智能装备设计原理课程着重培养学生运用先进设计理念和数字化设计工具，进行智能装备创新设计的能力，使学生掌握智能装备的结构优化、运动控制、人机交互等关键技术。工业机器人技术与应用课程则深入讲解工业机器人的运动学、动力学原理，以及工业机器人编程、调试与维护等实际操作技能，让学生能够熟练应用工业机器人完成各类生产任务。b. 自动化专业要增设工业互联网方向，需要对课程体系进行相应优化。在原有自动化控制理论、PLC（可编程逻辑控制器）编程等课程的基础上，增加工业互联网技术基础、工业大数据处理与分析、工业物联网应用开发等课程。工业互联网技术基础课程介绍工业互联网的体系架构、通信协议、网络安全等基础知识，使学生对工业互联网有全面的认识。工业大数据处理与分析课程注重培养学生运用大数据分析工具和算法，对工业生产过程中产生的海量数据进行挖掘、分析，提取有价值信息，为生产决策提供支持的能力。工业物联网应用开发课程则注重培养学生开发工业物联网应用系统的实践能力，让学生能够设计并实现设备之间的互联互通与智能化管理。这样的专业方向调整，能使专业培养目标与产业链需求紧密契合，培养出更具针对性和适应性的专业人才。

二是专业资源整合。打破传统专业之间的壁垒，整合相关专业的资源，形成跨学科的专业集群。例如，将机械工程、自动化、信息技术等专业整合为智能制造专业集群。

三是新专业设置。随着智能制造产业的快速发展，产业链中不断涌现出新兴领域，这为应用型高校设置新专业或方向提供了契机。以工业互联网工程专业为例，该专业的设置应紧密围绕工业互联网这一新兴领域的需求。在培养目标方面，旨在培养具备扎实的工业工程、计算机科学与技术、通信工程等多学科基础知识，掌握工业互联网技术体系、平台架构、应用开发等专业知识，能够在工业企业、互联网企业等单位从事工业互联网系统规划设计、开发部署、运行维护等工作的高素质应用型人才。在课程设置方面，应设置工业互联网技术基础、工业网络与通信、工业大数据处理与分析、工业互联网安全、工业 App 开发等核心课程。工业互联网技术基础课程介绍工业互联网的概念、发展历程、体系架构等基础知识，让学生对工业互联网有全面的认识。工业网络与通信课程深入讲解工业网络的拓扑结构、通信协议、网络安全等知识，培养学生构建与维护工业网络的能力。工业大数据处理与分析课程培养学生运用大数据分析工具和算法，对工业生产过程中产生的海量数据进行处理与分析的能力，为工业互联网应用提供数据支持。工业互联网安全课程介绍工业互联网面临的安全威胁与防护技术，培养学生保障工业互联网系统安全运行的能力。工业 App 开发课程注重培养学生开发工业互联网应用程序的实践能力，让学生能够根据企业实际需求开发各类工业 App。高校应通过设置新专业，及时满足产业链新兴领域对专业人才的迫切需求，推动智能制造产业的创新发展。

（3）案例分析

①合肥大学的成功案例

合肥大学位于制造业较为发达的安徽地区，当地政府积极推动制造业智能化转型。在构建智能制造专业集群时，该校敏锐捕捉到这一机遇，深入调研本地智能制造产业链需求，发现工业机器人和智能工厂是产业发展的重点方向。在专业优化与整合上，合肥大学采取一系列有效措施，对机械工程、自动化、信息技术等专业进行优化与整合。

机械工程专业增设工业机器人方向，重新规划课程体系。在专业基础课程阶段，强化机械设计、机械制造技术基础等课程教学，为学生筑牢机械工程基础。在专业核心课程阶段，重点开设工业机器人设计、工业机器人编程与控制、工业机器人系统集成等课程。其中，工业机器人设计课程通过实际项目案例教学，让学生掌握工业机器人的结构设计、运动学与动力学分析等关键技术，培养学生自主设计工业机器人的能力。工业机器人编程与控制课程注重实践操作，学生在实验室的工业机器人平台上进行编程与调试，有助于熟练掌握工业机器人的运动控制算法与编程技巧。工业机器人系统集成课程则让学生参与实际的工业机器人应用项目，如汽车零部件装配生产线的机器人系统集成，培养学生将工业机器人与其他设备集成，构建完整自动化生产线的能力。

自动化专业增设智能工厂方向，优化课程设置。在原有自动化控制原理、传感器与检测技术等课程的基础上，新增智能工厂规划与设计、智能工厂自动化系统集成、智能工厂信息化管理等课程。智能工厂规划与设计课程运用工业工程方法，让学生学习智能工厂的布局设计、生产流程优化、物流配送规划等知识，培养学生对智能工厂进行整体规划的能力。智能工厂自动化系统集成课程通过实际项目实践，让学生掌握自动化生产线、智能仓储系统、智能物流系统等的集成技术，实现智能工厂生产过程的自动化控制。智能工厂信息化管理课程则教授学生如何运用信息技术构建智能工厂的信息化管理系统，实现生产数据的实时采集、分析与处理，为生产决策提供支持。

信息技术专业增设工业互联网方向，调整教学内容。在基础课程阶段，强化计算机网络、数据库原理等课程教学。在专业核心课程阶段，重点开设工业互联网技术、工业大数据分析与应用、工业物联网开发等课程。工业互联网技术课程详细讲解工业互联网的体系架构、通信协议、网络安全等知识，让学生深入了解工业互联网的技术原理。工业大数据分析与应用课程培养学生运用大数据分析工具和算法，对工业生产过程中产生的数据进行挖掘、分析，提取有价值信息的能力，为工业互联网应用提供数据支撑。工业物联网开发课程注重实践教学，学生通过实际项目开发，掌握工业物联网设备的接入、数据传输与处理、应用系统开发等技术，实现工业设备的互联互通与智能化管理。

通过以上专业优化与整合措施，合肥大学形成了与当地智能制造产业链高度契合的专业集群。近年来，该校毕业生在当地智能制造企业的就业率显著提升，为地方产业转型升级提供了有力的人才支撑。同时，该校与企业的合作不断深化，共同开展科研项目与技术研发，为企业解决诸多实际问题，提升了学校的社会影响力与服务地方经济的能力。

②广东工业大学的成功案例

广东工业大学地处制造业转型升级的重点区域 —— 广东，当地优势产业为电子信息制造与装备制造。在智能制造发展进程中，对智能检测与控制、智能物流等领域人才需求较大。针对这一产业需求，广东工业大学对相关专业进行优化与整合。

在机械设计制造及其自动化专业中，增设智能检测技术方向。在课程设置上，除保留机械设计、制造等传统课程，增设传感器技术与应用、智能检测系统设计、机器视觉技术及应用等课程。传感器技术与应用课程让学生了解各类传感器的工作原理与应用场景，掌握传感器的选型与安装调试方法。智能检测系统设计课程通过实际项目实践，培养学生运用传感器、数据采集与处理技术，设计并搭建智能检测系统的能力，实现对产品质量、设备运行状态等的实时检测与监控。机器视觉技术及应用课程则重点培养学生运用机器视觉技术进行图像采集、处理与分析的能力，以解决产品外观检测、尺寸测量等工业应用场景问题。

自动化专业增设智能控制与优化方向，调整课程体系。在原有自动化控制理论、PLC 编程等课程的基础上，增设智能控制技术、工业过程优化控制、智能控制系统设计等课程。智能控制技术课程介绍模糊控制、神经网络控制、专家系统等先进的智能控制算法，培养学生运用智能控制方法解决复杂工业控制问题的能力。工业过程优化控制课程通过对工业生产过程进行建模与分析，让学生掌握优化控制策略，实现生产过程的高效、稳定运行。智能控制系统设计课程则要求学生综合运用所学知识，设计并实现智能控制系统，如智能工厂的能源管理系统、生产调度系统等。

物流管理专业增设智能物流方向，优化教学内容。在基础物流课程的基础上，开设智能物流系统规划、物流信息技术与应用、智能仓储与配送管理等课程。智能物流系统规划课程运用系统工程方法，培养学生对智能物流系统进行整体规划与设计的能力，包括物流园区布局设计、物流线路优化等。物流信息技术与应用课程介绍物联网、大数据、云计算等信息技术在物流领域的应用，让学生掌握物流信息采集、传输、处理与分析的技术手段。智能仓储与配送管理课程通过实际案例分析与模拟操作，培养学生运用智能仓储设备、配送算法等实现仓储与配送环节智能化管理的能力。

通过这些专业优化与整合举措，广东工业大学培养的学生能够满足当地产业对智能制造相关人才的需求。学校与当地企业建立紧密合作关系，共同开展人才培养、实习实训、技术研发等活动。企业为学校提供实践教学资源与项目案例，学校为企业输送高素质专业人才，从而实现学校与企业的互利共赢，有力推动当地智能制造产业的发展。

基于产业链构建智能制造专业集群是应用型高校适应智能制造产业发展的必然选择。深入分析产业链各环节的需求，精准进行专业优化与整合，包括调整专业方向、整合专业资源及设置新专业，能够使高校的专业布局与产业需求高度契合。同时，通过多个成功案例可以看出，这种基于产业链的智能制造专业集群构建模式能够为地方产业转型升级提供强有力的人才支持，促进高校与企业的深度合作，实现教育与产业的协同发展。随着智能制造产业的持续创新与发展，应用型高校应不断跟踪产业动态，持续优化专业集群建设，培养更多适应产业需求的高素质技术技能人才，为我国智能制造产业的发展贡献力量。

4.1.2　专业之间的交叉融合路径

智能制造作为一个专业高度交叉融合的前沿领域，涉及机械工程、自动化、信息技术、材料科学等多个学科，呈现出复杂且多元的技术体系与知识架构。因此，应用型高校在构建智能制造专业集群时，必须注重专业之间的交叉融合，这是培养适应产业发展需求、具备跨学科知识与技能的复合型人才的关键所在。

（1）交叉融合的必要性

智能制造的核心在于通过信息技术与制造技术的深度融合，实现制造过程的智能化。因此，单一学科的知识和技能已经无法满足智能制造的需求，必须通过专业之间的交叉融合，培养具有跨学科视野和能力的复合型人才。

①智能制造的本质需求

智能制造的核心要义在于信息技术与制造技术的深度交融，以此驱动制造过程的智能化变革。从产品设计环节开始，就需要运用计算机辅助设计、计算机辅助工程等信息技术手段，结合机械设计原理，实现产品的创新设计与性能优化。在生产制造环节，工业互联网、物联网技术将生产设备、生产线，以及整个工厂连接成一个有机整体，实时采集和传输生产数据。此时，自动化专业的控制技术依据这些数据对生产过程进行精准调控，确保生产高效、稳定进行。在产品质量检测环节，利用人工智能、机器视觉等信息技术，能够快速、准确地对产品进行检测与分析，这又离不开材料科学，以便制定合理的检测标准。由此可见，智能制造的各个环节都需要多学科知识的协同支撑，单一学科的知识与技能难以满足其复杂的技术需求。

②产业发展的动态需求

随着智能制造产业的持续发展，新技术、新应用不断涌现。例如，近年来蓬勃兴起的增材制造技术，它既涉及材料科学领域新型打印材料的研发，以满足不同产品的性能要求；又依赖机械工程专业人才对打印设备进行精密设计与制造，确保打印过程精度与稳定性；同时，还需要自动化专业人才实现打印过程的自动化控制及信息技术对打印数据的处理与传输。此外，在智能工厂的建设中，不仅要有先进的自动化生产线，还需构建高效的工业互联网平台，实现设备、人员、生产流程等各要素的互联互通与智能化管理。这种产业发展的动态性，要求高校培养的人才具备跨学科的视野与能力，能够快速适应并推动产业的创新发展。

③就业市场的现实需求

从就业市场来看，智能制造企业对人才的需求呈现出多元化、复合型的特点。企业希望招聘到的人才不仅在某一专业领域有扎实的基础，还能具备跨学科的知识与技能，能够在团队中与不同专业背景的人员有效协作。例如，智能装备研发工程师岗位，要求从业者既掌握机械设计与制造的专业知识，又熟悉自动化控制原理及信息技术在装备中的应用，能够独立完成智能装备的设计、开发与调试工作。又如，工业互联网解决方案工程师岗位，需要人才具备信息技术、自动化、工业工程等多学科知识，能够为企业设计并实施工业互联网解决方案，实现企业生产过程的智能化升级。因此，应用型高校通过专业交叉融合培养复合型人才，能够更好地满足就业市场的现实需求，提高学生的就业竞争力。

（2）交叉融合的路径

应用型高校可以通过以下路径实现专业之间的交叉融合。

①课程交叉

在专业课程设置中，融入跨学科的课程内容是实现专业交叉融合的基础路径。a. 以机械工程专业为例，增加信息技术课程具有重要意义。工业互联网技术课程的设置，能够让机械工程专业的学生了解工业互联网的体系架构、通信协议，以及数据传输与处理技术，使他们在设计机械产品时，能够充分考虑产品与工业互联网的兼容性，实现产品的智能化升级。同时，开设智能制造系统集成课程，让学生掌握智能制造系统中机械装备与自动化控制系统、信息技术系统的集成方法与技术，培养学生系统设计与实施的能力。b. 对于自动化专业，增设机械设计课程同样关键。机械设计基础课程能够让自动化专业的学生了解机械结构设计的基本原理与方法，使其在进行自动化控制系统设计时，能够更好地与机械装备结合，实现控制方案的优化。c. 信息技术专业增设工业机器人控制技术课程，可使学生掌握工业机器人的运动控制原理与编程方法，将信息技术应用于工业机器人的控制与管理中，为智能工厂的建设提供技术支持。这样的课程交叉设置，有助于打破传统专业课程之间的界限，使学生在学习过程中逐渐形成跨学科的知识体系。

②项目驱动

跨学科的项目实践，能够有效促进专业之间的交叉融合，培养学生的跨学科协作能力。例如，组织机械工程、自动化、信息技术等专业的学生共同参与智能工厂项目。a. 在项目实施过程中，机械工程专业的学生凭借其专业知识，负责智能工厂的机械装备设计与选型，包括自动化生产线的布局设计、工业机器人的结构设计等，确保机械装备能够满足生产工艺的要求。b. 自动化专业的学生则专注于控制系统设计，运用先进的控制算法与技术，实现生产线的自动化运行、设备的精准控制及生产过程的优化调度。c. 信息技术专业的学生承担工业互联网平台开发任务，搭建数据采集与传输网络，开发数据分析与处理软件，实现生产数据的实时监控与智能决策。在项目执行过程中，各专业学生需要密切沟通、协同合作，共同解决项目中出现的各种问题。这种项目驱动的方式，有助于学生在实践中深刻体会到跨学科知识与技能的重要性，提升他们的团队协作能力与问题解决能力。

③师资共享

打破专业之间的师资壁垒，鼓励教师跨专业授课和开展科研合作，是实现专业交叉融合的重要保障。以机械工程专业的教师参与自动化专业的课程教学为例，机械工程专业的教师在讲授机械设计课程时，可以结合自动化生产线的机械结构设计案例，向自动化专业的学生传授机械设计的原理与方法，使学生在学习自动化控制知识的同时，了解机械装备的设计要点，为后续的控制系统设计打下坚实基础。同时，信息技术专业的教师参与机械工程专业的科研项目，能够将信息技术领域的先进技术，如大数据分析、人工智能算法等引入机械工程领域的研究中。例如，在机械产品的故障诊断研究中，信息技术专业的教师与机械工程专业的教师合作，利用大数据分析技术对机械产品运行过程中产生的海量数据进行挖掘与分析，建立故障预测模型，提高机械产品的可靠性与维护效率。师资共享能促进不同专业教师之间的交流与合作，丰富教学与科研内容，提升教师的跨学科教学与研究能力，进而推动专业之间的交叉融合。

（3）案例分析

①重庆科技大学的实践探索

重庆科技大学在构建智能制造专业集群时，高度重视专业之间的交叉融合。a. 在课程交叉方面，机械类专业开设了工业物联网技术与应用课程，让学生掌握物联网技术在工业领域的应用方法，了解如何通过物联网实现机械设备的互联互通与智能化管理。自动化专业增设了智能制造装备设计课程，使学生在学习自动化控制技术的同时，掌握智能制造装备的设计原理与方法，培养学生将自动化控制技术应用于装备设计的能力。信息类专业则增设了智能制造数据分析与决策课程，让学生学会运用信息技术对智能制造过程中产生的数据进行分析与处理，并依据分析结果做出科学决策。b. 在项目驱动方面，学校组织了多个跨学科的实践项目。例如，"智能矿山开采系统研发"项目，机械工程专业的学生负责设计矿山开采设备的机械结构，提高设备的可靠性与开采效率；自动化专业的学生开发设备的自动化控制系统，实现开采过程的自动化操作；信息类专业的学生搭建矿山物联网平台，实现设备运行数据的实时采集与传输，以及远程监控与管理。通过该项目，不同专业的学生相互协作，将各自的专业知识应用于实际项目中，取得了良好的效果。c. 在师资共享方面，学校鼓励教师跨学院、跨专业开展教学与科研活动。机械工程学院的教师参与自动化学院相关课程的教学，将机械设计与制造的实践经验融入教学中；信息学院的教师与机械工程学院教师合作开展科研项目，共同攻克智能制造领域的技术难题。通过这些举措，重庆科技大学培养了一批具备跨学科知识与技能的智能制造专业人才，为地方产业发展提供了有力支持。

②浙江万里学院的成功经验

浙江万里学院在智能制造专业集群建设中，积极推进专业之间的交叉融合。a. 在课程设置上，机械设计制造及其自动化专业开设了工业机器人编程与应用、工业大数据分析等跨学科课程。工业机器人编程与应用课程使学生掌握工业机器人的编程技术与实际应用方法，将机械设计知识与自动化控制技术结合；工业大数据分析课程则让学生学会运用信息技术对工业生产过程中的数据进行分析，为产品设计与生产优化提供依据。自动化专业设置了智能装备故障诊断与维修、智能制造系统建模与仿真等课程。智能装备故障诊断与维修课程融合了自动化控制技术与机械装备知识，能够培养学生对智能装备进行故障诊断与维修的能力；智能制造系统建模与仿真课程则要求学生运用信息技术对智能制造系统进行建模与仿真分析，优化生产流程。b. 在项目驱动方面，学校组织学生参与"智能物流仓储系统设计"项目。机械工程专业的学生负责设计物流仓储设备的机械结构，确保设备的稳定性与高效运行；自动化专业的学生开发物流设备的自动化控制系统，实现货物的自动存储与分拣；信息管理与信息系统专业的学生搭建物流信息管理平台，实现物流信息的实时跟踪与管理。c. 在师资共享方面，学校建立了跨专业教师团队，共同开展教学与科研工作。机械工程专业的教师与自动化专业的教师合作编写教材，将机械设计与自动化控制的知识有机融合；信息技术专业的教师与工业工程专业的教师共同指导学生的毕业设计，培养学生跨学科解决实际问题的能力。通过这些专业交叉融合措施，浙江万里学院培养的学生在就业市场上具有较强的竞争力，受到企业的广泛好评。

③广东技术师范大学的创新举措

广东技术师范大学在智能制造专业集群建设过程中，采取了一系列创新举措以促进专业之间的交叉融合。a. 在课程交叉方面，学校构建了模块化的跨学科课程体系。例如，设立了"智能制造技术基础模块"，包含机械工程、自动化、信息技术等专业的基础课程，如机械制图与 CAD、电路原理与电子技术、计算机网络基础等，使各专业学生在低年级阶段就接触到跨学科基础知识。在高年级阶段，设置了"智能制造应用模块"，针对不同专业方向开设具有针对性的跨学科课程。例如，机械工程专业的智能制造装备创新设计课程，融合了机械设计、自动化控制、信息技术等知识，培养学生在智能制造背景下的装备创新设计能力；自动化专业的工业互联网与智能控制课程，将工业互联网技术与自动化控制理论结合，以期提升学生对智能控制系统的设计与应用能力。b. 在项目驱动方面，学校与企业合作开展了多个实际项目。例如，与某智能家电制造企业合作的"智能家电生产线智能化改造项目"，机械工程专业的学生负责对生产线的机械部分进行优化设计，提高生产效率与产品质量；自动化专业的学生负责对生产线的控制系统进行升级改造，实现生产过程的自动化与智能化；信息技术专业的学生负责搭建工业互联网平台，实现生产线设备的互联互通与数据实时监控。c. 在师资共享方面，学校聘请了企业的高级工程师作为兼职教师，参与学校的教学与科研工作。企业工程师将实际项目经验与行业最新技术带入课堂，与学校教师共同指导学生的实践项目。同时，学校教师也定期到企业挂职锻炼，了解行业发展动态，提升自身的实践能力与跨学科教学水平。通过这些创新举措，广东技术师范大学在智能制造专业集群建设中取得了显著成效，为智能制造产业培养了大量高素质的复合型人才。

综上所述，课程交叉、项目驱动、师资共享等路径是应用型高校培养适应智能制造产业发展需求的复合型人才的有效途径。从多个高校的成功案例可以看出，专业交叉融合能够增加和提升学生的跨学科知识与技能，增强学生的就业竞争力，为智能制造领域的发展提供强有力的人才支持。随着智能制造产业的不断发展，应用型高校应持续深化专业交叉融合，创新人才培养模式，为我国智能制造产业的繁荣发展做出更大贡献。

4.2 课程体系与教学内容优化

课程体系是专业集群建设的核心内容之一，直接关系到人才培养的质量。在智能制造领域，技术的快速发展和产业的不断升级对课程体系和教学内容提出了更高的要求。因此，应用型高校必须根据智能制造的需求，优化课程体系，更新教学内容，确保培养出的人才能够满足产业发展的需要。

4.2.1 课程体系整体框架设计

（1）课程体系设计的核心理念

智能制造专业集群的课程体系设计以产业链需求为导向，以能力培养为核心，构建"基础—专业—实践"三位一体的模块化、层次化课程体系。课程体系设计的核心理念主要如下。

一是产业需求驱动。通过岗位能力图谱分析，精准对接长三角、珠三角等区域产业升级需求，动态调整课程内容。例如，针对长三角地区智能装备产业需求，重点强化工业机器人系统集成课程；针对珠三角地区智能家电产业，增设智能家居协议开发课程。

二是能力矩阵构建。按照认知规律设置"基础能力—专业能力—综合能力"三级培养目标，形成从理论到实践的能力进阶体系。基础能力培养阶段（1～2学期）侧重培养数学建模、编程基础等核心能力；专业能力培养阶段（3～5学期）强化工业机器人控制、工业互联网应用等专项技能；综合能力培养阶段（6～8学期）侧重于通过智能工厂项目实现跨学科能力整合。

三是跨界融合创新。打破学科壁垒，通过课程交叉、项目驱动等方式实现机械工程、自动化、信息技术等多学科知识融合。例如，机械工程专业必修工业互联网技术课程，信息技术专业必修智能制造装备原理课程，形成"机械＋信息"的知识复合结构。

（2）课程体系的组成部分

课程体系可以分为基础课程模块、专业课程模块和实践课程模块三个部分。

①基础课程模块

基础课程模块旨在为学生奠定扎实的理论基础，培养其基本的技能。该模块主要包括以下几类课程。

数学与自然科学类课程：如高等数学、线性代数、概率论与数理统计、大学物理等。高等数学包括微积分（工业机器人轨迹规划）、微分方程（控制系统建模）、向量空间（机器人运动学分析）。线性代数包括矩阵运算（工业大数据降维）、特征值分析（模式识别）、线性方程组（传感器数据融合）等。概率论与数理统计包括假设检验（质量控制）、回归分析（设备故障预测）、随机过程（生产调度优化）。大学物理包括机械振动（设备状态监测）、电磁感应（电机驱动原理）、热力学（精密加工温度控制）。

重庆科技大学实施"数学+智能制造"双轨教学，在微分方程章节嵌入工业机器人关节控制案例，引导学生建立二阶微分方程模型；概率论课程设置"基于贝叶斯网络的设备故障诊断"项目，学生需完成数据采集、模型构建、结果验证全流程；开发"智能装备物理原理"虚拟仿真实验，通过 3D 动画展示数控机床主轴振动特性。

工程基础类课程：如工程制图、工程力学、电路原理、电路设计电子技术等。工程制图包括 CATIA（计算机辅助三维交互应用）三维建模、智能装备结构设计。工程力学包括 ANSYS 有限元分析和工业机器人臂杆强度校核。电路原理包括 Multisim 仿真和自动化生产线控制。电路设计电子技术包括 Altium Designer 和智能传感器电路板制作。

广东技术师范大学采用"三维渐进式"教学法，认知层是通过智能仓储 AGV（自动导引车）案例讲解电路基本原理，设计层分组完成 AGV 电机驱动电路设计与调试，创新层开展"基于物联网的智能物流系统"课程设计。

东莞理工学院与华为共建"工业互联网数据库"课程，企业工程师主导"智能工厂数据采集与处理"模块教学，引入华为云 IoT（物联网）平台，学生完成从传感器数据采集到云端存储的全链路开发，课程项目成果直接应用于合作企业的生产线数据监控系统。

② 专业课程模块

专业课程模块旨在培养学生的专业知识和技能，使其能够胜任智能制造领域的工作。该模块可以根据产业链的需求，分为以下几个方向。

a. 智能制造装备方向

智能制造装备方向核心课程群包括工业机器人技术、数控机床技术、3D 打印技术等。工业机器人技术课程，理论模块包含运动学正逆解（DH 参数法）、动力学建模（拉格朗日方程）；实践模块包含 ABB 机器人离线编程（RobotStudio）、力控系统调试。数控机床技术包括数控系统开发（西门子 840D）、多轴联动加工工艺设计、故障诊断与维修（基于 PLC 的报警分析）。3D 打印技术包括增材制造工艺优化（支撑结构设计）、金属材料 SLM 成型技术、逆向工程（Geomagic Design X）。

深圳职业技术大学智能装备实训中心配备 10 台工业机器人（含焊接、装配、码垛等类型）、五轴联动加工中心（DMG MORI DMU 50 eVolution）、激光选区熔化 3D 打印机（SLM Solutions 280HL），支持智能制造装备创新设计课程的"项目式"教学，学生需完成从需求分析到样机制作的全流程。

b. 智能工厂方向

智能工厂方向包括智能制造系统集成、工业互联网技术、智能物流技术等。智能制造系统集成包括智能工厂规划（Plant Simulation 仿真）、SCADA（数据采集与监视控制系统）系统开发（WinCC）、数字孪生技术应用（ANSYS Twin Builder）等。工业互联网技术由 OPC UA（开放平台通信统一架构）协议解析、边缘计算节点部署（研华 UNO 系列）、工业 App 开发（ThingWorx 平台）组成。智能物流技术由 AGV 路径规划（A * 算法）、WMS（仓库管理系统）开发（基于 .NET）、智能仓储系统集成（堆垛机控制）组成。

合肥大学与海尔合作开发智能工厂虚拟仿真课程，学生通过数字孪生技术模拟海尔沈阳冰箱工厂的生产调度，需完成生产订单分解、AGV 物流调度、设备状态监控、异常情况处理等工作。系统实时采集学生操作数据，生成《智能工厂运维能力评估报告》。

c. 智能产品方向

智能产品方向包括智能家电技术、智能汽车技术、智能医疗设备技术等。智能家电技术由物联网协议开发（Zigbee3.0）、智能家居系统集成（Home Assistant）、人机交互界面设计（Axure RP）组成。智能汽车技术由车载网络（CAN/LIN 总线开发）、ADAS（高级驾驶辅助系统）设计（双目视觉方案）、自动驾驶仿真（CARLA 平台）组成。智能医疗设备技术由生物医学传感器［ECG（心电图）信号采集］、医疗影像处理［DICOM（医学数字成像和通信）解析］、医疗机器人控制（达芬奇手术机器人操作模拟）组成。

浙江万里学院与美的集团共建"智能家电创新实验室"，学生参与"智能冰箱 AI 食谱系统"开发项目，需完成食材识别（YOLOv5 模型训练）、营养分析、个性化推荐等工作。其项目成果转化为美的"微晶一周鲜"冰箱的新增功能。

③实践课程模块

实践课程模块旨在培养学生的实践能力和创新能力，以及利用理论知识解决实际问题的能力。该模块主要包括以下几类课程。

a. 实验课程：如机械设计实验、自动化控制实验、工业互联网实验等

以广东技术师范大学机械设计实验课程为例，该课程的定位是依托"智能制造装备协同育人平台"，构建"基础实验—综合实验—创新实验"三级体系。基础实验通过机械原理陈列柜、齿轮范成仪等设备验证理论知识；综合实验开展机械系统方案设计，例如，基于 Adams 的工业机器人运动学仿真；创新实验对接企业需求，如为美的集团开发智能家电传动机构。

以深圳职业技术大学自动化控制实验中心配备西门子 S7-1500 PLC、ABB 机器人等先进设备为例，其课程特色是开发"三阶递进"实验体系：基础实验是掌握 PID（比例 – 积分 – 微分）控制算法实现；综合实验是完成 AGV 物流系统设计；创新实验是基于 ROS（Robot Operating System）平台开发协作机器人系统。其成效如下。在教学创新方面，双师协同授课，企业工程师占教师总数的 40%，例如，大疆无人机工程师指导运动控制实验；在工业级项目导入方面，与华为合作开发 5G 工业控制实验，学生参与工厂设备远程监控系统开发；在教学成果方面，学生获"西门子杯"中国智能制造挑战赛特等奖。

以合肥大学工业互联网实验课程为例，其以"智能工厂数字孪生"为主线进行课程重构，将 OPC UA 协议解析与服务器开发、工业大数据采集与可视化、数字孪生模型构建与仿真进行整合，采用 ThingWorx 搭建工业互联网实验平台。学生

为海尔沈阳冰箱工厂开发的"设备预测性维护系统",设备故障预警准确率达 92%,学生获全国大学生工业互联网应用创新大赛一等奖。

b. 实训课程:如智能制造装备实训、智能工厂实训、智能产品实训等

智能制造装备实训包括实训基地建设、实训项目设计。在实训基地建设方面,东莞理工学院投入 5000 万元,规划建设智能制造装备实训中心,并划分以下功能区:工业机器人实训区配备 20 台工业机器人(含焊接、喷涂、搬运等类型);数控机床实训区配备五轴联动加工中心、车铣复合加工中心等设备;增材制造实训区配备金属 3D 打印机、生物材料 3D 打印机。实训项目设计的重点是工业机器人系统集成、数控机床故障诊断和 3D 打印工艺优化。工业机器人系统集成完成汽车焊装生产线改造项目;数控机床故障诊断基于西门子 840D 系统的故障代码分析;3D 打印工艺优化则针对航空航天复杂零部件的 SLM 工艺参数调试。

智能工厂实训包括校企共建模式、认知实训、技能实训、综合实训等。浙江万里学院与宁波海天集团通过校企共建模式,联合打造"智能工厂实训基地",实施"三阶段"实训:认知实训如参观智能工厂,了解 MES(制造执行系统)运行;技能实训如进行 AGV 路径规划、WMS 操作;综合实训如完成智能工厂布局设计与系统集成。典型项目是学生为海天集团注塑车间设计的"智能排产系统",使生产效率提升 18%;开发的"智能仓储管理系统",实现货物出入库效率提升 25%。

智能产品实训包括创新实验室建设、嵌入式系统开发区两大模块。例如,重庆科技大学智能产品创新实验室配备智能硬件开发区(Arduino、树莓派等开发平台)、嵌入式系统开发区(STM32、ARM 开发板、物联网技术区)、ZigbeeNB-IoT等。实训成果是学生开发的"智能消防巡检机器人"获中国国际"互联网+"大学生创新创业大赛银奖;为长安汽车设计的"车载健康监测系统"已进入量产测试阶段。

c. 项目课程:如智能工厂项目、工业机器人项目、智能产品开发项目等

广东工业大学智能工厂项目课程采用"双导师制"教学模式,其阶段性推进架构如下:需求协同分析阶段,与广汽集团共同确定智能工厂建设需求;系统方案设计阶段,运用 Plant Simulation 数字化仿真平台,完成工厂布局规划与生产线动态建模;集成实施阶段,实现工业机器人工作站、AGV 物流系统、MES(制造执行系统)的集成;验收交付阶段,通过广汽集团专家评审,形成可复用的技术规范。

学生开发的"广汽传祺焊装车间智能调度系统"每年为企业节约成本 300 万元；项目成果获广东省教学成果一等奖。

深圳职业技术大学工业机器人项目课程创新点是实行"真题真做"，主要包括：弧焊机器人系统开发，完成焊缝跟踪算法设计；码垛机器人路径优化，采用遗传算法提升效率；协作机器人人机交互，开发基于视觉的人机协作系统；与库卡（KUKA）机器人共建"工业机器人应用联合实验室"；学生参与库卡机器人在中国首条 5G 全连接工厂建设项目。

合肥大学智能产品开发项目课程融入"双创"教育，低年级学生参与"智能产品创意大赛"；高年级学生进入"智能制造创新工坊"进行产品开发。学生开发的"智能康复训练系统"获国家专利，并成立科技公司进行成果转化。

d. 典型高校案例分析

广东技术师范大学课程体系特色是构建"实验—实训—项目"三阶实践体系；开发"工业互联网 + 智能制造"特色课程群；与华为共建"5G + 工业互联网"实训基地。实施成效为学生获国家级技能竞赛奖项年均 20 项以上，毕业生就业率连续 5 年保持 98% 以上，校企合作开发教材获"十二五"国家级规划教材。

深圳职业技术大学创新实践模式是建设"智能装备产业学院"，企业深度参与课程设计；实施"双证融通"，学生毕业时可获得学历证书和职业资格证书；开发"智能制造虚拟仿真实训平台"，覆盖 80% 以上的实践教学内容。教学成果是学校获国家级教学成果一等奖 2 项，学生获"挑战杯"全国竞赛金奖 3 项，毕业生平均起薪高于同类院校 35%。

合肥大学产教融合模式是与海尔共建"智能工厂学院"，企业参与课程共建，实施"3+1"培养模式，学生在校学习 3 年，在企业进行 1 年的项目实践；开发"智能工厂运维"模块化课程，课程包含 12 个典型工作任务。教学成果是为海尔沈阳冰箱工厂培养技术骨干 200 余人，实现技术服务到款额年均超 1000 万元，有 3 位毕业生获"全国技术能手"称号。

4.2.2　核心课程建设与实践

核心课程是课程体系的重要组成部分，直接关系到学生的专业能力和职业素养。在智能制造专业集群中，核心课程的建设应以产业链需求为导向，注重理论与实践的结合，培养学生的综合能力。智能制造专业核心课程的选择需遵循"三维动态适配"原则，即纵向覆盖产业链全生命周期（设计—生产—运维），横向融合多学科技术模块（机械＋控制＋计算机），动态响应技术演进趋势。以深圳职业技术大学为例，该校通过"企业需求雷达图"动态调整课程，构建的"模块化课程超市"包含工业机器人运维［FANUC（发那科）认证］、智能汽车电子（与比亚迪合作）等方向课程，毕业生对口就业率达 92%，起薪较传统专业高出 35%。

（1）核心课程的选择

学校应根据产业链的需求和专业的培养目标，选择那些对学生专业能力和职业素养具有重要影响的课程。在智能制造专业集群中，核心课程包括以下几类。

智能制造装备类课程：如工业机器人技术、数控机床技术、3D 打印技术等，支撑产业基础能力。智能制造装备类课程聚焦工业机器人、数控机床等关键设备的技术原理与应用。以数控机床技术为例，课程体系包含数控编程与加工、机床电气控制等核心模块，结合 FANUC、西门子等主流系统开展操作实训，培养学生掌握多轴联动加工、复杂曲面编程等技能。例如，某高职院校与企业共建"智能制造实训基地"，将企业真实加工案例（如航天铝合金薄壁件加工）融入教学，有助于学生在虚拟仿真平台完成工艺设计后，直接在五轴联动加工中心实现实体制造，显著提升工程实践能力。

智能工厂类课程：如智能制造系统集成、工业互联网技术、智能物流技术等，强化系统集成能力。智能工厂类课程围绕工业互联网、智能物流等领域展开。例如，工业互联网平台应用课程，通过华为 FusionPlant、海尔 COSMOPlat 等案例教学，使学生掌握设备互联、数据采集与分析技术；智能物流系统设计课程结合 AGV 调度算法、立体仓储规划等内容，培养学生设计柔性生产线的能力。苏州某职业院校与汇川技术合作开发智能工厂数字化改造课程，该课程培养的学生参与某汽车零部件企业仓储系统升级项目，通过数字孪生技术优化物流路径，使企业运营成本降低 18%。

智能产品类课程：如智能家电技术、智能汽车技术、智能医疗设备技术等，培育创新开发能力。智能产品类课程注重智能硬件开发与行业应用。例如，智能家电技术课程融合物联网、语音识别技术，指导学生设计具备远程控制、自适应调节功能的智能家居系统；智能医疗设备技术课程结合生物医学工程知识，开展医疗机器人机械臂设计、医学影像处理等项目。深圳职业技术大学与大疆创新共建智能无人系统开发课程，学生通过学习无人机路径规划、视觉识别等模块，制定农业巡检、物流配送等场景化解决方案，部分成果已转化为企业产品。

（2）核心课程的建设

核心课程的建设应注重以下几个方面。

一是课程内容的更新。 根据智能制造技术的发展趋势，动态响应产业技术变革，及时更新课程内容，确保学生掌握最新的知识和技能。智能制造专业课程内容需紧跟技术迭代趋势，通过建立"产业需求—课程内容"双螺旋更新机制，确保教学内容与前沿技术同步。例如，南京工业大学工程训练中心在快速成型技术课程中融入 AIGC（人工智能生成内容）技术，开发"AI 驱动设计—智能辅助建模—快速实物转化"教学模块，使学生创意实现效率提升 300%。该课程还整合集成电路制造工艺，学生通过操作贴片机、回流炉等设备完成雪花灯制作，实现传统制造技术与微电子工艺的跨界融合。青岛工学院则构建"三维动态课程超市"，每学期更新 20% 教学案例。在智能制造系统设计课程中，青岛工学院引入特斯拉压铸工艺、宁德时代电池智能制造等企业实践案例，将国家智能制造标准转化为 12 个技能等级模块，实现教学内容与职业标准的无缝对接。这种动态更新机制使毕业生在智能装备调试、工业互联网平台开发等岗位的适应周期缩短 40%。

二是教学方法的创新。 采用项目式学习、案例教学等教学方法，实现项目驱动与跨学科融合，激发学生的学习兴趣，培养其解决问题的能力。

项目式学习（PBL）： 常州机电职业技术学院开发"四层递进项目课程体系"，将智能工厂建设、工业机器人应用等真实工程任务转化为教学项目。学生以团队形式完成某汽车零部件企业仓储系统升级项目，通过数字孪生技术优化物流路径，使企业运营成本降低 18%。该模式强调"甲方视角"评价，有助于培养学生工程思维与系统集成能力。

案例教学： 杭州电子科技大学信息工程学院教师培训项目以智能产线系统开发与实施为核心，通过企业典型案例解析，指导教师掌握"客户需求分析—工艺设计—电气排故"全流程教学方法。参训教师反馈，案例教学使学生解决复杂工程问题的能力提升 65%，相关课程获国家级教学成果奖。

混合式教学模式： 深圳职业技术大学的工业机器人技术课程采用"MOOC

（大型开放式网络课程）+ 虚拟仿真实训"模式，线上平台累计访问量超 50 万次。学生在线上通过 AI 辅助系统完成编程训练，线下在智能产线实训基地进行实际操作，实现"知识获取—技能训练—创新实践"的闭环培养。

三是实践环节的强化。增加实验、实训、项目等实践环节，提高学生的实践能力和创新能力。

虚拟仿真技术赋能：天津职业大学智能工厂数字孪生平台可模拟 200 余种设备故障场景，学生通过远程操控虚拟产线完成从诊断到重构的全流程操作。

校企共建生产性实训基地：苏州工业职业技术学院与汇川技术共建"智能装备学院"，学生参与变频器生产线调试，在真实生产环境中掌握设备运维技能。校企联合开发智能工厂数字化改造课程，毕业生进入智能制造领域核心岗位的比例达 75%。

技能竞赛驱动创新：武汉船舶职业技术学院将"智能制造系统集成"国赛项目融入课程中，学生团队在虚拟仿真平台完成智能工厂布局、设备联动调试等任务。其获奖学生中，75% 进入工业机器人、智能装备等领域。

（3）案例分析

以某应用型高校为例，该校在智能制造专业集群的核心课程建设中，注重理论与实践的结合，采取了以下措施。

一是课程内容的更新。在工业机器人技术课程中，增加工业机器人视觉识别、工业机器人路径规划等新技术内容；在智能制造系统集成课程中，增加工业互联网平台开发、智能工厂系统集成等新技术内容。某应用型高校在智能制造专业集群建设中，建立"技术雷达"监测机制，每学期更新 20% 课程内容。例如，在工业机器人技术课程中，融入机器视觉与路径规划技术，通过 ABB 机器人离线编程软件，结合深度学习算法实现工件识别与定位，学生可完成复杂曲面的轨迹规划。该校与海尔智能工厂合作，将冰箱门体焊接工艺案例引入课程教学，使学生掌握工业机器人在实际生产中的应用逻辑。在智能制造系统集成课程中，该校开发"工业互联网平台开发"模块，基于华为 FusionPlant 平台实现设备互联与数据分析。学生通过搭建智能仓储系统，完成 AGV 调度算法设计与数字孪生模型构建，将理论知识转化为实际解决方案。据企业反馈，该课程培养的学生在工业互联网平台部署与维护岗位的适应周期较其他学生短 40%。

二是教学方法的创新。采用项目式学习和案例教学，组织学生参与智能工厂项目、工业机器人项目等，培养其解决问题的能力。该校采用"项目制 + 案例库"教学模式，组织学生参与企业真实项目。例如，2024 年学生团队为某汽车零部件企业设计智能工厂物流系统，通过数字孪生技术优化 AGV 路径，使物料周转效率提升 25%。项目过程中，学生综合运用工业互联网技术、智能物流系统设计等课程知识，实现跨学科知识整合。案例教学方面，该校开发"智能工厂建设"案例库，包含特斯拉超级工厂压铸工艺、青岛港自动化码头等典型案例。在智能制造系统工程课程中，学生通过分析案例，掌握从需求调研到系统部署的全流程，培养解决复杂工程问题的能力。

三是实践环节的强化。增加实验、实训、项目等实践环节，例如，在工业机器人技术课程中，增加工业机器人编程实验、工业机器人路径规划实验等；在智能制造系统集成课程中，增加工业互联网平台开发实训、智能工厂系统集成实训等。该校构建"三层递进"实践体系：基础层通过虚拟仿真平台完成机器人编程与路径规划实验；进阶层在智能装备实训基地进行工业机器人系统调试；创新层参与企业技术改造项目。例如，在工业机器人课程中，学生通过埃尔森 3D 视觉系统完成无序工件分拣任务，系统识别精度达 0.05mm，操作效率提升 30%。在校企共建生产性实训基地方面，该校与汇川技术合作建立"智能装备学院"，学生参与变频器生产线调试，在真实生产环境中掌握设备运维技能。同时，该校引入飞书低代码平台，有助于学生快速开发设备监控、生产调度等工业应用，实现"学中做、做中学"。

此外，该校与万丰奥威合作开发铝合金轮毂智能工厂课程，将企业全流程数字化管理经验转化为教学内容。学生通过虚拟仿真平台完成轮毂铸造工艺优化，使良品率提升 5%。该课程采用"双导师制"，企业工程师与校内教师共同指导学生，学生参与企业技术革新项目 17 项，部分成果已应用于实际生产。在智能医疗设备方向，该校与某医疗科技公司共同开发医疗机器人技术课程，学生通过达芬奇手术机器人仿真系统，完成机械臂运动控制与医学影像配准实验。该课程结合临床需求，开发微创手术路径规划算法，相关成果获山东省大学生创新创业大赛一等奖。

通过对核心课程的建设与实践，该校智能制造专业核心课程建设以产业需求为导向，通过动态更新课程内容、创新教学方法、强化实践环节，培养了一批具有较强专业能力和实践能力的智能制造人才，同时培养了兼具技术深度与创新视野的复合型人才。未来，随着数字孪生、AI等技术的深入应用，课程体系将持续向智能化、国际化方向演进，为智造强国战略提供坚实的人才支撑。

4.2.3　课程思政融入课程体系

（1）课程思政目标

课程思政是高校落实立德树人根本任务的重要途径。智能制造专业集群课程思政以"德技并修"为核心，构建"家国情怀—社会担当—职业素养"三位一体的育人目标体系。这一目标体系既呼应《高等学校课程思政建设指导纲要》的顶层设计，又结合智能制造产业特征，将技术教育与价值引领深度融合，有助于培养学生的家国情怀、社会责任感和职业道德。例如，哈尔滨华德学院在工业机器人技术课程中，通过解析国产工业机器人突破国际技术封锁的案例，引导学生理解精密制造对国防安全的战略意义，将"科技报国"这一家国情怀融入技术教学。课程思政的目标维度与实施路径如表4.1所示。

表4.1　课程思政的目标维度与实施路径

目标维度	核心内涵	实施路径
家国情怀	理解智造强国战略，树立科技自立自强信念	智能制造系统工程课程中嵌入"中国高铁智能运维"案例，分析核心技术突破
社会担当	认识智能制造对绿色发展、产业升级的支撑作用	工业互联网平台应用课程中探讨"双碳"目标下的智能工厂能源管理方案
职业素养	践行精益求精、安全规范、团队协作的职业伦理	智能控制技术课程实施8S管理标准，通过虚拟仿真实训强化工程伦理意识

在智能制造专业集群的课程体系中，课程思政的目标主要包括以下几个方面。

①家国情怀培育

筑牢智造强国战略根基，通过课程思政，培养学生的家国情怀，使其树立为国家制造业发展贡献力量的远大理想。具体举措如下。a.在数控机床技术课程中深化国家战略认知。通过"中国机床工业70年"时间轴，展示从普通机床到五轴联动加工中心的技术跨越，结合航天复杂曲面加工案例，使学生理解高端装备制造对国家竞争力的决定性作用。例如，西安明德理工学院将"中国天眼"反射面加工工艺融入教学，引导学生思考智能制造在国家重大科技工程中的支撑作用。b.在工业机器人技术课程中培养科技自立自强意识。分析国产工业机器人核心零部件突破过程，对比国际技术壁垒，激发学生攻克"卡脖子"技术的使命感。例如，青岛工学院通过分析埃斯顿机器人的自主研发路径，结合特斯拉超级工厂本地化案例，培养学生的技术自主创新意识。c. 在精密加工技术课程中创新工匠精神传承。设置"航天薄壁件加工"项目，要求学生遵循 0.01mm 精度标准，通过追求"毫米级"精度培养学生的精益求精职业态度。同时，引入"人民工匠"许振超桥吊操作技法，将传统技艺与现代智能装备操作规范结合。

②社会责任感塑造

服务经济社会发展全局，通过课程思政，培养学生的社会责任感，使其认识到智能制造对经济社会发展的重要性。具体举措如下。a. 在智能物流系统设计课程中深化智能制造产业价值认知。通过京东亚洲一号智能仓案例，分析 AGV 调度算法对物流效率提升的作用，有助于学生理解智能制造对降低社会物流成本的贡献。结合"双碳"目标，组织学生为某汽车零部件企业设计绿色仓储方案，将碳排放计算纳入系统优化指标。b. 在人工智能导论课程中开展技术伦理与社会责任教育。开设"人机协作伦理"模块，通过分析特斯拉自动驾驶事故，引导学生思考算法偏见与安全责任。c. 在智能医疗设备技术课程中，组织学生调研偏远地区医疗资源分布情况，设计低成本智能诊断设备，培养学生的技术普惠意识。d. 在绿色制造课程中提倡践行可持续发展理念。让学生参与变频器能效优化项目，通过虚拟仿真系统对比不同控制策略的能耗数据，最终实现节能 15%。该课程将"双碳"目标分解为具体技术指标，使学生在实践中理解智能制造对生态文明建设的支撑作用。

③职业素养养成

筑牢职业发展价值根基，通过课程思政，培养学生的职业道德，使其具备严谨、创新、协作的职业素养。具体举措如下。a. 在开发"智能制造伦理困境"案例库过程中强化工程伦理意识。模拟工业机器人伤人事件、智能算法歧视等场景，通过 GLI 讨论法引导学生辨析技术应用边界。b. 在智能控制技术课程中实施 8S 管理标准，要求学生在虚拟仿真实训中严格遵循安全操作规范，培养学生生命至上的责任意识。c. 在五轴联动加工技术课程中培育精益求精的职业态度。设置"航天薄壁件加工"项目，要求学生通过三次工艺优化将变形量控制在 0.02mm 以内，培养学生追求毫米级精度的精神。该课程引入"质量追溯"机制，要求学生记录每一步操作数据，从而强化其过程责任意识。d. 在实施"红色智能制造"项目过程中塑造团队协作精神。让学生团队为革命老区某农机企业设计智能播种机，使其综合运用机械设计、控制编程、市场调研等知识。该项目采用双导师制，企业工程师与思政教师共同指导，培养学生的跨学科协作能力与服务基层意识。

（2）课程思政的融入路径

智能制造专业集群作为培养高素质智能制造人才的重要平台，肩负着为国家输送具备创新精神、实践能力和国际视野的复合型人才的重任。课程思政作为一种将思想政治教育融入专业课程的教学理念和模式，为破解传统专业教育中价值观塑造和思想引领不足的难题提供了新的思路。将思政元素有机融入智能制造专业课程，可以有效实现知识传授与价值引领的统一，培养德才兼备、全面发展的社会主义建设者和接班人。在智能制造专业集群的课程体系中，可以通过以下路径融入课程思政元素。

①课程内容融入

在工业机器人技术课程中，可以通过以下方式融入思政元素。一是介绍我国工业机器人技术的发展历程和成就。通过展示我国工业机器人技术从无到有、从弱到强的发展历程，以及在国际上取得的重大成就，激发学生的民族自豪感和爱国情怀。例如，可以介绍我国自主研发的工业机器人品牌，如新松机器人、埃斯顿等，以及它们在汽车制造、电子装配等领域的应用案例。二是分析工业机器人技术对社会的影响。通过分析工业机器人技术对生产效率、就业结构、社会伦理等方面的影响，引导学生思考科技发展与社会责任的关系。例如，可以讨论工业机器人技术对传统制造业工人就业的影响，以及如何通过职业培训和社会保障体系来应对这一挑战。三是探讨工业机器人技术的未来发展趋势。通过探讨工业机器人技术的未来发展趋势，如人机协作、人工智能融合等，激发学生的创新意识和探索精神。例如，可以组织学生讨论工业机器人技术在医疗、教育等领域的应用前景，以及如何应对其带来的伦理和社会问题。

在智能制造系统集成课程中，可以通过以下方式融入思政元素。一是介绍智能制造对经济社会发展的影响。通过介绍智能制造对经济增长、产业升级、就业结构等方面的影响，培养学生的社会责任感和使命感。例如，可以分析智能制造如何推动传统制造业转型升级，以及如何通过智能制造创造新的就业机会。二是探讨智能制造系统的伦理问题。通过探讨智能制造系统中的数据安全、隐私保护、算法偏见等伦理问题，培养学生的职业道德和社会责任感。例如，可以组织学生讨论如何确保智能制造系统中的数据安全和如何进行隐私保护，以及如何避免算法偏见对决策的影响。三是分析智能制造领域的国际合作与竞争。通过分析智能制造领域的国际合作与竞争，培养学生的国际视野和跨文化交流能力。例如，可以介绍全球智能制造领域的领先企业和研究机构，以及它们之间的合作与竞争关系。

除了上述课程，也可以通过类似的方式将课程思政元素融入智能制造专业集群的其他课程中。例如，在机械设计基础课程中，可以介绍我国机械制造业的发展历程和成就，培养学生的工匠精神和创新意识；在自动控制原理课程中，可以探讨自动化技术对社会的影响，培养学生的社会责任感和职业道德；在计算机编程课程中，可以分析算法伦理和数据安全问题，培养学生的职业道德和社会责任感。

②教学方法融入

在教学方法中融入课程思政元素，例如，采用案例教学，通过分析智能制造领域的典型案例，培养学生的职业道德。

案例教学是一种通过分析真实案例来引导学生学习和思考的教学方法。第一，选择具有课程思政元素的案例，即选择那些能够体现社会主义核心价值观、职业道德和社会责任的案例。例如，可以选择一些智能制造企业在技术创新、社会责任、环境保护等方面的典型案例。第二，引导学生分析案例中的课程思政元素。在案例分析过程中，引导学生关注案例中蕴含的课程思政元素，如爱国主义、工匠精神、创新精神、社会责任等。例如，可以引导学生分析案例中企业如何通过技术创新推动行业发展，以及如何履行社会责任。第三，组织学生讨论和反思。在案例分析结束后，组织学生进行讨论和反思，引导学生将案例中的课程思政元素与自身的专业学习和职业发展结合。例如，可以组织学生讨论如何在未来的职业生涯中践行社会主义核心价值观和职业道德。

项目式学习是一种通过完成实际项目来引导学生学习和思考的教学方法。第一，设计具有课程思政元素的项目，即设计那些能够体现社会主义核心价值观、职业道德和社会责任的项目。例如，可以设计一些与智能制造相关的社会公益项目，如为残疾人设计智能辅助设备。第二，引导学生关注项目中的课程思政元素。在项目实施过程中，引导学生关注项目中蕴含的课程思政元素，如团队合作、创新精神、社会责任等。例如，可以引导学生思考如何通过团队合作完成项目，以及如何通过项目为社会做出贡献。第三，组织学生总结和反思。在项目结束后，组织学生进行总结和反思，引导学生将项目中的课程思政元素与自身的专业学习和职业发展结合。例如，可以组织学生总结项目中的经验和教训，以及如何在未来的职业生涯中践行社会主义核心价值观和职业道德。

情景模拟是一种通过模拟真实场景来引导学生学习和思考的教学方法。第一，设计具有课程思政元素的情景，即设计那些能够体现社会主义核心价值观、职业道德和社会责任的情景。例如，可以设计一些与智能制造相关的伦理困境场景，如数据安全和隐私保护问题。第二，引导学生体验和理解课程思政元素。在情景模拟过程中，引导学生体验和理解情景中蕴含的课程思政元素，如职业道德、社会责任等。例如，可以引导学生思考如何在情景中做出符合职业道德和社会责任的决策。第三，组织学生讨论和反思。在情景模拟结束后，组织学生进行讨论和反思，引导学生将情景中的课程思政元素与自身的专业学习和职业发展结合。例如，可以组织学生讨论情景中的决策过程和结果，以及如何在未来的职业生涯中践行社会主义核心价值观和职业道德。

③实践环节融入

在智能工厂项目中，可以通过以下方式融入思政元素。一是组织学生参观当地智能制造企业，让学生了解企业的社会责任和职业道德要求。例如，可以组织学生参观一些在技术创新、社会责任、环境保护等方面表现突出的智能制造企业。二是引导学生关注企业中的课程思政元素。在参观过程中，引导学生关注企业中蕴含的课程思政元素，如爱国主义、工匠精神、创新精神、社会责任等。例如，可以引导学生观察企业如何通过技术创新推动行业发展，以及如何履行社会责任。三是组织学生总结和反思。在参观结束后，组织学生进行总结和反思，引导学生将企业中的课程思政元素与自身的专业学习和职业发展结合。例如，可以组织学生总结参观中的所见所闻，以及思考如何在未来的职业生涯中践行社会主义核心价值观和职业道德。

在实习实训环节中，可以通过以下方式融入思政元素。一是选择具有课程思政元素的实习单位，即选择那些能够体现社会主义核心价值观、职业道德和社会责任的实习单位。例如，可以选择一些在技术创新、社会责任、环境保护等方面表现突出的智能制造企业。二是引导学生关注实习单位中的课程思政元素。在实习过程中，引导学生关注实习单位中蕴含的课程思政元素，如爱国主义、工匠精神、创新精神、社会责任等。例如，可以引导学生观察实习单位如何通过技术创新推动行业发展，以及如何履行社会责任。三是组织学生总结和反思。在实习结束后，组织学生进行总结和反思，引导学生将实习单位中的课程思政元素与自身的专业学习和职业发展结合。例如，可以组织学生总结实习中的经验和教训，以及思考如何在未来的职业生涯中践行社会主义核心价值观和职业道德。

智能制造专业集群课程思政建设是一项长期而艰巨的任务，需要学校、学院、教师和学生共同努力，不断探索和实践。将思政元素有机融入课程内容、教学方法和实践环节，可以有效实现知识传授与价值引领的统一，培养德才兼备、全面发展的社会主义建设者和接班人。相信通过大家的共同努力，一定能够将课程思政建设落到实处，为智造强国建设做出更大的贡献。

（3）案例分析

以南京工程学院智能制造专业集群课程思政融入实践为例，南京工程学院作为一所应用型本科高校，积极响应国家"智造强国"战略，致力于培养高素质智能制造人才。该校智能制造专业集群涵盖工业机器人技术、智能制造系统集成、智能工厂等多个专业方向。近年来，南京工程学院积极探索课程思政建设，将思想政治教育有机融入专业课程中，取得了显著成效。

①课程思政融入路径

南京工程学院主要从课程内容、教学方法和实践环节三个方面将课程思政元素融入智能制造专业集群课程体系中，具体措施如下。

a. 课程内容融入

在工业机器人技术课程中增设"中国工业机器人发展史"专题，介绍我国工业机器人技术从引进、消化、吸收到自主创新的发展历程，以及在国际上取得的重大成就，如新松机器人、埃斯顿等国产工业机器人品牌在汽车制造、电子装配等领域的应用案例。通过案例分析，引导学生理解科技创新对国家发展的重要性，激发学生的民族自豪感和爱国情怀。

在智能制造系统集成课程中引入"智能制造与社会发展"模块，分析智能制造对经济增长、产业升级、就业结构等方面的影响。例如，通过案例分析智能制造如何推动传统制造业转型升级，以及如何通过智能制造创造新的就业机会，引导学生思考科技发展与社会责任的关系，培养学生的社会责任感和使命感。

b. 教学方法融入

案例教学：在课程教学中，广泛采用案例教学，选择具有课程思政元素的典型案例进行分析。例如，在工业机器人技术课程中，选择新松机器人在特殊时期为医院提供智能消毒机器人的案例，引导学生学习企业的社会责任感和担当精神；在智能制造系统集成课程中，选择海尔集团通过智能制造实现个性化定制的案例，引导学生理解智能制造对满足人民美好生活需要的重要意义。

项目式学习：在课程教学中，设计具有课程思政元素的项目，引导学生进行团队合作、自主探究。例如，在智能工厂项目中，设计"为社区养老院设计智能护理系统"的项目，引导学生关注社会问题，培养学生的社会责任感和创新能力。

情景模拟：在课程教学中，模拟真实场景，引导学生进行角色扮演、互动交流。例如，在智能制造系统集成课程中，模拟企业面临数据安全和隐私保护问题的场景，引导学生思考如何做出符合职业道德和社会责任的决策。

c. 实践环节融入

在智能工厂项目中，组织学生参观当地智能制造企业，如南京埃斯顿自动化股份有限公司的智能工厂，让学生了解企业的社会责任和职业道德要求。例如，引导学生观察企业如何通过技术创新提高生产效率，以及如何履行环境保护责任。

在实习实训环节中，选择具有课程思政元素的实习单位，如南京埃斯顿自动化股份有限公司、南京熊猫电子装备有限公司等在技术创新、社会责任、环境保护等方面表现突出的企业。例如，安排学生参与企业的技术研发项目，让学生在实践中体验企业的创新精神和社会责任感。

②课程思政融入成效

通过融入课程思政元素，南京工程学院智能制造专业集群取得了以下成效。一是学生的思想政治素质显著提升。通过课程思政教育，学生的家国情怀、社会责任感和职业道德意识明显增强，更加关注国家发展和社会进步，更加积极主动地投身到智能制造领域的学习和实践中。二是学生的专业学习兴趣和动力显著增强。通过将课程思政元素融入专业课程中，学生对专业知识的理解更加深刻，学习兴趣和动力显著增强，更加积极主动地参与到课程学习和实践活动中。三是学生的创新精神和实践能力显著提升。通过项目式学习、案例教学等教学方法，学生的创新精神和实践能力得到有效提升，在各类学科竞赛和创新创业活动中取得了优异成绩。四是人才培养质量得到社会认可，南京工程学院智能制造专业集群毕业生深受用人单位欢迎，该校的就业率和就业质量逐年提升，为地方经济社会发展输送了大批高素质智能制造人才。

③ 经验与启示

南京工程学院智能制造专业集群课程思政建设的成功经验，为其他高校提供了以下启示。一是课程思政建设要紧密结合专业特点，深入挖掘专业课程中蕴含的思政元素，将课程思政教育有机融入专业课程的教学内容、教学方法和实践环节，避免"两张皮"现象。二是课程思政建设要注重实效性，坚持以问题为导向，针对学生的思想困惑和现实问题，有针对性地开展思想政治教育，避免空洞说教。三是课程思政建设要形成协同育人合力，加强学校、学院、教师和学生之间的协同配合，共同推动课程思政建设取得实效。

④ 具体案例分析

a. 工业机器人技术课程中的课程思政元素融入

在南京工程学院的工业机器人技术课程中，教师通过案例教学、项目式学习、情景模拟等方式融入课程思政元素。在案例教学中，教师选择新松机器人在特殊期间为医院提供智能消毒机器人的案例，引导学生学习企业的社会责任感和担当精神。通过案例分析，学生不仅了解了工业机器人技术的应用，还深刻体会到了科技企业的社会责任感。在项目式学习中，教师开发"为社区养老院设计智能护理系统"项目，引导学生关注社会问题，培养学生的社会责任感和创新能力。学生在项目中不仅学习了工业机器人技术的应用，还思考了如何通过技术手段解决社会问题。在情景模拟中，教师模拟企业面临数据安全和隐私保护问题的场景，引导学生思考如何做出符合职业道德和社会责任的决策。通过情景模拟，学生不仅学习了工业机器人技术的相关知识，还培养了职业道德和社会责任感。

b. 智能制造系统集成课程中的课程思政元素融入

在南京工程学院的智能制造系统集成课程中，教师通过以下方式融入课程思政元素。在案例教学中，教师选择海尔集团通过智能制造实现个性化定制的案例，引导学生理解智能制造对满足人民美好生活需要的重要意义。通过案例分析，学生不仅了解了智能制造系统的集成技术，还深刻体会到了智能制造对提升人民生活质量的积极作用。在项目式学习中，教师开发"为中小企业设计智能制造解决方案"项目，引导学生关注中小企业的发展问题，培养学生的社会责任感和创新能力。学生在项目中不仅学习了智能制造系统的集成技术，还思考了如何通过技术手段帮助中小企业实现转型升级。在情景模拟中，教师模拟企业面临技术伦理问题的场景，引导学生思考如何做出符合职业道德和社会责任的决策。通过情景模拟，学生不仅学习了智能制造系统的相关知识，还培养了职业道德和社会责任感。

c.智能工厂项目中的课程思政元素融入

在南京工程学院的智能工厂项目中，教师通过以下方式融入课程思政元素。一是企业参观。教师组织学生参观南京埃斯顿自动化股份有限公司的智能工厂，让学生了解企业的社会责任和职业道德要求。通过参观企业，学生不仅了解了智能工厂的运作模式，还深刻体会到了企业在技术创新、社会责任、环境保护等方面的实践。二是实习实训。教师安排学生参与南京埃斯顿自动化股份有限公司的技术研发项目，让学生在实践中体验企业的创新精神和社会责任感。通过实习实训，学生不仅学习了智能工厂的相关技术，还培养了职业道德和社会责任感。

南京工程学院智能制造专业集群课程思政建设的成功实践，为其他高校提供了宝贵的经验。通过将课程思政元素有机融入课程内容、教学方法和实践环节，南京工程学院有效实现了知识传授与价值引领的统一，培养了一批具有家国情怀、社会责任感和职业道德的智能制造人才。

4.3　实践教学体系建设

实践教学是应用型高校人才培养的重要环节，尤其是在智能制造领域，实践能力的培养直接关系到学生能否适应产业需求。因此，构建科学合理的实践教学体系是智能制造专业集群建设的核心任务之一。本节将从校内实验实训基地建设、校外实习基地拓展与合作、实践教学项目开发与实施三个方面，探讨如何构建适应智能制造需求的实践教学体系。

4.3.1　校内实验实训基地建设

校内实验实训基地是学生进行实践教学的主要场所，其建设水平直接影响到实践教学的质量。校内实验实训基地是应用型高校培养人才的重要平台，尤其是在智能制造领域，实验实训基地的建设水平直接关系到学生实践能力的培养效果和学生未来的职业发展。在智能制造专业集群建设中，校内实验实训基地的建设应以产业链需求为导向，注重设备先进性、功能全面性和管理科学性。因此，明确校内实验实训基地的建设目标与原则，是确保实验实训基地能够有效服务于教学、科研和产业需求的关键。

（1）建设目标

校内实验实训基地的建设目标是为学生提供真实的、先进的、全面的智能制造环境，使其能够在实践中掌握专业知识和技能，同时培养其创新能力、职业素养和社会责任感。校内实验实训基地的具体建设目标可以从以下几个方面展开。

①提供真实的智能制造环境

通过建设高水平的实验实训基地，模拟真实的智能制造生产环境，使学生能够在接近实际工业场景的条件下进行学习和实践。学校应引入先进的智能制造设备，如工业机器人、数控机床、3D 打印设备等；构建智能工厂模拟环境，包括工业互联网平台、智能物流系统等；设计贴近实际生产流程的实训项目，使学生能够全面了解智能制造的全过程。

②培养学生的实践能力

通过实验实训基地的实践教学，提升学生的动手能力、解决实际问题的能力及创新能力。学校应设计多样化的实训项目，涵盖设备操作、系统集成、产品设计等环节；引入实际生产案例，让学生在真实场景中锻炼分析和解决问题的能力；鼓励学生参与创新项目，培养其创新思维和实践能力。

③提升学生的职业素养

通过实验实训基地的实践教学，培养学生的职业道德、团队合作精神、安全意识和社会责任感。学校应在实训过程中融入职业道德教育，强调规范操作和职业操守；设计团队合作项目，培养学生的沟通能力和协作精神；加强安全教育，确保学生在实训过程中掌握安全操作规范。

④促进产学研合作

通过实验实训基地的开放和共享，推动学校与企业、科研机构合作，促进产学研一体化发展。学校应与企业合作共建实验实训基地，引入企业的技术资源和实际项目；向企业开放实验实训基地，提供技术培训和研发支持；鼓励教师和学生参与企业的技术攻关和产品开发，推动科研成果转化。

⑤支持教学与科研

通过实验实训基地的建设，为教师的教学和科研提供支持，提升教学质量和科研水平。学校应为教师提供先进的实验设备和科研平台，支持其开展教学和科研工作；设计开放式的实训项目，鼓励教师将科研成果融入教学中；建立实验实训基地资源共享机制，促进教师之间的合作与交流。

（2）建设原则

为实现上述目标，校内实验实训基地的建设应遵循以下原则。

①先进性

实验实训基地的设备和技术应与智能制造领域的最新技术接轨，确保学生能够接触到行业前沿的技术和设备。学校应定期更新实训设备，引入最新的智能制造技术和工具；与行业龙头企业合作，获取最新的技术支持和设备资源；引入人工智能、大数据、云计算等前沿技术，提升实验实训基地的科技含量。

②全面性

实验实训基地应涵盖智能制造产业链的各个环节，包括设计、制造、检测、物流等，确保学生能够全面了解智能制造的全过程。学校应建设涵盖智能制造全产业链的实训室，包括智能制造装备实验室、智能工厂模拟实验室、智能产品开发实验室等；设计涵盖智能制造全产业链的实训项目，包括设备操作、系统集成、产品设计和虚拟仿真等；引入智能制造全产业链的案例和项目，使学生能够全面了解智能制造的应用和发展。

③开放性

实验实训基地应面向学生、教师和企业，促进资源共享和协同创新。学校应向学生开放实验实训基地，提供自主学习和实践的机会；向教师开放实验实训基地，提供教学和科研的支持；向企业开放实验实训基地，促进产学研合作和技术交流。

④科学性

实验实训基地的建设和管理应遵循科学规律，确保实训的质量和效果。学校应制定科学的实训计划和方案，确保实训的系统性和连贯性；建立科学的实训评价体系，确保实训的客观性和公正性；加强实验实训基地的管理和维护，确保实训的安全和稳定。

⑤实用性

实验实训基地的建设应注重实用性，确保学生能够在实践中应用所学知识。学校应设计实用的实训项目，确保学生能够在实践中掌握专业知识和技能；引入实际的生产案例和项目，确保学生能够在实践中解决实际问题；提供实用的实训指导和支持，确保学生能够在实践中获得有效的帮助。

⑥可持续性

实验实训基地的建设应注重可持续发展，确保其能够长期服务于教学和科研。学校应制定长期的实验实训基地建设规划，确保其能够适应技术和产业发展的需求；建立实验实训基地的维护和更新机制，确保设备的先进性和稳定性；加强与企业和科研机构的合作，确保实验实训基地的技术和资源能够持续更新。

（3）建设内容

校内实验实训基地的建设内容应包括以下几个方面。

①智能制造装备实验室

智能制造装备实验室主要聚焦于各类先进智能制造设备的操作与维护，是培养学生掌握实际操作技能和设备维护能力的重要场所。学校应配备工业机器人、数控机床、3D 打印设备等智能制造装备，供学生进行设备操作和维护实验。

a. 设备配备

工业机器人：配备多类型机器人（不同类型和负载能力的工业机器人），如串联机器人、并联机器人、协作机器人等。例如，ABB 的 IRB 120 小型工业机器人，负载重量为 3kg，重复定位精度可达 ±0.01mm，适用于小型零件的装配、搬运等任务；而 KUKA 的 KR 1000 titan 重型机器人，负载重量高达 1000kg，可用于大型工件的搬运和加工。同时，配备机器人编程示教器，方便学生进行机器人的编程和调试。

数控机床：配备多类型机床，涵盖数控车床、数控铣床、数控磨床、加工中心等多种类型的数控机床。例如，德国 DMG MORI 的五轴联动加工中心，具有高精度、高速度和复杂曲面加工能力，能够满足航空航天、汽车等领域对精密零件的加工需求；沈阳机床的数控车床，性能稳定，适合进行轴类、盘类零件的加工。同时，配备主流的机床控制系统，如西门子 840D sl、FANUC 0i - MF 等，让学生熟悉不同控制系统的编程和操作方法。此外，配备机床仿真软件，如宇龙数控加工仿真系统，让学生可以在虚拟环境中进行机床操作和编程练习，提高学习效率和安全性。

3D 打印设备：配备多技术类型 3D 打印设备，如 FDM（熔融沉积成型）、SLA（光固化成型）、SLS（选择性激光烧结）等。例如，Stratasys 的 FDM 3D 打印机，可使用多种工程塑料进行打印，适用于快速原型制作和功能验证；Formlabs 的 SLA 3D 打印机，打印精度高，成品质量好，可用于珠宝、牙科等领域的模型制作。

b. 实验项目设计

工业机器人操作实验是学生学习工业机器人的基本操作，包括机器人的开机、关机、手动操作、示教编程等。通过实际操作，学生可掌握工业机器人的运动控制和轨迹规划方法，完成简单的零件搬运、装配等任务。**数控机床操作实验**是学生进行数控机床的操作练习，包括机床的启动、回零、对刀、程序输入和运行等。通过该实验，学生可学习不同类型数控机床的加工工艺和编程方法，完成轴类、盘类、箱体类等零件的加工。**3D 打印设备操作实验**是学生掌握 3D 打印设备的操作练习，包括 3D 模型的设计、切片处理、打印参数设置和设备启动等。通过该实验，学生可使用不同材料进行 3D 打印，观察打印效果，分析打印过程中出现的问题并进行解决。**工业机器人维护实验**有助于学生学习工业机器人的日常维护和保养方法，包括工业机器人的清洁、润滑、电气系统检查等。通过该实验，学生可掌握机器人故障诊断和排除的基本技能，能够处理常见的机器人故障，如电机故障、传感器故障等。**数控机床维护实验**指学生进行数控机床的维护保养工作，包括机床的机械结构检查、润滑系统维护、电气系统检修等。学生学习数控机床的精度检测和调整方法，能够对数控机床的几何精度、运动精度进行检测和补偿。**3D 打印设备维护实验**有助于学生了解 3D 打印设备的工作原理和结构组成，掌握设备的日常维护和保养方法，如喷头清洁、平台校准、材料更换等。通过该实验，学生能够处理 3D 打印设备常见的故障，如堵头、翘边等问题。

②智能工厂模拟实验室

智能工厂模拟实验室是模拟智能工厂的生产环境，配备工业互联网平台、智能物流系统等，旨在为学生提供一个接近真实生产环境的模拟平台，让学生了解智能工厂的整体架构和运行机制，掌握系统集成和优化的方法。

a. 设备配备

当前主流工业互联网平台部署实践中，企业普遍优先选用国内外头部工业互联网平台解决方案，如海尔的卡奥斯工业互联网平台、树根互联的根云平台等，或者国际知名的平台，如西门子的 MindSphere 工业互联网平台。工业互联网平台具有数据采集、存储、分析和应用等功能，能够实现设备的远程监控、故障预警和生产调度等管理。对于物联感知层，同步部署工业以太网网关和多类传感器阵列，如研华的 EKI-1521 工业以太网网关，用于实现不同设备之间的通信和数据传输；再如温度传感器、压力传感器、振动传感器等，实时采集设备的运行状态和生产数据。

智能物流系统由自动化仓储设备、智能搬运设备及物流管理平台三大核心模块构成。自动化仓储设备，包括自动化立体仓库、堆垛机、穿梭车等。例如，德马泰克的自动化立体仓库，采用先进的 WMS，能够实现货物的自动存储和检索，提高仓储空间利用率和物流效率。智能搬运设备配备 AGV、AMR（自主移动机器人）等物流执行载体。例如，极智嘉的 AGV 具有导航精度高、运行速度快、负载能力强等特点，能够实现货物的自动搬运和配送。物流管理平台通过安装物流管理系统（LMS），实现对物流过程的实时监控和管理，包括货物的入库、出库、存储、运输等环节。通过物流管理系统，学生可以学习物流规划、调度和优化的方法。

b. 实验项目设计

设备联网与数据采集实验有助于学生学习将工业机器人、数控机床、智能物流设备等通过工业互联网平台进行联网，实现设备之间的数据共享和通信。通过该实验，学生可掌握传感器数据的采集和传输方法，将设备的运行状态和生产数据实时上传到工业互联网平台。

智能工厂架构搭建实验有助于学生根据智能工厂的设计要求，搭建智能工厂的整体架构，包括设备层、网络层、平台层和应用层。在该实验中，学生学习工业互联网平台的配置和开发方法，实现对设备的远程监控、故障诊断和生产调度等。

生产调度优化实验有助于学生使用工业互联网平台和物流管理系统，对生产任务进行调度和优化。通过该实验，学生可根据订单需求、设备状态和物流情况，制定最优的生产计划和调度方案，提高生产效率和资源利用率。

物流路径优化实验有助于学生通过智能物流系统和物流管理软件，对物流路径进行规划和优化。在该实验中，学生应考虑货物的存储位置、运输时间和成本等因素，设计最优的物流路径，减少物流运输时间和成本。智能产品开发实验室配备智能家电、智能汽车、智能医疗设备等智能产品开发工具，供学生进行产品设计和开发实验。

③智能产品开发实验室

智能产品开发实验室主要用于培养学生的智能产品设计和开发能力，让学生掌握智能产品的开发流程和方法。

a. 设备配备

智能家电开发设备：作为家电原型开发工具，配置电路板设计软件，如 Altium Designer、Apache Eagle 等，以及电子元器件焊接设备，如烙铁、回流焊炉等。在该实验室，学生可以进行智能家电的电路板设计和制作，实现家电的智能化控制。

家电测试设备：部署家电性能测试设备，如功率测试仪、温度测试仪、湿度测试仪等，用于对智能家电的性能进行测试和评估。同时，应创造智能家居模拟环境，让学生测试智能家电在不同环境下的运行效果。

智能汽车开发设备：选用汽车电子开发常用平台，如英飞凌的 AURIX 微控制器开发平台、瑞萨的 RH850 汽车电子开发平台等作为汽车电子开发载体。在该实验室，学生可以进行汽车电子控制系统的开发和调试，如发动机控制、车身控制、底盘控制等。

汽车测试设备：配置汽车性能测试设备，如汽车动力测试台、汽车排放测试仪、汽车安全测试设备等。在该实验室，学生可以对智能汽车的性能和安全性进行测试和评估，学习汽车测试的标准和方法。

智能医疗设备开发设备：为医疗设备原型开发配备医疗电子设计软件，如 Multisim、OrCAD 等，以及医疗传感器和执行器，如心电传感器、血压传感器、步进电机等。在该实验室，学生可以进行智能医疗设备的原型设计和开发，如智能手环、智能血糖仪等。

医疗设备测试设备： 安装医疗设备性能测试设备，如生理信号模拟器、医疗设备校准仪等。在该实验室，学生可以对智能医疗设备的性能和精度进行测试和校准，确保设备的安全性和有效性。

b. 实验项目设计

产品设计实验是需求分析和方案设计实验。学生针对智能家电、智能汽车、智能医疗设备等产品，进行市场需求分析和用户调研，并根据需求分析结果，设计产品的功能和性能指标，制定产品的开发方案和技术路线。

硬件设计实验是学生使用电路板设计软件，进行智能产品的硬件电路设计。在该实验室中，学生可以学习电子元器件的选型和布局方法，绘制原理图和 PCB（印制电路板）版图，制作硬件原型，并进行硬件电路的调试和测试。

软件开发实验包括嵌入式系统开发实验和物联网应用开发实验。嵌入式系统开发实验是学生学习嵌入式系统的开发方法，使用嵌入式开发工具，如 Keil、IAR 等，进行智能产品的软件开发。在该实验室中，学生可以掌握嵌入式操作系统的原理和应用，如 FreeRTOS、µC/OS 等，实现对智能产品的实时控制和数据处理。物联网应用开发实验是学生学习物联网技术的应用，使用物联网开发平台，如 Arduino、树莓派等，将智能产品接入物联网。在该实验室中，学生可以实现智能产品与云平台的通信和数据交互，开发智能产品的远程监控功能。

④ 虚拟仿真实验室

虚拟仿真实验室利用虚拟现实（VR）和增强现实（AR）技术，为学生提供一个沉浸式的虚拟智能制造环境，让学生在虚拟环境中进行实验，提升学习效果和安全性。

a. 设备配备

VR 设备具体如下。VR 头显，选择市场上主流的 VR 头显，如 HTC Vive、Oculus Rift 等。这些设备具有高分辨率、低延迟和广阔的视野范围，能够提供逼真的虚拟现实体验。VR 手柄和传感器，如 HTC Vive 的手柄、Leap Motion 手势传感器等，能够让学生在虚拟环境中进行交互操作。

AR 设备是 AR 眼镜，如 Microsoft HoloLens、Magic Leap One 等。学生可以通过 AR 眼镜观察虚拟模型在现实环境中的应用，进行虚拟装配、维修等操作。AR 开发平台，如 Unity 3D、Unreal Engine 等，支持学生进行 AR 应用的开发。学生可以使用 AR 开发平台创建虚拟模型、添加交互效果和动画，开发出具有教育意义的 AR 应用程序。

b. 实验项目设计

实验项目设计包括虚拟实验操作和模拟场景训练等。

虚拟实验操作包括工业机器人虚拟操作实验和数控机床虚拟加工实验。工业机器人虚拟操作实验指学生在 VR 环境中进行工业机器人的操作练习，有助于学生学习机器人的运动控制和编程方法。通过 VR 头显和手柄，学生可以真实地感受机器人的操作过程，提高操作技能和安全性。数控机床虚拟加工实验指学生在虚拟环境中进行数控机床的加工操作，有助于学生学习机床的编程和操作方法。在虚拟环境中，学生可以进行各种复杂零件的加工，观察加工过程和加工效果，避免因操作失误而造成设备损坏和安全事故。

模拟场景训练包括智能工厂模拟运行实验和复杂工况应急处理训练。智能工厂模拟运行实验指学生使用 VR 或 AR 技术，进入虚拟的智能工厂场景，了解智能工厂的生产流程和运行机制。在该实验中，学生可以在虚拟工厂中进行设备监控、生产调度、故障排除等操作，提高对智能工厂的管理和运营能力。复杂工况应急处理训练指在虚拟环境中设置各种复杂工况和突发故障，如设备故障、火灾、地震等，要求学生在虚拟场景中进行应急处理。在该练习中，学生可以学习如何快速响应和解决问题，提高应对突发事件的能力。

（4）案例分析

南京工程学院作为江苏省属重点应用型本科高校，紧密对接长三角智能制造产业带发展需求，依托机械工程、自动化等优势学科，启动智能制造专业集群建设。该校投入专项资金，联合徐工集团、南瑞集团等龙头企业，打造"四位一体"实践教学平台。该校在智能制造专业集群建设中，投入大量资源建设校内实验实训基地，旨在培养具备智能制造装备操作、智能系统集成、智能产品开发能力的复合型技术人才。

①智能制造装备实验室

智能制造装备实验室模拟了智能工厂的生产环境，配备了工业互联网平台和智能物流系统，学生可以在此进行系统集成和优化实验。

a. 设备配置

工业机器人系统部署 12 台 ABB IRB 1200 机器人（负载 12kg，重复定位精度 ±0.01mm）、8 台 UR10e 协作机器人（支持力控交互），配备康耐视 In-Sight 8000 视觉系统（检测精度 0.02mm）和 ATI Gamma 六维力传感器（分辨率 0.01N）。高端数控机床配备 DMG MORI CTX 320 eco 车削中心（主轴转速 12 000 r/m）、沈阳机床 i5T3 系列智能车床（支持远程运维）、北京精雕 JDGR500 五轴高速加工中心（定位精度 ±0.003mm）。增材制造设备配备 Stratasys F900 3D 打印机（最大成型尺寸 914mm×610mm×914mm）、EOS M 290 金属 3D 打印机（层厚 20～100μm）、Markforged X7 碳纤维增强打印机。配套系统包括 RobotStudio 离线编程软件（支持数字孪生建模）、Vericut 数控仿真软件（支持五轴加工验证）、PolyWorks 逆向工程软件（点云处理精度 0.01mm）。

b. 教学创新

第一，建立模块化课程体系，开发"基础操作—系统集成—创新应用"三级项目库，包含 68 个标准实训模块，如"工业机器人弧焊工艺优化""五轴联动加工中心复杂曲面编程"。第二，建立双证融合机制，学生完成训练可考取工业机器人操作员（四级）、数控机床操作工（三级）等职业资格证书（通过率达 94%）。第三，设立故障诊断实训区，模拟 30 类典型设备故障场景，如"机器人伺服电机过载""加工中心刀库卡刀"，配备智能诊断系统（基于反向传播神经网络，诊断准确率 92%）。

c. 实施成效

学生获全国职业院校技能大赛机器人技术应用赛项一等奖 3 项，全国大学生机械创新设计大赛一等奖 2 项。学校为徐工集团等企业开展技能培训年均 1200 人次，培训合格率达 98%。实验室设备利用率达 87%，比教育部规定标准高 27 个百分点。

② 智能工厂模拟实验室

通过建设校内实验实训基地，该校为学生提供了真实的智能制造环境，有效提升了学生的实践能力。

a. 系统架构

物理层建设 2000m² 智能产线，包含 3 条柔性生产线（电子装配线、机械加工线、新能源电池线，配备 50 台工业机器人、100 台智能工位终端）、5G AGV 物流系统（导航精度 ±5mm，载重 200kg，支持动态路径规划）、自动化立体仓库（货位容量 3000 个，堆垛机速度 4m/s）。网络层部署 5G + 工业 PON（无源光网络），实现设备全连接（连接数超 2000 个，网络延迟 < 10ms）。平台层搭载南瑞集团工业互联网平台（支持百万级设备接入，数据采集频率达 100Hz）。应用层集成 MES、WMS、SCADA 系统，开发 12 类工业 App。

b. 教学模式

生产性实训是承接南瑞智能电表、熊猫电子 PCBA（印制电路板）等真实订单，年产智能产品 8 万件，产品合格率达 99.3%。项目制教学是学生团队完成从订单接收到成品交付全流程，实施 7S 管理标准，培养成本控制意识。数字孪生技术通过构建虚拟工厂与物理产线的实时映射系统，实现对生产过程的精准建模与动态调控，可有效支撑生产参数的动态优化（如通过遗传算法使生产时间缩短 15%）。

c. 实施成效

学生年均完成 15 个企业真实项目，合同金额累计达 600 万元，其中为南瑞集团提升了 22% 的生产效率。学生系统集成能力达企业工程师初级水平，毕业生试用期缩短 30%，获企业"上手快、后劲足"评价。学校开发智能工厂规划与仿真课程，获评国家级精品在线开放课程，选课学生超 5000 人。

③智能产品开发实验室

智能产品开发实验室配备了智能家电、智能汽车、智能医疗设备等开发工具，学生可以在此进行产品设计和开发实验。

a. 技术平台

硬件开发区配备 Altium Designer 22、Cadence Allegro 等设计工具，以及是德科技 DSOX1204G 示波器（带宽 1GHz）、是德科技 N9020B 频谱分析仪（频率 9kHz ~ 3.6GHz）。软件开发区配备 Android Studio Giraffe、LabVIEW 2023，支持鸿蒙操作系统开发，开发环境配备 GPU 加速服务器。快速成型区配备 Stratasys J750 全彩 3D 打印机（支持 36 万种颜色）、海天注塑机（锁模力 1000kN，射速 200mm/s）。测试验证区配备高低温试验箱（−40℃ ~ 150℃，湿度 20% ~ 98%）、振动试验机（频率 5 ~ 2000Hz）、EMI/EMC 测试系统（符合 CISPR 22 标准）。

b. 项目运作

开展三阶段培养。基础阶段侧重于智能硬件开发（如基于 STM32 的环境监测仪，精度 ±0.5℃）。进阶阶段侧重于跨平台应用开发（如智能家居 App+ 华为云服务，响应延迟 < 500ms）。创新阶段侧重于校企联合开发（如医疗设备智能控制系统，获 CE 认证）。

c. 实施成效

学生获授权专利 217 项（含发明专利 35 项），专利转化金额 380 万元，如将"一种基于机器视觉的轴承缺陷检测方法"转让给人本集团。开发的智能养老监护系统获"挑战杯"全国一等奖，实现心率监测精度 ±2 次 / 分钟（bpm），跌倒检测准确率达 98%。学校与企业共建联合实验室 6 个，横向课题经费累计 2300 万元，如与徐工集团合作开发"矿用自卸车智能控制系统"。

④虚拟仿真实验室

利用 VR 和 AR 技术，构建了虚拟的智能制造环境，学生可以在此进行虚拟实验和模拟操作。

a. 技术实现

硬件设备包含 20 套 HTC Vive Pro 2 VR 系统（分辨率 5K，刷新率 120Hz）、8 套 Hololens2 AR 设备（2K 显示屏，视场角 52°）。软件平台方面，自主开发"智能制造虚拟仿真实训系统"，包含 100 多个实训场景，如"特斯拉超级工厂总装车间调试""核电站乏燃料池检修"。场景构建方面，1∶1 还原特斯拉上海超级工厂总装车间，包含 300 多个虚拟设备，支持多用户协作。开发核电站检修虚拟场景，动态模拟辐射剂量（精度 ±5%）、设备故障（20 类突发状况）。构建数字孪生驱动的虚拟调试环境，支持物理设备与虚拟模型实时交互（响应延迟 <20ms）。

b. 教学应用

教学应用包括虚实联动实验、复杂场景训练、远程协作学习等。

虚实联动实验指学生通过 VR 编程控制真实机器人（位置误差 <2mm）的实验，如"VR 环境下的机器人焊接路径规划"。复杂场景训练指年产 10 万件智能产品的虚拟生产调度，缩短生产周期 20% 的练习。远程协作学习模式指支持长三角地区 5 所高校学生同时参与虚拟实训项目的模式，如"跨校际智能工厂故障诊断挑战赛"。

c. 实施成效

将危险操作事故率降为零，实验耗材成本降低 72%，如"核设施检修"实验单次成本从 5 万元降至 800 元。开发虚拟仿真课程 15 门，选课学生超 8000 人，智能制造虚拟仿真技术课程获教育部虚拟仿真实验教学一流课程认定。相关人员获全国高校数字艺术设计大赛一等奖 1 项，"虚拟核电站检修系统"被中核集团采购，用于员工培训。

4.3.2　校外实习基地拓展与合作

在智能制造专业集群建设中，校外实习基地的拓展与合作应以产业链需求为导向，注重基地的多样性和合作的深度。校外实习基地的拓展与合作是高等教育与产业深度融合的重要途径，尤其是在智能制造、信息技术、生物医药等前沿领域，校外实习基地是学生接触真实产业环境的重要平台，校外实习基地的建设水平直接关系到学生的实践能力、职业素养和就业竞争力。为了更好地实现这一目标，校外实习基地的拓展与合作需要明确目标与原则，并在此基础上制定具体的实施策略。

（1）校外实习基地拓展与合作的总体目标

校外实习基地的拓展与合作应以服务学生成长、满足产业需求、促进校企共赢、推动区域发展为核心目标，具体包括以下几个方面。

a. 提升学生的实践能力与职业素养

通过校外实习基地，学生能够接触真实的产业环境，将理论知识与实践操作结合，提升解决实际问题的能力。在实习过程中，学生能够培养职业素养，如团队协作、沟通能力、责任意识等，为未来就业奠定基础。

b. 满足产业链对高素质人才的需求

通过与产业链上下游企业进行合作，高校能够了解产业对人才的具体需求，调整人才培养方案，培养符合产业需求的高素质应用型人才。实习基地的建设能够为企业提供稳定的人才储备，缩短企业对新员工的培训周期。

c. 促进校企深度合作与资源共享

校外实习基地不仅是学生实习的平台，也是校企合作的重要载体。通过校外实习基地，校企双方可以在课程开发、技术研发、师资培训等方面开展深度合作。高校可以借助企业的技术资源和实践经验，提升教学质量和科研水平；企业则可以借助高校的智力资源，解决技术难题，推动创新发展。

d. 推动区域经济发展与产业升级

校外实习基地的建设能够促进高校与地方产业的深度融合，推动区域经济发展。通过培养高素质人才和开展产学研合作，校外实习基地能够为地方产业升级提供智力支持和技术保障。

（2）校外实习基地拓展与合作的基本原则

为了实现上述目标，校外实习基地的拓展与合作应遵循以下原则。

a. 以产业链需求为导向

校外实习基地的建设应以产业链的需求为导向，确保实习内容与产业实际需求相匹配。例如，在智能制造领域，校外实习基地应涵盖工业机器人、智能工厂、智能产品开发等产业链的关键环节，确保学生能够全面了解产业生态。

b. 注重基地的多样性

校外实习基地应覆盖产业链的各个环节，包括研发、设计、生产、检测、物流等，确保学生能够全面了解产业链的各环节。同时，实习基地的类型应多样化，既包括大型企业，也包括中小型企业和科研机构，为学生提供多元化的实习选择。

c. 深化校企合作

校外实习基地的建设不应仅限于提供实习岗位，而应深入课程开发、实践教学、师资培训等环节。例如，企业可以参与高校的课程设计，提供实际案例和项目资源；高校教师可以到企业进行实践培训，提升实践教学能力。

d. 确保实习质量

校外实习基地的建设应以提升实习质量为核心，确保学生在实习过程中能够真正学到知识和掌握技能。为此，高校和企业应共同制定实习计划，明确实习目标、内容和考核标准，并配备专业的实习指导教师。

e. 实现校企共赢

校外实习基地的建设应实现校企双方的共赢。高校通过校外实习基地提升学生的实践能力和就业竞争力，企业则通过校外实习基地获得高素质人才和技术支持。为此，校企双方应建立长期稳定的合作关系，明确双方的权利和义务，确保合作的可持续性。

f. 注重学生个性化发展

校外实习基地的建设应充分考虑学生的个性化需求，为学生提供多样化的实习选择。例如，对于科研兴趣浓厚的学生，可以安排其到科研机构实习；对于创业意愿强烈的学生，可以安排其到初创企业实习。

（3）校外实习基地的拓展内容

校外实习基地的拓展是高等教育与产业深度融合的重要途径，尤其是在智能制造领域，校外实习基地的建设直接关系到学生的实践能力、职业素养和就业竞争力。为了满足智能制造产业链的需求，校外实习基地的拓展内容应涵盖智能制造装备企业、智能工厂企业、智能产品开发企业及科研机构等多个方面。以下将重点对智能制造装备企业、智能工厂企业、智能产品开发企业、科研机构进行分析。

a. 智能制造装备企业

智能制造装备企业是智能制造产业链的核心环节，涉及工业机器人、数控机床、3D 打印设备等关键设备。与智能制造装备企业合作建立校外实习基地，能够为学生提供设备操作和维护的实践机会，帮助学生掌握智能制造装备的核心技术。

工业机器人企业实习内容包括机器人编程、机器人操作、机器人维护、机器人应用案例等。机器人编程指学生学习工业机器人的编程语言（如 RAPID、KRL 等），掌握机器人运动控制、路径规划等基本编程技能。机器人操作指学生参与机器人的实际操作，包括机器人的启动、停止、调试和运行监控。机器人维护指学生学习机器人的日常维护和故障排除，包括机械部件的保养、电气系统的检查，以及常见故障的诊断与修复。机器人应用案例指学生参与实际项目，如焊接、装配、搬运等，了解机器人在不同场景中的应用。通过实习，学生能够掌握工业机器人的基本操作技能，了解工业机器人在智能制造中的应用场景，提升解决实际问题的能力。在实习过程中，学生还能培养团队协作能力和工程实践能力，为未来从事机器人相关工作奠定基础。某高校与某工业机器人企业合作，建立了校外实习基地。学生在基地中可参与机器人编程和操作的实际项目，掌握机器人控制系统的基本原理和操作方法。例如，学生参与了一个汽车焊接生产线项目，负责编写焊接机器人的运动控制程序，并完成了机器人的调试和运行监控。

数控机床企业实习内容包括数控编程、机床操作、加工工艺优化、机床维护等。数控编程指学生学习数控编程语言（如 G 代码、M 代码），掌握数控机床的编程方法和技巧。机床操作指学生参与数控机床的实际操作，包括机床的启动、停止、调试和加工监控。加工工艺优化指学生学习加工工艺的优化方法，包括刀具选择、切削参数调整、加工路径优化等。机床维护指学生学习数控机床的日常维护和故障排除，包括机械部件的保养、电气系统的检查，以及常见故障的诊断与修复。通过实习，学生能够掌握数控机床的基本操作技能，了解数控加工的基本原理和工艺流程，提升加工工艺优化的能力。在实习过程中，学生还能培养工程实践能力和创新意识，为未来从事数控加工相关工作奠定基础。某高校与某数控机床企业合作，建立了实习基地。学生可在基地中参与数控机床编程和加工实际项目，掌握数控加工的基本原理和操作方法。例如，学生参与了一个航空航天零部件加工项目，负责编写数控加工程序，并完成了加工工艺的优化。

3D 打印设备企业实习内容包括 3D 打印操作、打印工艺优化、设备维护、3D 打印应用案例等。3D 打印操作指学生学习 3D 打印设备的操作流程，包括模型导入、参数设置、打印启动和监控。打印工艺优化指学生学习打印工艺的优化方法，包括材料选择、打印参数调整、支撑结构设计等。设备维护指学生学习 3D 打印设备的日常维护和故障排除方法，包括机械部件的保养、电气系统的检查，以及常见故障的诊断与修复。3D 打印应用案例指学生参与实际项目，如原型制作、定制化产品生产等，了解 3D 打印技术在不同场景中的应用。通过实习，学生能够掌握 3D 打印设备的基本操作技能，了解 3D 打印技术的基本原理和工艺流程，提升打印工艺优化的能力。在实习过程中，学生还能培养创新设计能力和工程实践能力，为未来从事 3D 打印相关工作奠定基础。某高校与某 3D 打印设备企业合作，建立了校外实习基地。学生在基地中可参与 3D 打印设备操作和打印工艺优化的实际项目，掌握 3D 打印的基本原理和操作方法。例如，学生参与了一个医疗器械原型制作项目，负责设计打印模型并优化打印工艺。

b. 智能工厂企业

智能工厂企业是智能制造的核心，涵盖生产线的系统集成、优化和管理等关键内容。与智能工厂企业合作建立校外实习基地，能够为学生提供系统集成和优化的实践机会，帮助学生掌握智能工厂企业的核心技术。

系统集成实习内容包括设备联网、数据采集、系统调试等。设备联网指学生学习如何将生产线上的各种设备（如机器人、数控机床、传感器等）连接到工业互联网，实现设备之间的数据交互。数据采集指学生学习如何通过传感器和工业互联网采集生产数据，包括设备状态、生产进度、质量数据等。系统调试指学生参与生产线系统的调试工作，包括硬件连接、软件配置和系统测试。通过实习，学生能够掌握生产线系统集成的基本技能，了解设备联网和数据采集的基本原理，提升系统集成的能力。在实习过程中，学生还能培养工程实践能力和团队协作能力，为未来从事智能工厂相关工作奠定基础。某高校与某智能工厂企业合作，建立了校外实习基地。学生可在基地中参与生产线系统集成的实际项目，掌握设备联网和数据采集的基本原理和操作方法。例如，学生参与了一个汽车零部件生产线的系统集成项目，负责设备联网和数据采集的调试工作。

生产优化实习内容包括生产调度、质量管理、效率提升等。生产调度指学生学习如何通过生产调度算法优化生产计划，包括任务分配、资源调度和进度控制。质量管理指学生学习如何通过数据分析优化生产质量，包括质量检测、缺陷分析和工艺改进。效率提升指学生参与生产线效率提升的实际项目，包括瓶颈分析、流程优化和设备升级。通过实习，学生能够掌握生产优化的基本技能，了解生产调度和质量管理的基本原理，提升生产优化的能力。在实习过程中，学生还能培养数据分析和问题解决能力，为未来从事生产优化相关工作奠定基础。某高校与某智能工厂企业合作，建立了校外实习基地。学生在基地中可参与生产线优化的实际项目，掌握生产调度和质量管理的基本原理和操作方法。例如，学生参与了一个电子产品生产线的优化项目，负责生产调度和质量管理的优化工作。

生产管理实习内容包括生产计划、库存管理、供应链管理等。生产计划指学生学习如何制定生产计划，包括需求预测、任务分解和资源分配。库存管理指学生学习如何通过库存管理系统优化库存管理，包括库存监控、补货策略和成本控制。供应链管理指学生参与供应链管理的实际项目，包括供应商选择、物流优化和供应链协同。通过实习，学生能够掌握生产管理的基本技能，了解生产计划、库存管理和供应链管理的基本原理，提升生产管理的能力。在实习过程中，学生还能培养综合管理能力和决策能力，为未来从事生产管理相关工作奠定基础。某高校与某智能工厂企业合作，建立了校外实习基地。学生在基地中可参与生产计划制定的实际项目，掌握库存管理和供应链管理的基本原理和操作方法。例如，学生参与了一个家电生产线的生产计划制定项目，负责库存管理和供应链协同的优化工作。

c. 智能产品开发企业

智能产品开发是智能制造的重要应用领域，涵盖智能家电、智能汽车、智能医疗设备等关键产品。与智能产品开发企业合作建立校外实习基地，能够为学生提供产品设计和开发的实践机会，帮助学生掌握智能产品开发的核心技术。

智能家电企业实习内容包括产品设计、产品开发、产品测试等。产品设计指学生参与智能家电的设计工作，包括功能设计、外观设计和用户体验设计。产品开发指学生参与智能家电的开发工作，包括硬件开发、软件开发和系统集成。产品测试指学生参与智能家电的测试工作，包括功能测试、性能测试和可靠性测试。通过实习，学生能够掌握智能家电设计的基本技能，了解智能家电开发的基本原理，提升产品设计和开发的能力。在实习过程中，学生还能培养创新设计能力和工程实践能力，为未来从事智能家电相关工作奠定基础。某高校与某智能家电企业合作，建立了校外实习基地。学生在基地中可参与智能家电设计和开发的实际项目，掌握智能家电开发的基本原理和操作方法。例如，学生参与了一个智能冰箱的设计和开发项目，负责功能设计和用户体验优化。

智能汽车企业实习内容包括产品设计、产品开发和产品测试。产品设计指学生参与智能汽车的设计工作，包括车身设计、内饰设计和智能系统设计。产品开发指学生参与智能汽车的开发工作，包括自动驾驶系统开发、车联网系统开发和智能座舱系统开发。产品测试指学生参与智能汽车的测试工作，包括道路测试、性能测试和安全性测试。通过实习，学生能够掌握智能汽车设计的基本技能，了解智能汽车开发的基本原理，提升产品设计和开发的能力。在实习过程中，学生还能培养创新设计能力和工程实践能力，为未来从事智能汽车相关工作奠定基础。某高校与某智能汽车企业合作，建立了校外实习基地。学生在基地中可参与智能汽车设计和开发的实际项目，掌握智能汽车开发的基本原理和操作方法。例如，学生参与了一个自动驾驶系统的开发项目，负责算法设计和系统集成。

智能医疗设备企业实习内容包括产品设计、产品开发和产品测试。产品设计指学生参与智能医疗设备的设计工作，包括功能设计、外观设计和人机交互设计。产品开发指学生参与智能医疗设备的开发工作，包括硬件开发、软件开发和系统集成。产品测试指学生参与智能医疗设备的测试工作，包括功能测试、性能测试和安全性测试。通过实习，学生能够掌握智能医疗设备设计的基本技能，了解智能医疗设备开发的基本原理，提升产品设计和开发的能力。在实习过程中，学生还能培养创新设计能力和工程实践能力，为未来从事智能医疗设备相关工作奠定基础。某高校与某智能医疗设备企业合作，建立了校外实习基地。学生在基地中可参与智能医疗设备设计和开发的实际项目，掌握智能医疗设备开发的基本原理和操作方法。例如，学生参与了一个智能监护仪的设计和开发项目，负责功能设计和用户体验优化。

d. 科研机构

科研机构是智能制造技术研发的重要力量，涉及智能制造领域的前沿技术研究和应用开发。与科研机构合作建立校外实习基地，能够为学生提供科研实习的机会，帮助学生掌握科研的基本方法和技能，同时推动产学研深度融合。以下将从科研机构的类型、实习内容及实践意义等方面进行分析。

第一，关于科研机构类型。科研机构分为国家级科研机构、高校科研机构、企业科研机构和地方科研机构。国家级科研机构如中国科学院、中国工程院下属的研究所，这些机构通常承担国家重大科研项目，拥有先进的实验设备和技术资源。例如，中国科学院自动化研究所、中国工程院智能制造研究中心等。高校科研机构，如重点实验室、工程研究中心等，通常与高校的教学和科研紧密结合。例如，清华大学智能制造研究院、上海交通大学机器人研究所等。企业科研机构，如华为、海尔、比亚迪等企业的研究院，通常专注于技术研发和产品创新。例如，华为诺亚方舟实验室、海尔 COSMOPlat 工业互联网平台等。地方科研机构即地方政府支持的科研机构，通常服务于地方产业发展，推动区域经济转型升级。例如，广东省智能制造研究所、江苏省工业技术研究院等。

第二，关于科研机构的实习内容。与科研机构合作建立的实习基地，可以为学生提供丰富的科研实习内容，涵盖前沿技术研究、应用开发、学术交流等多个方面。

前沿技术研究实习内容包括大数据、物联网、先进制造技术等。大数据实习内容指学生参与大数据技术在智能制造中的应用研究，如数据采集、数据分析、数据挖掘等。物联网实习内容指学生参与物联网技术在智能制造中的应用研究，如设备联网、数据交互、智能监控等。先进制造技术实习内容指学生参与先进制造技术的研究，如增材制造（3D 打印）、精密加工、复合材料等。通过参与前沿技术研究，学生能够了解智能制造领域的最新发展动态，掌握科研的基本方法和技能。在实习过程中，学生还能培养创新思维和科研能力，为未来从事科研工作奠定基础。

　　应用开发实习内容包括智能工厂优化算法、智能产品开发平台、工业互联网平台等。智能工厂优化算法实习内容指学生参与智能工厂优化算法的开发，如生产调度算法、质量控制算法、设备维护算法等。智能产品开发平台实习内容指学生参与智能产品开发平台的开发工作，如智能家电控制平台、智能汽车驾驶平台、智能医疗设备监控平台等。工业互联网平台实习内容指学生参与工业互联网平台的开发，如设备联网平台、数据采集平台、生产管理平台等。通过参与应用开发，学生能够将理论知识应用于实际项目，提升工程实践能力和创新能力。在实习过程中，学生还能培养团队协作能力和项目管理能力，为未来从事技术开发工作奠定基础。

　　学术交流实习内容包括学术会议、学术论文、学术讲座等。学术会议实习内容指学生参与智能制造领域的学术会议，如世界智能制造大会、全国智能制造学术会议等。学术论文实习内容指学生参与学术论文的撰写和发表，如研究论文、综述论文、技术报告等。学术讲座实习内容指学生参加科研机构组织的学术讲座，了解领域内的最新研究成果和技术动态。通过参与学术交流，学生能够了解学术研究的基本流程，提升学术写作和表达能力。在实习过程中，学生还能拓宽学术视野，为未来从事学术研究工作奠定基础。

　　第三，关于科研机构实习的实践意义。高校安排学生在科研机构实习，不仅能够提升学生的科研能力，还能促进产学研深度融合，推动技术创新和成果转化。

　　一是提升学生的科研能力。通过参与科研机构的实习，学生能够掌握科研的基本方法和技能，如文献检索、实验设计、数据分析等。在实习过程中，学生还能培养创新思维和解决问题的能力，为未来从事科研工作奠定基础。二是促进产学研深度融合。科研机构通常与高校和企业有紧密的合作关系，学生通过实习能够了解产学研合作的基本模式。在实习过程中，学生还能参与实际项目，将理论知识应用于实践，提升工程实践能力和创新能力。三是推动技术创新和成果转化。科研机构通常承担国家或地方的重大科研项目，学生通过实习参与这些项目，有助于推动技术创新和成果转化。在实习过程中，学生还能了解技术研发和产品开发的全过程，为未来从事技术开发工作奠定基础。

　　校外实习基地的拓展内容应涵盖智能制造装备企业、智能工厂企业、智能产品开发企业及科研机构等多个方面。通过与这些企业和机构进行合作，学生能够获得设备操作和维护、系统集成和优化、产品设计和开发等多方面的实践机会，从而提升实践能力、职业素养和就业竞争力。同时，校外实习基地的建设也能够促进校企深度合作，推动产学研深度融合，为智能制造领域培养更多高素质人才。

4.3.3　实践教学项目开发与实施

实践教学项目是学生将理论知识应用于解决实际问题的重要途径，其开发与实施水平直接影响到学生的实践能力和创新能力。在智能制造专业集群建设中，实践教学项目的开发与实施应以产业链需求为导向，注重项目的真实性、综合性和创新性，明确开发目标并遵循一定的原则。

（1）开发目标与原则

①开发目标

实践教学项目的开发目标是为学生提供真实的实践环境，使其能够在实践中提升实践能力和创新能力。具体而言，开发目标包括以下几个方面。一是提升学生的实践能力。通过实践教学项目，学生能够将理论知识应用于解决实际问题，掌握智能制造领域的关键技术和操作技能。例如，学生可以通过操作工业机器人、编程数控机床等实际操作，提升动手能力和技术应用能力。二是培养学生的创新能力。实践教学项目应鼓励学生进行创新，培养其创新思维和创业精神。例如，学生可以通过参与智能产品的设计和开发，提出新颖的解决方案，培养创新能力和市场意识。三是增强学生的综合素质。通过综合性的实践项目，学生能够全面了解智能制造的全过程，从原材料入库到产成品出库，每一个环节都需要学生参与并优化。这种综合性的实践项目，能够极大地提升学生的工程实践能力和团队协作能力。四是满足产业链需求。实践教学项目应以产业链需求为导向，确保学生能够在实践中解决实际问题。例如，学生可以通过参与智能工厂的系统集成和优化项目，了解实际生产中的问题和挑战，并提出解决方案。

②开发原则

为了实现上述开发目标，实践教学项目的开发过程应遵循以下原则。

真实性。实践教学项目应基于真实的产业需求，确保学生能够在实践中解决实际问题。真实性原则要求实践教学项目的内容和场景尽可能贴近实际生产环境，使学生能够在真实的情境中进行学习和实践。例如，学校可以通过与企业合作，引入真实的工程案例和生产数据，设计实践教学项目。学生在这种真实的环境中，能够更好地理解和掌握智能制造的技术和流程。

综合性。实践教学项目应涵盖智能制造产业链的各个环节，确保学生能够全面了解智能制造的全过程。综合性原则要求实践教学项目不应关注单一技术或环节，而应涵盖从设计、制造、检测到维护的全过程。例如，学校可以设计一个综合性的智能工厂项目，学生需要从生产线的布局设计开始，到设备的联网、数据的采集与分析，再到生产过程的优化和控制，全面参与并优化每一个环节。这种综合性的实践项目，能够帮助学生建立系统的思维模式，提升其解决复杂工程问题的能力。

创新性。实践教学项目应鼓励学生进行创新，培养其创新能力和创业精神。创新性原则要求实践教学项目不应限于传统的技术操作和流程学习，还应鼓励学生提出新颖的解决方案和创新设计。例如，学校可以设计创新创业项目，学生需要从市场需求分析开始，进行产品设计、原型制作、功能测试等一系列工作。通过这种创新性的实践项目，学生不仅能够掌握产品开发的流程，还能够培养创新思维和市场意识。此外，学校可以提供创新创业基金和孵化平台，支持学生将创新项目转化为实际产品或创业项目。

可操作性。实践教学项目应具有可操作性，确保学生能够在有限的时间内利用有限的资源完成项目。可操作性原则要求实践教学项目的设计要合理，任务要明确，步骤要清晰，资源要充足。例如，学校可以设计模块化的实践项目且每个模块都有明确的任务和目标，学生可以根据自己的兴趣和能力选择相应的模块进行实践。同时，学校应提供充足的实验设备和材料，确保学生能够顺利进行实践操作。

持续改进。实践教学项目应根据评估结果和反馈意见，不断进行优化和改进。持续改进原则要求实践教学项目建立有效的评估机制，定期对项目的实施效果进行评估，并根据评估结果进行改进。例如，学校可以通过学生反馈、教师评价、企业评价等多种方式，收集他们对实践教学项目的意见和建议，及时发现问题并改进。同时，学校可以引入新的技术和方法，不断更新实践教学项目的内容和形式，保持其先进性和实用性。

（2）开发内容

在智能制造专业集群建设中，实践教学项目的开发内容不仅需要涵盖智能制造装备、智能工厂、智能产品开发和创新创业等核心领域，还需要细化每个领域，以确保学生能够全面掌握相关技能并用于解决实际问题。实践教学项目的开发内容应包括以下几个方面。

①智能制造装备项目

智能制造装备是智能制造的基础，操作和维护智能制造装备的能力是学生实践能力的重要组成部分。为了让学生更深入地掌握智能制造装备的技术和应用，可以在以下几个方面进行拓展。

工业机器人项目。工业机器人项目包含高级编程与控制、视觉识别与感知、协作机器人应用等。高级编程与控制指除了基础的机械臂组装和运动控制编程，可以引入高级编程语言（如 Python、C++）和机器人操作系统（ROS），让学生掌握更复杂的机器人控制算法。视觉识别与感知指通过集成机器视觉系统，引导学生学习图像处理、目标识别和定位技术，重点掌握该技术在自动化生产线质量检测、工件分拣等场景中的工程化应用。协作机器人应用指以协作机器人（Cobot）为教学载体，组织学生学习人机协作的安全规范和编程技巧，并将其应用于柔性制造和个性化生产。

数控机床项目。数控机床项目包含多轴加工技术、智能制造单元、数字化双胞胎技术等。多轴加工技术指引入五轴数控机床，让学生掌握复杂曲面加工和多轴联动编程技术，并将其应用于航空航天和汽车制造领域。智能制造单元指通过集成数控机床、自动化上下料系统及在线检测设备，构建智能制造单元，让学生学习生产单元的自动化控制和优化。数字化双胞胎技术指引入数字化双胞胎技术体系，让学生通过虚拟仿真优化加工参数和工艺流程，减少实际生产中的试错成本。

3D 打印设备项目。3D 打印设备项目包含多材料打印、生物打印、大规模定制等。多材料打印指引入多材料 3D 打印技术，让学生学习不同材料的打印参数设置和后处理技术，并将其应用于复合材料的制造。生物打印指延伸至生物 3D 打印领域，让学生学习生物材料的打印技术和应用，如组织工程和医疗器械制造。大规模定制指融合大数据与人工智能技术，让学生学习如何通过 3D 打印实现大规模定制生产，满足个性化需求。

②智能工厂项目

智能工厂作为智能制造的重要载体，其系统集成和优化能力培养是提升学生综合实践能力的关键环节。为了让学生更全面地了解智能工厂的运作模式，可以在以下几个方面进行拓展。

系统集成项目。系统集成项目包含工业物联网、边缘计算与云计算、数字孪生技术等。工业物联网指引入工业物联网技术，让学生学习传感器、PLC、MES 的集成和数据采集与传输技术，并将其应用于生产过程的实时监控和优化。边缘计算与云计算指结合边缘计算和云计算技术，让学生学习如何在本地和云端进行数据处理和分析，提高生产系统的响应速度和决策能力。数字孪生技术指引入数字孪生技术，让学生通过虚拟仿真优化生产线的布局和设备的运行参数，减少实际生产中的调试时间。

生产优化项目。生产优化项目包含大数据分析、人工智能应用、精益生产与六西格玛等。大数据分析指引入大数据分析技术，让学生学习如何通过分析生产数据优化工艺流程、资源调度和质量控制，从而提高生产效率和产品质量。人工智能应用指结合人工智能技术，让学生学习如何通过机器学习算法预测设备故障、优化生产计划和提高能源利用效率。精益生产与六西格玛指引入精益生产和六西格玛管理方法，让学生学习如何通过持续改进和质量管理提高生产系统的整体性能。

③智能产品开发项目

智能产品是智能制造的重要输出，设计和开发智能产品的能力是学生创新能力的重要体现。为了让学生更深入地掌握智能产品的开发流程，可以在以下几个方面进行拓展。

智能家电项目。智能家电项目包含智能家居系统、用户体验设计、能源管理等。智能家居系统指引入智能家居系统，让学生学习如何通过物联网技术实现家电设备的互联互通和远程控制，并将其应用于制定智能家居的整体解决方案。用户体验设计指引入用户体验设计方法，让学生学习如何通过用户研究和原型测试优化产品的交互设计和功能布局。能源管理指引入能源管理技术，让学生学习如何通过智能家电实现家庭能源的优化管理和节能减排。

智能汽车项目。智能汽车项目包含自动驾驶技术、车联网技术、电动化与智能化等。自动驾驶技术指引入自动驾驶技术，让学生学习传感器融合、路径规划和决策控制算法，并将其应用于智能汽车的自动驾驶系统。车联网技术指结合车联网技术，让学生学习如何通过 V2X（车联网）实现车辆与基础设施、其他车辆和行人的信息交互，提高交通安全和效率。电动化与智能化指引入电动汽车和智能化技术，让学生学习电池管理系统、电机控制和智能座舱的设计与开发。

智能医疗设备项目。智能医疗设备项目包含远程医疗、健康监测、医疗机器人等。远程医疗指引入远程医疗技术，让学生学习如何通过智能医疗设备实现远程诊断和治疗，并将其应用于偏远地区的医疗服务。健康监测指引入可穿戴设备技术，让学生学习如何通过智能医疗设备实现个人健康数据的实时监测和分析，并将其应用于慢性病管理和健康管理。医疗机器人指引入医疗机器人技术，让学生学习手术机器人、康复机器人和护理机器人的设计与开发，并将其应用于医疗领域的自动化和智能化。

④创新创业项目

创新创业是智能制造发展的重要驱动力，创新创业能力是学生综合素质的重要组成部分。为了让学生更全面地掌握创新创业的技能，可以在以下几个方面进行拓展。

创新项目。创新项目包含跨学科合作、知识产权管理、创新孵化等。跨学科合作指引入跨学科合作模式，让学生学习如何通过多学科团队的协作实现技术创新，并将其用于解决复杂工程问题。知识产权管理指结合知识产权管理知识，让学生学习如何通过专利申请和技术转让保护创新成果，并将其应用于科技成果的产业化。创新孵化指引入创新孵化平台，让学生学习如何通过创业孵化器实现创新项目的商业化和市场化。

创业项目。创业项目包含商业模式设计、融资与投资、市场推广等。商业模式设计指引入商业模式设计方法，让学生学习如何通过商业模式画布设计创新的商业模式，并将其应用于创业项目的商业计划书撰写。融资与投资指结合融资与投资知识，让学生学习如何通过风险投资和众筹平台获取创业资金，并将其应用于创业项目的融资策略。市场推广指引入市场推广技术，让学生学习如何通过数字营销和社交媒体推广创业项目，并将其应用于创业项目的市场开拓。

智能制造专业集群实践教学项目的开发内容应紧密结合产业链需求，涵盖智能制造装备、智能工厂、智能产品开发和创新创业等多个领域。通过拓展每个领域的具体内容，学生能够在良好的实践环境中提升实践能力和创新能力，为未来从事智能制造相关工作奠定坚实基础。同时，学校应加强与企业的合作，不断优化实践教学项目的内容和形式，确保其先进性和实用性，为智能制造专业集群的建设和发展提供有力支撑。

（3）案例分析

南京工程学院作为一所应用型高校，积极响应国家智能制造发展战略，依托其工科优势，整合机械工程、自动化、计算机科学、工业工程等相关专业，构建智能制造专业集群。该校以培养具有跨学科知识和实践能力的复合型人才为目标，注重实践教学与产业需求的紧密结合，通过与地方企业合作，开发了一系列高质量的实践教学项目。以下将分析南京工程学院在智能制造专业集群建设中，如何通过开发智能制造装备、智能工厂、智能产品开发和创新创业等实践教学项目，为学生提供良好的实践环境，有效提升学生的实践能力和创新能力。

a. 智能制造装备项目

智能制造装备是智能制造的基础，南京工程学院通过与企业合作，开发了多个与智能制造装备相关的实践教学项目，从而帮助学生掌握工业机器人、数控机床、3D 打印设备等关键设备的操作和维护技能。

工业机器人是智能制造的核心装备之一，广泛应用于焊接、搬运、装配等领域。南京工程学院与 ABB、KUKA 等知名企业合作，开发了工业机器人操作与维护实践项目。学生通过操作 ABB、KUKA 等品牌的工业机器人，完成机械臂组装、运动控制编程、传感器集成、故障诊断与维护等任务。某学生团队通过编程实现了一条自动化焊接生产线，显著提高了焊接效率和质量，得到了合作企业的高度评价。该团队还参加了全国大学生智能制造大赛，获得了优异成绩。通过参与工业机器人项目，学生不仅掌握了工业机器人的操作和维护技能，还培养了解决复杂工程问题的能力，为未来从事自动化相关工作奠定了坚实基础。

数控机床是现代制造业的核心装备，广泛应用于航空航天、汽车制造等领域。南京工程学院与当地制造企业合作，开发了数控机床操作与编程实践项目。学生通过操作五轴数控机床，完成复杂曲面加工和多轴联动编程任务，掌握高精度制造技术，并将其应用于航空航天和汽车制造领域。某学生团队设计并加工了一款复杂曲面零件，并将其成功应用于某汽车企业的发动机部件制造。该团队还通过优化加工参数，将加工时间缩短了 15%，显著提高了生产效率。通过参与数控机床项目，学生不仅掌握了高精度制造技术，还培养了工程思维和创新能力，为未来从事高端制造相关工作提供了有力支持。

3D 打印设备是智能制造的重要装备，广泛应用于快速原型制造、个性化定制等领域。南京工程学院与金属 3D 打印设备制造商合作，开发了 3D 打印操作与设计实践项目，通过操作金属 3D 打印技术设备，完成从模型设计到成品打印的全过程，探索 3D 打印技术在智能制造中的应用，如复杂结构件的制造和个性化定制。某学生团队设计并打印了一款轻量化航空零件，显著降低了零件重量，提高了飞行效率。该团队还通过优化打印参数，将打印时间缩短了 20%，显著提高了生产效率。通过参与 3D 打印设备项目，学生不仅掌握了增材制造技术，还培养了创新设计和工程优化的能力，为未来从事先进制造相关工作提供了有力支持。

b. 智能工厂项目

智能工厂是智能制造的重要载体，南京工程学院通过开发与智能工厂相关的实践教学项目，帮助学生了解智能工厂的运作模式，掌握生产线布局、设备联网、数据采集与分析等技术。

系统集成是智能工厂建设的关键环节，涉及生产线布局设计、设备联网、数据采集与传输等技术。南京工程学院与当地制造企业合作，开发了智能工厂系统集成实践项目。学生通过集成传感器、PLC、MES，完成生产线的布局设计和设备联网任务，解决实际生产中的系统集成问题。某学生团队成功集成了一条智能生产线，实现了生产过程的实时监控和优化，显著提高了生产效率。该团队还通过优化生产线布局，将生产线的占地面积减少了 10%，显著提高了空间利用率。通过参与系统集成项目，学生不仅掌握了智能工厂的系统集成技术，还培养了解决复杂工程问题的能力，为未来从事智能工厂相关工作提供了有力支持。

生产优化是智能工厂运营的重要环节，涉及工艺流程优化、资源调度、质量控制等技术。南京工程学院与当地制造企业合作，开发了智能工厂生产优化实践项目。学生通过大数据分析，优化工艺流程、资源调度和质量控制，提升生产效率和质量。某学生团队通过分析生产数据，优化了某制造企业的生产线工艺流程，将生产效率提高了 20%。该团队还通过优化资源调度，将生产线的能耗降低了 15%，显著提高了能源利用效率。通过参与生产优化项目，学生不仅掌握了生产优化技术，还培养了数据分析和工程优化的能力，为未来从事智能工厂运营相关工作提供了有力支持。

c. 智能产品开发项目

智能产品是智能制造的重要输出，南京工程学院通过开发与智能产品相关的实践教学项目，帮助学生掌握智能产品的设计、开发、测试和优化流程。

智能家电是智能家居的重要组成部分，涉及物联网、用户体验设计等技术。南京工程学院与当地家电企业合作，开发了智能家电设计与开发实践项目。学生通过设计并制作智能冰箱原型，实现食物识别、过期提醒、远程控制等功能；并且参与从需求分析到成品测试的全过程，探索智能家电的创新应用。某学生团队设计的一款智能冰箱成功应用于某家电企业的产品线，得到了市场的广泛认可。该团队还通过优化用户体验的设计，将用户满意度提高了 20%，显著提高了产品的市场竞争力。通过参与智能家电项目，学生不仅掌握了智能产品的设计和开发技术，还培养了用户体验设计和市场分析的能力，为未来从事智能家居相关工作提供了有力支持。

智能汽车是智能制造的重要应用领域，涉及自动驾驶、车联网等技术。南京工程学院与当地汽车企业合作，开发了智能汽车设计与开发实践项目。学生通过开发自动驾驶算法，实现车辆的自动导航和避障功能；并且参与从系统设计到车辆测试的全过程，掌握智能汽车的关键技术。某学生团队开发了一款自动驾驶小车，使其具备在复杂环境下自动导航和避障的功能。该团队还通过优化自动驾驶算法，将车辆的行驶稳定性提高了 15%，显著提高了自动驾驶的安全性。通过参与智能汽车项目，学生不仅掌握了智能汽车的设计和开发技术，还培养了算法开发和系统集成的能力，为未来从事智能汽车相关工作提供了有力支持。

智能医疗设备是智能制造的重要应用领域，涉及传感器集成、数据处理等技术。南京工程学院与当地医疗机构合作，开发了智能医疗设备设计与开发实践项目。学生通过设计并制作智能血压计原型，实现血压数据的实时监测和远程传输功能；并且参与从设备设计到临床测试的全过程，探索智能医疗设备的创新应用。某学生团队设计的一款智能血压计成功应用于某医疗机构的远程医疗服务，显著提高了医疗服务效率。该团队还通过优化数据处理算法，将血压测量的准确性提高了 10%，显著提高了该医疗设备的可靠性。通过参与智能医疗设备项目，学生不仅掌握了智能医疗设备的设计和开发技术，还培养了数据处理和医疗应用的能力，为未来从事智能医疗相关工作提供了有力支持。

d. 创新创业项目

创新创业是智能制造发展的重要驱动力，南京工程学院通过开发与创新创业相关的实践教学项目，激发学生的创新热情和创业精神，培养其解决实际问题和开拓市场的能力。

创新是智能制造发展的核心动力，涉及跨学科合作、知识产权管理等领域。南京工程学院通过设立创新实验室，开发了智能制造创新实践项目。学生通过开发基于人工智能的智能仓储管理系统，实现货物的自动识别和存储路径优化；并且参与从创意提出到产品落地的全过程，探索智能制造领域的创新应用。某学生团队开发的一款智能仓储管理系统成功应用于某物流企业的仓储管理，显著提高了仓储效率。该团队还通过优化存储路径算法，将仓储成本降低了15%，显著提高了企业的经济效益。通过参与创新项目，学生不仅掌握了智能制造领域的创新技术，还培养了跨学科合作和知识产权管理的能力，为未来从事创新相关工作提供了有力支持。

创业是智能制造发展的重要途径，涉及商业模式设计、融资策略等领域。南京工程学院通过设立创业孵化平台，开发了智能制造创业实践项目。学生通过撰写商业计划书、市场分析、融资策略、团队管理等任务，完成创业项目的策划和运营；并且参与从项目策划到企业运营的全过程，探索智能制造领域的创业机会。某学生团队创办了一家智能制造初创公司，专注于智能家居产品的研发和销售，成功吸引了多家投资机构的关注。该团队还通过优化商业模式，将企业的市场占有率提高了10%，显著提高了企业的市场竞争力。通过参与创业项目，学生不仅掌握了创业的基本技能，还培养了开拓市场和管理团队的能力，为未来从事创业相关工作提供了有力支持。

e. 实施实践教学项目的具体措施

南京工程学院在实施实践教学项目的过程中，采取了以下具体措施，确保项目的有效性和针对性。在教学组织方面，采用项目式学习、案例教学等教学方法，激发学生的学习兴趣和主动性；合理安排教学进度，确保理论与实践环节的有机衔接。在师资培训方面，组织教师参加专业培训、企业实践，提升其专业水平和实践能力；建立校企双师制度，邀请企业工程师参与教学，为学生提供更加贴近实际的指导。在学生参与方面，设立创新实验室、组织学科竞赛，激发学生的创新热情；建立有效的激励机制，如学分认定、奖学金评定等，提高学生参与实践教学的积极性。在校企合作方面，建立实习基地、开展联合研发，深化校企合作；探索订单式培养模式，根据企业需求定制人才培养方案，提高人才培养的针对性和实用性。

通过开发与实施实践教学项目，南京工程学院为学生提供了良好的实践环境，有效提升了学生的实践能力和创新能力。学生的就业率和创业成功率显著提高，许多毕业生在智能制造领域取得了优异的成绩。同时，该校的实践教学项目也得到了企业和社会的广泛认可，校企合作更加紧密，形成了良性循环。南京工程学院在智能制造专业集群建设中，通过开发高质量的实践教学项目并有效实施，为学生提供了真实的实践环境，显著提升了学生的实践能力和创新能力。未来，随着智能制造技术的不断发展，南京工程学院将继续优化实践教学项目的内容和形式，确保其先进性和实用性，为智能制造专业集群的建设和发展提供有力支撑。

4.4　师资队伍与团队建设

师资队伍是智能制造专业集群建设的关键要素，其建设水平直接影响到人才培养的质量。在智能制造专业集群建设中，师资队伍的建设应以产业链需求为导向，注重教师的专业能力、实践能力和团队协作能力。以下将从师资队伍的需求分析、培养与激励机制等方面进行探讨，并进行案例分析。

4.4.1　师资队伍的需求分析

智能制造领域的技术更新速度快、学科交叉性强，对师资队伍提出了更高的要求。因此，应用型高校在构建智能制造专业集群时，必须深入分析师资队伍的需求，明确师资队伍的建设方向。

（1）专业能力需求

智能制造涉及机械工程、自动化、信息技术、材料科学等多个学科，因此，师资队伍需要具备跨学科的专业知识和技能。具体而言，师资队伍需要具备以下几方面的专业能力。

机械工程能力：掌握工业机器人、数控机床、3D 打印设备等智能制造装备的设计和应用技术。工业机器人是智能制造的核心装备之一，师资队伍需要熟悉其结构、工作原理、编程和控制技术。数控机床是传统制造业向智能制造转型的重要设备，师资队伍需要掌握其编程、操作和维护技术。3D 打印设备是增材制造的代表性设备，师资队伍需要了解其材料、工艺和应用领域。

自动化能力： 掌握智能制造系统的集成和优化技术，如工业互联网、智能工厂等。工业互联网作为实现智能制造的关键技术之一，师资队伍需要熟悉其架构、协议和应用场景。智能工厂是智能制造的具体体现，师资队伍需要掌握其规划、设计、实施和优化技术。

信息技术能力： 掌握智能制造领域的信息技术，如大数据、云计算、人工智能等。大数据技术是智能制造中数据采集、存储、分析和应用的基础，师资队伍需要熟悉其算法、工具和应用案例。云计算技术是智能制造中资源共享和协同的基础，师资队伍需要了解其架构、服务和安全管理。人工智能技术是智能制造中智能决策和优化的核心，师资队伍需要掌握其算法、模型和应用场景。

材料科学能力： 掌握智能制造领域的新材料技术，如复合材料、纳米材料等相关技术。复合材料作为智能制造领域实现轻量化、高强度材料需求的重要选择，师资队伍需要了解其制备、性能和应用领域。纳米材料作为智能制造中高性能、多功能材料的重要发展方向，师资队伍需要熟悉其制备、表征和应用技术。

（2）实践能力需求

智能制造是一个实践性很强的领域，因此，师资队伍需要具备较强的实践能力，能够指导学生进行实践教学和科研活动。具体而言，师资队伍需要具备以下几方面的实践能力。

设备操作能力： 能够熟练操作工业机器人、数控机床、3D 打印设备等智能制造装备。要操作工业机器人，需要熟悉其编程和控制技术；要操作数控机床，需要掌握其编程和加工技术；要操作 3D 打印设备，需要了解其材料和工艺技术。

系统集成能力： 能够进行智能制造系统的集成和优化，如工业互联网平台、智能工厂系统等。要集成工业互联网平台，需要熟悉其架构、协议和应用场景；要集成智能工厂系统需要掌握其规划、设计、实施和优化技术。

产品开发能力： 能够进行智能产品的设计和开发，如智能家电、智能汽车、智能医疗设备等。要开发智能家电，需要熟悉控制、通信和用户体验技术；要开发智能汽车，需要掌握感知、决策和执行技术；要开发智能医疗设备，需要了解诊断、治疗和监测技术。

（3）团队协作能力需求

智能制造是一个多学科知识高度交叉融合的领域，因此，师资队伍需要具备较强的团队协作能力，能够与其他学科的教师协同开展教学和科研活动。具体而言，师资队伍需要具备以下几方面的团队协作能力。

跨学科协作能力：能够与机械工程、自动化、信息技术等学科的教师协同开展教学和科研活动。要与机械工程学科的教师协作，需要熟悉设计、制造和测试技术；要与自动化学科的教师协作，需要掌握控制、优化和集成技术；要与信息技术学科的教师协作，需要了解数据、算法和应用技术。

校企合作能力：能够与企业合作开展实践教学和科研活动，促进产教融合。要进行校企合作，需要熟悉企业的生产流程、技术需求和管理模式，能够将企业的实际需求转化为教学和科研项目，提升学生的实践能力和创新能力。

4.4.2　师资队伍的培养与激励机制

为满足智能制造专业集群建设的需求，应用型高校需要建立科学的师资队伍培养与激励机制，提升师资队伍的专业能力、实践能力和团队协作能力。智能制造领域的技术更新速度快、学科交叉性强，对师资队伍提出了更高的要求。因此，高校必须通过系统的培养机制和有效的激励机制，确保师资队伍能够适应智能制造领域的发展需求，培养出符合行业需求的高素质人才。

（1）培养机制

师资队伍的培养机制是提升其专业能力、实践能力和团队协作能力的基础。应用型高校应根据智能制造领域的特点，制定科学合理的培养计划，确保师资队伍能够不断更新知识结构、提升实践技能，并具备跨学科协作的能力。

a. 专业培训

智能制造领域涉及机械工程、自动化、信息技术、材料科学等多个学科，技术更新速度快，因此师资队伍需要定期参加专业培训，以保持其专业知识的先进性和前沿性。高校可以定期组织校内培训，邀请智能制造领域的专家学者、企业技术人员进行专题讲座或研讨会，帮助教师了解最新的技术动态和行业趋势。校内培训的内容可以涵盖工业机器人、数控机床、3D 打印、工业互联网、大数据、人工智能等智能制造核心技术。高校可以鼓励教师参加由行业协会、企业或科研机构组织的专业培训课程。例如，教师可以参加工业机器人操作与编程培训、智能制造系统集成培训、工业互联网平台应用培训等。这些培训不仅能够提升教师的专业技能，还能够帮助教师了解企业的实际需求和技术应用场景。随着在线教育资源的丰富，高校可以充分利用国内外优质的在线课程平台（如 Coursera、edX、中国大学 MOOC 等），组织教师学习与智能制造相关的前沿课程。在线培训具有灵活性和便捷性，教师可以根据自己的时间安排进行学习，提升专业知识和技能。

b. 实践锻炼

智能制造是一个实践性很强的领域，师资队伍不仅需要具备扎实的理论知识，还需要具备丰富的实践经验。因此，高校应鼓励教师到企业进行实践锻炼，提升其实践能力。高校可以与企业合作，选派教师到企业挂职锻炼。教师可以参与企业的生产流程、技术研发、项目管理等工作，深入了解企业的实际需求和技术应用场景。通过在企业进行实践锻炼，教师不仅能够提升实践能力，还能够将企业的实际案例引入课堂教学，增强教学的实践性和针对性。高校可以鼓励教师参与企业的技术研发项目或产学研合作项目。通过项目合作，教师可以将理论知识用于解决实际问题，提升自己的科研能力和实践能力。同时，项目合作还可以促进教师与企业技术人员的交流与合作，提升教师的团队协作能力。高校可以与企业合作共建智能制造实验室，为教师提供实践平台。教师可以在实验室中进行智能制造装备的操作、智能制造系统的集成与优化等实践教学活动，提升实践能力。同时，实验室还可以作为学生实践教学的基地，有利于促进学生将理论与实践相结合。

c. 学术交流

学术交流是提升师资队伍学术水平和团队协作能力的重要途径。高校应支持教师参加国内外学术会议、学术论坛和学术研讨会，促进教师与同行专家的交流与合作。高校可以鼓励教师参加国内外智能制造领域的学术会议和论坛，如世界智能制造大会等。通过参加学术会议和论坛，教师可以了解国内外智能制造领域的最新研究成果和技术动态，拓展学术视野。高校可以鼓励教师与国内外高校、科研机构、企业开展学术合作，共同开展智能制造领域的研究项目。通过学术合作，教师可以提升科研能力和团队协作能力，促进学术成果的转化和应用。

（2）激励机制

激励机制是激发师资队伍积极性和创造力的重要手段。应用型高校应建立科学合理的激励机制，确保师资队伍在专业能力、实践能力和团队协作能力方面得到有效提升。

a. 薪酬激励

薪酬激励是激励师资队伍的重要手段之一。高校应根据教师的教学、科研和实践成果，制定合理的薪酬体系，激励教师不断提升专业能力和实践能力。高校可以实行绩效工资制度，将教师的教学、科研、实践成果与薪酬挂钩。例如，教师的教学评价、科研成果、企业合作项目等可以作为绩效工资的考核指标，激励教师在教学、科研和实践方面取得更好的成绩。高校可以设立项目奖励机制，对教师在科研项目、产学研合作项目、企业技术研发项目等方面取得的成果进行奖励。例如，教师成功申报国家级科研项目、发表高水平学术论文、获得发明专利等，可以获得相应的项目奖励。高校可以设立成果奖励机制，对教师在智能制造领域取得的重要成果进行奖励。例如，教师在智能制造装备研发、智能制造系统集成、智能产品开发等方面取得突破性成果，可以获得相应的成果奖励。

b. 职称激励

职称激励是激励师资队伍职业发展的重要手段。高校应根据教师的教学、科研和实践成果，制定科学的职称评定标准，激励教师不断提升专业能力和学术水平。职称评定方面，高校可以将教师的教学、科研、实践成果作为职称评定的重要指标。岗位晋升方面，高校可以根据教师的教学、科研、实践成果，制定岗位晋升机制。例如，教师在教学、科研、实践方面取得突出成绩，可以获得岗位晋升的机会，以激励教师不断提升专业能力和增大职业发展空间。学术称号方面，高校可以设立学术称号机制，对在智能制造领域取得突出成绩的教师授予学术称号。例如，教师在教学、科研、实践方面取得突出成绩，可以获得"教学名师""科研标兵""实践能手"等学术称号，激励教师不断提升学术水平和职业声誉。

c. 荣誉激励

荣誉激励是激励师资队伍的重要手段。高校应根据教师的教学、科研和实践成果，设立荣誉激励机制，激励教师不断提升专业能力和职业声誉。高校可以设立教学荣誉机制，对在教学方面取得突出成绩的教师进行表彰。例如，教师在教学评价、教学改革、课程建设等方面取得突出成绩，可以获得"教学名师""优秀教师"等荣誉称号，激励教师不断提升教学水平。高校可以设立科研荣誉机制，对在科研方面取得突出成绩的教师进行表彰。例如，教师在科研项目、学术论文、发明专利等方面取得突出成绩，可以获得"科研标兵""学术带头人"等荣誉称号，以激励教师不断提升科研水平。高校可以设立实践荣誉机制，对在实践方面取得突出成绩的教师进行表彰。例如，教师在企业合作、技术研发、成果转化等方面取得突出成绩，可以获得"实践能手""产学研合作先进个人"等荣誉称号，以激励教师不断提升实践能力。

（3）培养与激励机制的实施保障

为了确保师资队伍培养与激励机制的有效实施，高校需要在政策、资金、平台等方面提供保障。政策保障方面，高校应制定相关政策，明确师资队伍培养与激励机制的具体措施和实施办法。例如，高校可以制定《智能制造专业集群师资队伍建设规划》，明确师资队伍的培养目标、培养措施、激励机制等。资金保障方面，高校应设立专项资金，支持师资队伍的培养与激励。例如，高校可以设立"智能制造师资队伍建设基金"，用于教师的专业培训、实践锻炼、学术交流、项目奖励等。平台保障方面，高校应搭建师资队伍培养与激励平台，为教师提供良好的发展环境。例如，高校可以与企业合作共建智能制造实验室、产学研合作基地等，为教师提供实践平台和科研平台。

师资队伍的培养与激励机制是智能制造专业集群建设的重要保障。通过科学的培养机制，高校可以提升师资队伍的专业能力、实践能力和团队协作能力；通过有效的激励机制，高校可以激发师资队伍的积极性和创造力。应用型高校应根据智能制造领域的特点，制定科学合理的培养与激励机制，确保师资队伍能够适应智能制造领域的发展需求，培养出符合行业需求的高素质人才。

4.4.3　案例分析

现以常州工学院智能制造专业集群师资队伍与团队建设为例，从学校背景与智能制造专业集群建设、师资队伍与团队建设的具体措施、成效与总结等方面进行分析。

（1）学校背景与智能制造专业集群建设

常州工学院（以下简称"常工院"）是一所以工科为主的应用型本科院校，位于江苏省常州市。该校以服务地方经济发展为己任，致力于培养高素质应用型人才。近年来，随着智能制造技术的快速发展，常工院积极响应国家战略，将智能制造作为重点发展方向，并于 2019 年 6 月正式成立了智能制造专业集群。该专业集群涵盖机械工程、自动化、信息技术、材料科学等多个学科，旨在培养具备跨学科知识和实践能力的智能制造领域人才。

然而，智能制造领域的快速发展和学科交叉性对师资队伍提出了更高的要求。为了满足智能制造专业集群建设的需求，常工院在师资队伍与团队建设方面采取了一系列科学有效的措施，包括专业培训、实践锻炼、学术交流、职称晋升、科研奖励和教学奖励等。

（2）师资队伍与团队建设的具体措施

①专业培训：增加和提升师资队伍的专业知识与技能

智能制造领域技术更新速度快，师资队伍需要不断学习新知识、掌握新技术。为此，常工院建立了系统的专业培训机制，帮助教师提升专业能力。a. 校内培训包括专题讲座和校内课程培训。在专题讲座方面，常工院定期邀请智能制造领域的专家学者和企业技术人员到校开展专题讲座。例如，学校曾邀请常州智能制造研究院的专家为教师讲解工业 4.0 的核心技术，包括工业互联网、智能工厂、数字孪生技术等前沿技术。这些讲座不仅有助于教师了解最新的技术动态，还为他们提供了与企业专家交流的机会。在校内课程培训方面，学校开设了与智能制造相关的校内培训课程，如智能制造系统集成、工业互联网技术应用等。这些课程由校内资深教师和企业专家共同授课，内容涵盖智能制造的核心技术和应用案例。例如，在智能制造系统集成课程中，教师学习了如何将工业机器人、数控机床、3D 打印设备等智能制造装备集成到一个完整的生产系统中。b. 校外培训包括行业协会培训、企业培训等。在行业协会培训方面，常工院鼓励教师参加由行业协会组织的专业培训。例如，学校选派多名教师参加了由中国机械工程学会主办的"智能制造高级研修班"，学习智能制造系统设计、智能工厂规划等内容。这些培训不仅帮助教师掌握了最新的技术，还为他们提供了与行业专家交流的机会。在企业培训方面，学校与多家企业合作，选派教师参加企业的技术培训课程。例如，常州某知名机器人公司为常工院教师提供了工业机器人操作与维护培训，内容包括工业机器人的编程、操作、维护和故障排除等。通过企业培训，教师不仅提升了实践能力，还了解了企业的实际需求和技术应用场景。c. 在线培训包括在线课程、学习支持等培训。在在线课程方面，常工院充分利用国内外优质的在线教育资源，组织教师学习与智能制造相关的前沿课程。例如，学校鼓励教师通过 Coursera、edX 等平台学习人工智能与机器学习、工业大数据分析等课程。这些课程由国际知名高校的教师和企业的专家授课，内容涵盖智能制造领域的前沿技术和应用案例。在学习支持方面，学校为教师提供了学习经费支持，鼓励他们利用业余时间学习在线课程。例如，自动化学院的李老师通过 Coursera 平台学习了工业互联网技术应用课程，并将所学内容融入课堂教学，提升了教学质量。

通过系统的专业培训，常工院师资队伍的专业能力得到了显著提升。教师不仅掌握了智能制造领域的核心技术和前沿知识，还能够将所学内容融入课堂教学，提升了教学质量。

②实践锻炼：提升师资队伍的实践能力

智能制造是一个实践性很强的领域，教师需要具备丰富的实践经验。为此，常工院通过多种方式如企业挂职、项目合作、实验室建设等鼓励教师到企业进行实践锻炼。a.企业挂职指常工院与多家智能制造领域的企业建立合作关系，选派教师到企业挂职锻炼。例如，学校选派机械工程学院的张老师到常州某知名汽车制造企业挂职，参与智能生产线设计与优化工作。在挂职期间，张老师深入了解了企业的生产流程和技术需求，参与了智能生产线的设计和优化工作。通过挂职锻炼，张老师不仅提升了实践能力，还将企业的实际案例引入课堂教学。例如，张老师在智能制造系统设计课程中，结合企业的实际案例，讲解了智能生产线的设计原理和优化方法，增强了教学的实践性和针对性。b.项目合作指常工院鼓励教师参与企业的技术研发项目或产学研合作项目。例如，自动化学院的李老师与常州某智能制造企业合作，共同开发了一套智能工厂管理系统。在项目合作过程中，李老师深入了解了企业的技术需求，参与了系统的设计和开发工作。通过项目合作，李老师不仅提升了科研能力，还为企业解决了实际问题。例如，李老师开发的智能工厂管理系统帮助企业实现了生产过程的自动化和智能化，提高了生产效率和产品质量。c.实验室建设指常工院与企业合作共建智能制造实验室，为教师提供实践平台。例如，学校与常州某机器人公司合作建设了工业机器人实训中心，该中心配备了工业机器人、数控机床、3D 打印设备等智能制造装备。教师可以在实训中心进行工业机器人编程、操作与维护等实践教学活动。例如，机械工程学院的王老师在工业机器人操作与维护课程中，利用实验室的设备，为学生讲解了工业机器人的编程和操作技术，提升了学生的实践能力。

通过实践锻炼，常工院师资队伍的实践能力得到了显著提升。教师不仅能够熟练操作智能制造装备，还能够将实践经验融入教学和科研中，提升了学生的实践能力和创新能力。

③学术交流：提升师资队伍的学术水平与团队协作能力

学术交流是提升师资队伍学术水平和团队协作能力的重要途径。常工院通过多种方式支持教师参加国内外学术交流活动。常工院鼓励教师参加国内智能制造领域的学术会议和论坛。例如，学校选派多名教师参加"世界智能制造大会"，这些教师在会上发表了多篇学术论文。通过参加国内学术会议，教师不仅了解了国内智能制造领域的最新研究成果，还与行业专家建立了合作关系。学校鼓励教师与国内高校、科研机构、企业开展学术合作。例如，自动化学院的李老师与南京某高校合作开展了智能工厂系统优化研究项目，多名教师参与了该项目的研究工作。国际学术交流指常工院支持教师参加国际智能制造领域的学术会议和论坛。例如，学校选派自动化学院的王老师参加"世界智能制造大会"，王老师在会上做了主题报告。通过参加国际学术会议，王老师不仅了解了国际智能制造领域的前沿技术，还与国际同行建立了合作关系。此外，常工院与国外高校、科研机构、企业开展学术合作。例如，学校与德国某高校合作开展了智能工厂系统优化研究项目，多名教师参与了该项目的研究工作。

通过学术交流，常工院师资队伍的学术水平和团队协作能力得到了显著提升。教师不仅能够紧跟智能制造领域的前沿技术，还能够与国内外同行开展合作研究，提升了学校的学术影响力。

④职称晋升：激励师资队伍不断提升自身能力

常工院将师资队伍的专业能力、实践能力和团队协作能力作为职称晋升的考核指标，激励教师不断提升自身能力。职称评定标准主要包括教学成果、科研成果、实践成果等。教师在智能制造领域取得的教学成果，如教学改革、课程建设、实践教学等，可以作为职称评定的加分项。教师在智能制造领域取得的科研成果，如科研项目、学术论文、发明专利等，可以作为职称评定的加分项。教师在产学研合作中取得的实践成果，如企业合作项目、技术研发成果等，可以作为职称评定的加分项。岗位晋升机制指若教师在智能制造领域取得突出成绩，则可以获得岗位晋升的机会。例如，机械工程学院的张老师因在智能生产线设计与优化方面取得突出成绩，获得了副教授职称。

通过职称晋升机制，常工院师资队伍的积极性和创造力得到了有效激发。教师不仅在教学、科研、实践方面取得了突出成绩，还积极申报高级职称，提升了学校的师资水平。

⑤科研奖励：激励师资队伍积极开展科研活动

常工院对在智能制造领域取得突出科研成果的教师给予奖励，激励其积极开展科研活动。教师若成功申报国家级科研项目，如国家自然科学基金项目、国家重点研发计划项目等，可以获得相应的科研奖励。教师若在国内外高水平期刊上发表学术论文，可以获得相应的科研奖励。教师若获得发明专利，如智能制造领域的发明专利，可以获得相应的科研奖励。产学研合作奖励指教师与企业合作开发新技术、新产品等，若取得成果则可以获得相应的奖励。例如，自动化学院的李老师与常州某智能制造企业合作开发的智能工厂管理系统，获得了学校的产学研合作奖励。

通过科研奖励机制，常工院师资队伍的科研能力得到了显著提升。教师不仅积极申报科研项目，还与企业合作开展技术研发，提升了学校的科研水平。

⑥教学奖励：激励师资队伍不断提升教学质量

常工院对在实践教学中取得突出成绩的教师给予奖励，激励其不断提升教学质量。教学成果包括教学改革、课程建设、实践教学等方面的成果。教师在智能制造领域取得教学改革成果，如新课程开发、教学方法创新等，可以获得相应的教学奖励。教师在智能制造领域取得课程建设成果，如精品课程、在线课程等，可以获得相应的教学奖励。教师在实践教学中取得突出成绩，如学生实践能力提升、实践项目成果等，可以获得相应的教学奖励。学生评价奖励指教师在教学评价中取得优异成绩，如学生满意度高、教学效果好等，可以获得相应的奖励。

通过教学奖励机制，常工院师资队伍的教学质量得到了显著提升。教师不仅积极改进教学方法，还注重实践教学，提升了学生的实践能力和创新能力。

（3）成效与总结

通过科学的师资队伍培养与激励机制，常工院有效提升了师资队伍的专业能力、实践能力和团队协作能力，为智能制造专业集群建设提供了有力支持，具体成效如下。一是专业能力提升。教师掌握了智能制造领域的核心技术和前沿知识，能够将所学内容融入课堂教学中，提升了教学质量。二是实践能力提升。教师能够熟练操作智能制造装备，并将实践经验融入教学，提升了学生的实践能力和创新能力。三是学术水平提升。教师能够紧跟智能制造领域的前沿技术，并与国内外同行开展合作研究，提升了学校的学术影响力。四是团队协作能力提升。教师能够与其他学科的教师协同开展教学和科研活动，促进了学科交叉和融合。

　　总之，常工院通过科学的师资队伍培养与激励机制，成功构建了一支高素质、高水平、高竞争力的师资队伍，为智能制造专业集群的建设提供了有力的人才保障。这一案例为其他应用型高校的师资队伍建设提供了有益的借鉴。

第5章

应用型高校智能制造专业集群教学模式与方法创新

智能制造是驱动传统产业变革的重要力量，对人才培养提出了更高的要求。传统的教学模式和方法已无法满足智能制造领域对复合型、创新型人才的需求。因此，应用型高校在智能制造专业集群建设中，必须创新教学模式与方法，以适应产业发展的需求。本章将重点探讨项目式学习与案例教学的应用、产教融合协同育人模式的创新、信息技术融合教学及创新创业教育与能力培养。

5.1　项目式学习与案例教学

　　项目式学习（Project-Based Learning，PBL）和案例教学（Case-Based Learning，CBL）是近年来广泛应用于工程教育领域的教学方法，均以学生为中心，注重对实践能力和问题解决能力的培养，非常适合智能制造领域的教学。本节将探讨这两种教学方法在智能制造教学中的应用。

5.1.1　项目式学习在智能制造教学中的应用

　　项目式学习是一种以学生为中心的教学方法，通过让学生参与真实或模拟的项目，培养其综合能力和创新思维。在智能制造教学中，项目式学习因其独特的教学理念和实施方式，可以帮助学生将理论知识与实践结合，提升其解决复杂工程问题的能力。下面介绍项目式学习的特点与优势、实施步骤等内容。

（1）项目式学习的特点与优势

　　以下从实践导向、跨学科融合、团队协作和创新能力培养四个方面，详细分析项目式学习的特点与优势。

①实践导向：理论与实践的结合

　　项目式学习的核心特点之一是实践导向。与传统的以理论讲授为主的教学模式不同，项目式学习以实际或模拟项目为载体，学生通过完成项目任务，将理论知识应用于实践，从而加深对理论知识的理解和掌握。在智能制造教学中，实践导向尤为重要，因为智能制造领域不仅需要学生掌握机械工程、自动化、信息技术等多学科的理论知识，还需要学生具备解决实际工程问题的能力。项目式学习的优势体现在以下三个方面。一是知识的内化与迁移。通过实际项目，学生能够将课堂上学到的理论知识应用于解决具体问题，从而实现对知识的深度理解和内化。例如，在学习工业机器人编程时，学生可以通过实际或模拟项目任务（如设计自动化装配线）来掌握编程语言、传感器技术和控制算法的应用。二是真实情境的学习体验。项目式学习通常基于真实或模拟的产业场景，因此学生能够在实际或逼真的工作情境中学习。这种学习方式不仅提高了学生的学习兴趣，还为其未来的职业发展奠定了基础。三是问题解决能力的提升。在完成项目任务的过程中，学生需要面对各种复杂问题，并通过分析、设计和实践来解决问题。在这一过程中，学生能够有效提升问题解决能力和工程实践能力。例如，某高校在智能制造专业中设计了一个智能仓储系统优化项目，学生需要利用物联网技术、自动化控制技术和数据分析技术，设计并实施一个高效的仓储管理系统。通过该项目，学生不仅掌握了相关技术知识，还学会了如何在实际工程中应用这些技术。

②跨学科融合：多学科知识的整合与应用

智能制造是一个高度跨学科的领域，涉及机械工程、自动化、信息技术、工业设计、数据分析等多个学科。项目式学习通过设计跨学科的项目任务，促进学科之间的交叉融合，帮助学生建立系统的知识体系。项目式学习的优势体现在以下三个方面。一是知识的系统化与整合。在传统教学中，各学科知识往往是分散的，学生难以将其整合应用；而项目式学习能够帮助学生将不同学科的知识有机结合起来。例如，在完成"设计一个智能工厂"项目时，学生需要同时运用机械设计、自动化控制、工业互联网和数据分析等多学科知识。二是培养复合型人才。智能制造领域需要具备多学科背景的复合型人才。项目式学习能够培养学生的综合能力，使其具备解决复杂工程问题的能力。三是拓宽学生的视野。通过跨学科项目，学生能够接触到不同领域的知识和技术，从而拓宽知识视野，增强适应未来产业发展的能力。例如，某高校在智能制造专业中设计了一个智能生产线设计与优化项目。该项目要求学生综合运用机械设计、自动化控制、工业互联网和数据分析等技术，设计并优化一条智能生产线。通过该项目，学生不仅掌握了各学科的知识，还学会了如何将这些知识整合应用于实际工程中。

③团队协作：沟通与合作能力的培养

项目式学习通常以团队形式进行，学生需要在团队中分工合作，共同完成项目任务。这种学习方式能够有效培养学生的沟通能力、协作能力和领导能力。项目式学习的优势体现在以下三个方面。一是团队协作能力的提升。在智能制造领域，工程项目通常需要由拥有不同专业背景的人员共同完成，项目式学习通过团队合作的方式，能够帮助学生提前适应未来的工作环境，提升其团队协作能力。二是沟通能力的培养。在团队合作过程中，学生需要与团队成员、教师和企业导师进行沟通，明确任务分工、解决分歧和协调进度。在这一过程中，学生能够有效提升沟通能力。三是领导能力的锻炼。在团队中，学生有机会担任项目负责人或小组组长，从而锻炼其领导能力和组织协调能力。例如，某高校在智能制造专业中设计了一个智能工厂物流系统优化项目，学生需要组建跨学科团队，分别负责需求分析、方案设计、系统开发和测试优化等工作。通过该项目，学生不仅提升了专业技能，还学会了如何在团队中有效沟通与协作。

④创新能力培养：激发学生的创新思维

项目式学习鼓励学生提出创新性解决方案，从而培养其创新思维。在智能制造领域，创新能力是核心竞争力之一，项目式学习通过设计开放式的项目任务，能够激发学生的创造力和创新潜力。项目式学习的优势体现在以下三个方面。一是开放式的学习环境。项目式学习通常不设定唯一的解决方案，学生可以根据自己的理解和创意提出不同的解决方案，这种开放式的学习环境能够激发学生的创造力和创新思维。二是创新能力的提升。在完成项目任务的过程中，学生需要不断思考如何优化设计方案、提高系统性能或解决技术难题。在这一过程中，学生能够有效提升创新能力。三是培养创业精神。通过项目式学习，学生能够接触真实的产业需求和技术前沿，从而激发创业精神和创新意识。例如，某高校在智能制造专业中设计了一个智能家居产品开发项目，学生需要根据市场需求和技术趋势，设计并开发一款智能家居产品。通过该项目，学生不仅掌握了相关技术知识，还提出了许多创新性的设计方案。

这些特点与优势使项目式学习成为应用型高校智能制造专业集群教学的重要方法。通过科学设计和有效实施，项目式学习能够为智能制造领域培养出更多具备实践能力、跨学科知识、团队协作能力和创新思维的高素质人才。

（2）项目式学习的实施步骤

项目式学习是一种以学生为中心的教学方法，强调通过实际项目任务来促进学生掌握知识和提升能力。在智能制造专业集群中，项目式学习的实施需要科学规划和系统设计，以确保教学目标的实现和学生能力的提升。以下是项目式学习在智能制造教学中的实施步骤分析。

①基于教学目标和产业需求进行项目设计

项目设计是项目式学习的起点，直接决定了学习的效果和质量。在智能制造专业集群中，项目设计需要紧密结合教学目标和产业需求，确保项目具有实际意义和可操作性。

项目设计的原则主要如下。一是目标导向，项目设计应以教学目标为核心，确保项目任务能够覆盖课程的核心知识点和能力要求。二是产业相关性，项目任务应基于真实的产业需求，反映智能制造领域的技术发展趋势和实际工程问题。三是可操作性，项目任务应具有明确的目标和实施路径，确保学生能够在规定的时间内完成。四是跨学科性，智能制造涉及多个学科领域，项目设计应促进学科之间的交叉融合。

项目设计的步骤主要包括以下方面。一是需求分析，教师通过与企业和行业专家进行沟通，了解智能制造领域的技术需求和工程问题。二是目标设定，根据教学目标和产业需求，设定项目的学习目标和能力要求。三是任务设计，设计具体的项目任务，明确任务的内容、要求和实施路径。四是资源准备，为项目任务准备必要的硬件、软件和文献资源，确保项目的顺利实施。例如，某高校在智能制造专业集群中设计了一个"智能工厂物流系统优化"项目，该项目要求学生利用工业互联网技术和智能物流技术，优化工厂的物流流程。通过该项目，学生不仅掌握了相关技术知识，还学会了如何在实际工程中应用这些技术。

②基于兴趣和专业背景组建团队

团队组建是项目式学习的关键环节，直接影响项目的实施效果和学生的学习体验。在智能制造专业集群中，组建团队时需要充分考虑学生的兴趣和专业背景，确保团队成员的能力互补和协作顺畅。

团队组建的原则包括以下方面。一是兴趣导向，学生应根据自己的兴趣选择项目任务，确保学习的主动性和积极性。二是能力互补，团队成员应具备不同的专业背景和能力特长，确保团队的综合能力。三是角色明确，团队成员应明确各自的角色和职责，确保任务分工的合理性和协作的高效性。

　　组建团队的步骤包括以下几个方面。一是项目介绍，教师向学生介绍项目任务的内容、要求和目标，激发学生的兴趣。二是团队报名，学生根据兴趣和专业背景报名参加项目任务，形成初步的团队分组。三是角色分配，团队成员根据各自的专业背景和能力特长，明确各自的角色和职责。四是团队建设，通过团队建设活动，增强团队成员之间的信任和协作能力。例如，某高校在智能制造专业集群中设计了一个"智能生产线设计与优化"项目，学生根据兴趣和专业背景组建了跨学科团队，包括机械工程、自动化、信息技术等专业的学生。通过团队组建，学生不仅明确了各自的角色和职责，还增强了团队协作能力。

③基于项目计划和教师指导进行项目实施

　　项目实施是项目式学习的核心环节，直接决定了项目的成果和学生的学习效果。在智能制造专业集群中，项目实施需要严格按照项目计划进行，并在教师的指导下完成。

　　项目实施的原则包括以下方面。一是计划性，项目实施应严格按照项目计划进行，确保任务高效完成。二是指导性，教师应在项目实施过程中提供必要的指导和支持，帮助学生解决技术难题。三是灵活性，项目实施应根据实际情况灵活调整，确保项目顺利进行。

　　项目实施的步骤包括以下方面。一是需求分析，学生通过调研和查阅文献，明确项目的需求和技术难点。二是方案设计，学生根据需求分析结果，设计项目的技术方案和实施路径。三是系统开发，学生根据技术方案，进行系统的开发和测试。四是测试优化，学生根据测试结果，对系统进行优化和改进。例如，某高校在智能制造专业集群中设计了一个"智能仓储系统优化"项目，学生在教师的指导下，完成了需求分析、方案设计、系统开发和测试优化等工作。通过项目实施，学生不仅掌握了相关技术知识，还提升了工程实践能力。

④基于报告和演示进行成果展示

　　成果展示是项目式学习的重要环节，能够帮助学生总结学习成果和提升表达能力。在智能制造专业集群中，成果展示通常通过报告、演示或实物展示等形式进行。

成果展示的原则包括以下方面。一是全面性，成果展示应全面反映项目的实施过程和最终成果。二是清晰性，成果展示应清晰表达项目的技术方案和实施效果。三是互动性，成果展示应注重与观众的互动，解答观众的疑问。

成果展示的步骤包括以下方面。一是报告撰写，学生根据项目实施过程，撰写项目的总结报告。二是演示准备，学生准备项目的演示材料，包括PPT、视频和实物。三是现场展示，学生通过现场演示，展示项目的技术方案和实施效果。四是互动交流，学生与观众进行互动交流，解答观众的疑问。例如，某高校在智能制造专业集群中设计了一个"智能家居产品开发"项目，该项目要求学生通过报告和演示展示项目的技术方案和实施效果。通过成果展示，学生不仅总结了学习成果，还提升了表达能力。

⑤基于表现和成果进行评价与反馈

评价与反馈是项目式学习的最后环节，能够帮助学生总结经验教训和提升学习效果。在智能制造专业集群中，评价与反馈需要基于学生的表现和成果，提供具体的改进建议。

评价与反馈的原则包括以下几个方面。一是客观性，评价应基于学生的实际表现和成果，确保评价的客观性。二是全面性，评价应涵盖学生的知识掌握、能力提升和团队协作等方面。三是建设性，反馈应提供具体的改进建议，帮助学生提升学习效果。

评价与反馈的步骤包括以下方面。一是评价标准制定，教师根据项目任务，制定具体的评价标准。二是学生自评，学生根据评价标准，进行自我评价和总结。三是教师评价，教师根据学生的表现和成果，进行综合评价。四是反馈与改进，教师根据评价结果，提供具体的改进建议。例如，某高校在智能制造专业集群中设计了一个"智能工厂物流系统优化"项目，教师根据学生的表现和成果，进行了综合评价，并提供了具体的改进建议。通过评价与反馈，学生不仅总结了经验与教训，还提升了学习效果。

项目式学习在智能制造专业集群中的实施步骤包括项目设计、组建团队、项目实施、成果展示和评价与反馈。每个步骤都需要科学规划和系统设计，以确保教学目标的实现和学生能力的提升。通过项目式学习，学生不仅能够掌握与智能制造相关的知识和技能，还能够提升实践能力、团队协作能力和创新思维，为未来的职业发展奠定坚实的基础。

（3）案例分析

以常州工学院为例，该校在智能制造专业集群中引入了项目式学习，从项目背景与目标、项目设计与实施、项目成果与影响、经验总结与改进建议等方面进行分析。

①项目背景与目标

常州工学院智能制造专业集群涵盖机械工程、自动化、工业互联网、数据分析等多个学科，旨在培养具备跨学科知识和实践能力的复合型人才。随着智能制造产业的快速发展，学校意识到传统的教学模式已无法满足产业对人才的需求，因此决定引入项目式学习，以提升学生的实践能力和创新思维。

项目式学习的目标包括以下方面。一是知识应用，通过实际项目任务，帮助学生将理论知识与实践相结合，提升知识应用能力。二是跨学科融合，通过跨学科项目任务，促进学科之间的交叉融合，培养复合型人才。三是团队协作，通过团队合作，提升学生的沟通能力和协作能力。四是创新能力，通过开放式项目任务，激发学生的创新思维和创造力。

②项目设计与实施

常州工学院智能制造专业集群的项目设计以产业需求为导向，结合教学目标和学生能力，设计了多个真实产业项目。以下是该校在 2022 年实施的一个典型项目案例——智能工厂物流系统优化。

第一，项目需求分析。学校与当地一家智能制造企业合作，了解到该企业在物流系统方面存在效率低下、成本较高等问题。基于此，学校设计了"智能工厂物流系统优化"项目，要求学生利用工业互联网技术和智能物流技术，优化该企业的物流流程。

第二，项目任务设计。

任务 1 是需求分析：学生通过调研和数据分析，明确物流系统的现状和优化需求。

任务 2 是方案设计：学生设计物流系统的优化方案，包括硬件选型、软件开发和系统集成。

任务 3 是系统开发：学生根据设计方案，开发物流系统的核心模块。

任务 4 是测试与优化：学生对系统进行测试，并根据测试结果进行优化。

第三，项目资源准备。学校为该项目的实施提供了以下资源支持，硬件资源包括工业机器人、传感器、AGV（自动导引车）等设备。软件资源包括工业互联网平台、数据分析工具和仿真软件。企业支持指企业提供了真实的生产数据和工程师指导。

第四，团队组建。在项目启动阶段，学生根据兴趣和专业背景组建了跨学科团队。每个团队由 5~6 名学生组成，负责需求分析、方案设计、系统开发和测试优化等工作。例如，一个典型的团队包括：1 名机械工程专业学生，负责硬件选型和系统集成；2 名自动化专业学生，负责控制系统开发；1 名信息技术专业学生，负责软件开发和数据分析；1 名工业设计专业学生，负责系统界面设计和用户体验优化。

第五，项目实施。在项目实施阶段，学生在教师的指导下，按照项目计划逐步完成任务。以下是项目实施的具体过程。在需求分析方面，学生通过实地调研和数据分析，明确了物流系统的现状和优化需求，并撰写了需求分析报告。在方案设计方面，学生根据需求分析结果，设计了物流系统的优化方案，包括硬件选型、软件开发和系统集成等内容。在系统开发方面，学生根据设计方案，开发了物流系统的核心模块，包括 AGV 控制系统、仓储管理系统和数据分析平台。在测试优化方面，学生对系统进行了多次测试，并根据测试结果对系统进行优化，最终实现了物流系统的效率提升和成本降低。

第六，成果展示。在项目快结束时，学生通过报告、演示和实物展示等形式，展示了项目成果。例如，一个团队通过 PPT 和视频演示，展示了物流系统的优化方案和实施效果；另一个团队通过实物，展示了 AGV 控制系统和仓储管理系统的运行情况。

第七，评价与反馈。在项目结束后，教师根据学生的表现和团队成果进行了综合评价，并提供了具体的改进建议。评价内容包括知识掌握程度、实践能力、团队协作情况、创新能力等。其中，在知识掌握程度方面，重点考察学生对相关技术知识的掌握情况；在实践能力方面，主要考察学生在项目实施过程中展现的实践能力；在团队协作情况方面，主要考察学生在团队合作中的表现；在创新能力方面，主要考察学生在项目中提出的创新性解决方案。通过评价与反馈，学生不仅总结了经验与教训，还明确了未来的改进方向。

③项目成果与影响

学生能力提升。通过"智能工厂物流系统优化"项目，学生不仅掌握了工业互联网技术、智能物流技术和数据分析技术，还提升了实践能力、团队协作能力和创新思维。例如，一名参与项目的学生表示："通过这次项目，我不仅学会了如何将理论知识应用于实践，还学会了如何与团队成员合作解决复杂问题。"

教学效果提升。项目式学习的引入显著提升了智能制造专业集群的教学效果。学生的课程参与度和学习积极性明显提高，课程考核成绩和就业竞争力也得到了显著提升。

产业合作深化。通过与企业合作开展项目式学习，学校与企业的合作关系得到了进一步深化。企业不仅为学校提供了真实产业项目和技术支持，还为学生提供了实习和就业机会。

④经验总结与改进建议

第一，关于经验总结。在产业导向方面，项目设计应以产业需求为导向，确保项目的实用性和可操作性。在跨学科融合方面，项目任务应促进学科之间的交叉融合，培养复合型人才。在资源支持方面，学校应为项目式学习提供充足的硬件、软件资源和资金支持。在教师指导方面，教师应在项目实施过程中提供必要的指导和支持，帮助学生解决技术难题。

第二，关于改进建议。一是加强企业合作，进一步深化与企业的合作，引入更多真实产业项目。二是优化评价机制，建立更加科学和全面的评价机制，确保评价的客观性和公正性。三是提升教师能力，加强对教师的培训，确保其能够有效指导项目式学习。

常州工学院在智能制造专业集群中成功引入项目式学习，通过"智能工厂物流系统优化"等真实产业项目，显著提升学生的实践能力、团队协作能力和创新思维。这一实践不仅为学校智能制造专业集群的教学模式创新提供了宝贵经验，也为其他应用型高校的智能制造人才培养提供了有益借鉴。

（4）项目式学习的挑战与对策分析

项目式学习作为一种以学生为中心的教学方法，在智能制造专业集群中具有重要的应用价值。然而，在实际实施过程中，项目式学习也面临诸多挑战。以下从项目设计难度、学生能力差异和资源投入三个方面，详细分析项目式学习的挑战与对策。

挑战 1：项目设计难度大。

第一，挑战分析。智能制造领域的项目通常涉及多个学科，如机械工程、自动化、信息技术、工业设计等，项目设计需要综合考虑学科之间的交叉融合，确保项目任务既具有实际意义，又符合教学目标。此外，项目设计还需要考虑学生的能力水平和项目的可操作性，这对教师提出了较高的要求。

第二，对策建议。教师可以与企业合作，基于真实产业需求设计项目。例如，常州工学院与当地智能制造企业合作，设计了"智能工厂物流系统优化"项目，通过以下举措保障项目的实用性和可操作性：一是分阶段设计，将项目任务分解为多个阶段，逐步提高难度（例如，在第一阶段进行需求分析和方案设计，在第二阶段进行系统开发和测试优化）；二是引入专家指导，邀请企业专家和行业顾问参与项目设计，提供技术支持和实践指导；三是模块化设计，将项目任务模块化，学生可以根据自己的兴趣和能力选择不同的模块，确保项目的灵活性。

挑战 2：学生能力差异大。

第一，挑战分析。学生的专业背景和能力水平存在差异，可能导致项目进展不均衡。例如，机械工程专业的学生可能对硬件设计和系统集成较为熟悉，但对软件开发和数据分析较为陌生；信息技术专业的学生可能对软件开发和数据分析较为熟悉，但对硬件设计和系统集成较为陌生。这种能力差异可能导致团队内部的分工不均衡，影响项目的整体进展。

第二，对策建议。在组建团队时，注重学生的能力互补，确保团队成员具备不同的专业背景和能力特长。例如，常州工学院在"智能工厂物流系统优化"项目中，组建了跨学科团队，包括机械工程、自动化、信息技术和工业设计等专业的学生。其通过以下机制保障团队效能。一是个性化指导。教师应根据学生的能力差异，提供个性化的指导和支持。例如，对于软件开发和数据分析能力较弱的学生，教师可以提供额外的培训和指导。二是任务分工明确。在项目实施过程中，明确团队成员的分工和职责，确保每个学生都能充分发挥自己的优势。例如，机械工程专业的学生负责硬件选型和系统集成，信息技术专业的学生负责软件开发和数据分析。三是定期评估与反馈。在项目实施过程中，定期评估学生的表现和项目进展，及时提供反馈和改进建议。例如，常州工学院在"智能工厂物流系统优化"项目中，每周进行一次项目进展评估，确保项目的顺利实施。

挑战 3：资源投入不足。

第一，挑战分析。项目式学习需要大量的硬件和软件资源支持，如工业机器人、传感器、AGV、工业互联网平台、数据分析工具和仿真软件等。然而，许多高校在智能制造领域的资源投入有限，难以满足项目式学习的需求。此外，项目式学习还需要大量的资金支持，用于设备采购、软件开发和实验实训基地建设。

第二，对策建议。一是校企合作。学校可以通过校企合作，引入企业的资源。例如，常州工学院与当地智能制造企业合作，引入了工业机器人、传感器和 AGV 等设备，用于"智能工厂物流系统优化"项目的实施。二是实验实训基地建设。学校应加强校内实验实训基地的建设，提供充足的硬件和软件资源支持。例如，常州工学院建设了智能制造实验实训基地，配备了工业机器人、自动化生产线和工业互联网平台等设备。三是资源共享。学校可以通过资源共享，提高资源利用效率。例如，常州工学院与其他高校和企业合作，共享智能制造领域的硬件和软件资源。四是资金支持。学校应加大对项目式学习的资金支持，用于设备采购、软件开发和实验实训基地建设。例如，常州工学院通过申请科研项目和校企合作项目，获得了大量的资金支持。

项目式学习在智能制造专业集群中的应用面临项目设计难度大、学生能力差异大和资源投入不足等挑战，采取与企业合作、注重能力互补的团队组建、加强实验实训基地建设等对策，可以有效克服这些挑战，确保项目式学习的顺利实施。常州工学院的实践表明，项目式学习不仅能够提升学生的实践能力、团队协作能力和创新思维，还能够深化校企合作，为智能制造领域培养更多高素质人才。未来，学校应继续优化项目式学习的实施策略，为智能制造专业集群的教学模式创新提供更多有益经验。

5.1.2　案例教学在智能制造教学中的应用

智能制造作为现代制造业的核心发展方向，融合了信息技术、自动化技术、物联网、大数据分析等多种前沿技术，具有高度的复杂性和跨学科性。传统的教学方法往往难以满足智能制造专业学生的学习需求，而案例教学是一种以真实案例为基础的教学方法，通过分析和讨论案例，帮助学生理解理论知识并提升解决问题的能力。在智能制造教学中，案例教学可以帮助学生更好地理解复杂的技术和系统。

（1）案例教学的特点、优势、具体应用及实施策略

①特点

真实性。案例教学的核心在于使用真实的案例作为教学材料，这些案例通常来源于实际的工业生产环境，涉及真实的技术问题、管理挑战和解决方案。在智能制造教学中，案例涵盖从智能工厂的设计与运营到工业机器人的编程与维护等多个方面。通过真实的案例，学生能够更好地理解智能制造技术的实际应用场景，增强学习的代入感和实践性。

问题导向。案例教学以问题为核心，强调通过分析和解决实际问题来学习知识。在智能制造领域，学生常常面临复杂的技术问题，例如，如何优化生产流程、如何实现设备的智能监控与维护等。案例教学通过提供具体的问题情境，引导学生运用所学知识分析和解决问题，从而培养他们的批判性思维和问题解决能力。

互动性强。案例教学强调师生互动和学生之间的讨论。在课堂上，教师不再是单纯的知识传授者，而是引导者。学生通过小组讨论、角色扮演、辩论等形式，积极参与案例的分析和讨论。这种互动形式不仅能够激发学生的学习兴趣，还能够促进他们深度理解和内化知识。

知识迁移。案例教学的一个重要特点是能够促进知识的迁移。通过分析真实案例，学生可以将课堂上学到的理论知识应用于实际问题的解决中。这种从理论到实践的转化过程，不仅能够加深学生对知识的理解，还能够提高他们的实践能力和创新能力。

跨学科性。智能制造涉及多个学科的知识，如机械工程、电气工程、计算机科学、管理学等。案例教学能够通过综合性的案例，将不同学科的知识有机地结合起来，帮助学生建立跨学科的思维模式。例如，一个关于智能工厂的案例可能涉及生产线的自动化设计、生产数据的分析与优化、供应链的管理等多个方面，学生需要综合运用不同学科的知识分析和解决相关问题。

②优势

提升学生的学习兴趣和主动性。智能制造技术涉及的内容往往较为抽象和复

杂，传统的讲授式教学容易使学生感到枯燥和难以理解。而案例教学通过引入真实的产业案例，能够将抽象的理论知识与实际应用场景结合起来，激发学生的学习兴趣。学生在分析案例的过程中，能够主动参与学习，积极探索和解决问题，从而提高学习的主动性和积极性。

培养学生的实践能力和创新能力。智能制造领域对学生的实践能力和创新能力提出了较高的要求。案例教学通过提供真实的产业问题，引导学生运用所学知识进行分析和解决，从而培养他们的实践能力。同时，案例教学鼓励学生提出创新的解决方案，培养他们的创新思维和创新能力。例如，在一个关于智能工厂的案例中，学生可能需要设计一个新的生产流程优化方案，或者提出一种新的设备监控方法，这些都需要学生具备较强的创新能力。

促进团队合作和沟通能力的提升。案例教学通常采用小组讨论的形式，学生需要与小组成员共同分析和解决问题。在这个过程中，学生不仅能够学习专业知识，还能够提升团队合作和沟通能力。智能制造领域的项目往往需要多个拥有不同专业背景的人员合作，因此团队合作和沟通能力对学生的职业发展至关重要。通过案例教学，学生能够在模拟的团队环境中锻炼这些能力，为未来的职业发展打下坚实的基础。

增强学生的职业素养和责任感。案例教学通过引入真实的产业案例，帮助学生更好地理解企业的实际运作和管理模式。在分析案例的过程中，学生需要考虑企业利益、员工安全、环境保护等多个方面的因素，从而增强自身的职业素养和责任感。例如，在一个关于智能工厂的案例中，学生可能需要考虑生产线的安全性、设备的维护成本、生产对环境的影响等多个因素，从而提出一个综合考虑各方面利益的解决方案。

促进教师教学水平的提高。案例教学不仅对学生有益，对教师教学水平的提高也有积极作用。在案例教学中，教师需要精心设计和选择案例，引导学生进行讨论和分析，这对教师的教学能力和专业知识提出了较高的要求。通过案例教学，教师能够不断更新自己的知识储备，提高教学水平。同时，案例教学也为教师提供了一个与学生互动和交流的平台，能够更好地了解学生的学习需求和困难，从而改进教学方法。

适应智能制造领域快速变化的需求。智能制造领域的技术发展迅速，新的技术和应用不断涌现，传统的教学方法往往难以跟上技术发展的步伐；而案例教学能够通过引入新的产业案例，及时更新教学内容，使学生能够接触新的技术和应用。例如，随着智能工厂、工业物联网、数字孪生等领域的新技术不断涌现，案例教学可以通过引入这些新技术的应用案例，帮助学生及时了解和掌握新的技术动态。

③案例教学在智能制造教学中的具体应用

智能工厂设计与运营。智能工厂是智能制造的核心组成部分，涉及生产线的自动化设计、生产数据的分析与优化、供应链的管理等多个方面。通过引入智能工厂的设计与运营案例，学生可以学习如何设计一个高效的生产线、如何利用大数据分析优化生产流程、如何管理供应链等知识。例如，可以引入一个关于汽车制造厂的案例，要求学生分析该工厂的生产流程，提出优化方案，并设计一个智能监控系统来实时监控生产线的运行状态。

工业机器人的编程与维护。工业机器人是智能制造的重要工具，广泛应用于焊接、装配、搬运等生产环节。通过引入工业机器人的编程与维护案例，学生可以学习如何编写机器人的控制程序、如何进行机器人的日常维护和故障排除等知识。例如，可以引入一个关于焊接机器人的案例，要求学生编写一个控制程序来实现焊接任务的自动化，并设计一个故障诊断系统来实时监控机器人的运行状态。

生产数据的分析与优化。智能制造强调数据的驱动，对生产数据进行分析与优化，可以提高生产效率和产品质量。通过引入生产数据的分析与优化案例，学生可以学习如何收集和分析生产数据、如何利用数据分析结果优化生产流程等知识。例如，可以引入一个关于电子产品生产线的案例，要求学生分析该生产线的生产数据，找出影响生产效率的关键因素，并提出优化方案。

供应链的管理与优化。供应链管理是智能制造的重要组成部分，涉及原材料采购、生产计划、库存管理、物流配送等多个环节。通过引入供应链的管理与优化案例，学生可以学习如何制定生产计划、如何管理库存、如何优化物流配送等知识。例如，可以引入一个关于电子产品供应链的案例，要求学生分析该供应链的各个环节，找出影响供应链运行效率的关键因素，并提出优化方案。

④案例教学的实施策略

案例的选择与设计。案例的正确选择与设计是案例教学成功的关键。在智能制造教学中，应选择具有代表性和实际意义的产业案例，且案例能够涵盖多个知识点和技能要求。同时，案例的设计应具有一定的挑战性，能够激发学生思考和讨论。例如，可以选择一个关于智能工厂的案例，涉及生产线的自动化设计、生产数据的分析与优化、供应链的管理等多个方面，要求学生综合运用不同学科的知识进行分析等。

教学过程的组织与引导。案例教学强调师生互动和学生之间的讨论，因此教学过程的组织与引导至关重要。教师应在课堂上引导学生进行案例分析和讨论，鼓励学生提出自己的观点和解决方案。同时，教师应适时进行总结和点评，帮助学生厘清思路，加深对知识的理解。例如，在一个关于工业机器人的案例中，教师可以引导学生讨论机器人的编程方法、故障诊断技术等，并在讨论结束后进行总结和点评。

评价与反馈。案例教学的评价应注重过程与结果相结合，既要关注学生的最终解决方案，也要关注学生在分析和讨论过程中的表现。教师可以通过课堂观察、小组讨论记录、学生报告等多种方式进行评价，并及时给予反馈。例如，在一个关于生产数据优化的案例中，教师可以通过观察学生在讨论中的表现、阅读学生的报告等方式进行评价，并给予有针对性的反馈，帮助学生改进和提高。

案例教学作为一种以真实案例为基础的教学方法，在智能制造专业教学中具有重要的应用价值。通过引入真实的产业案例，案例教学能够激发学生的学习兴趣，培养他们的实践能力和创新能力，促进团队协作能力和沟通能力的提升，增强他们的职业素养和责任感。同时，案例教学也能够促进教师教学水平的提高，适应智能制造领域快速变化的需求。在未来的智能制造教学中，案例教学将继续发挥其独特的优势，为培养高素质的智能制造人才做出重要贡献。

（2）案例教学的实施步骤

在智能制造教学中，案例教学是一种非常有效的教学方法，通过真实或模拟的案例，帮助学生将理论知识与实际应用结合，从而提升学生的分析能力、解决问题的能力和团队合作能力。案例教学包括案例选择、案例导入、案例分析、案例总结和案例拓展。

①案例选择

案例选择是案例教学的第一步，也是最关键的一步。选择合适的案例能够激发学生的学习兴趣，帮助他们更好地理解教学内容。在智能制造教学中，案例选择应遵循以下原则。一是相关性，案例必须与教学内容紧密相关。例如，如果教学主题是"智能工厂的规划与设计"，那么选择的案例应该是某个企业在智能工厂建设中的成功或失败经历。二是真实性，案例应基于真实的企业或项目，而不是虚构的。真实的案例能够提供更多的细节，帮助学生更好地理解实际问题。三是典型性，案例应具有代表性，能够反映智能制造领域的常见问题或挑战。例如，智能工厂中的设备互联问题、数据采集与分析问题、生产流程优化问题等。四是启发性，案例应具有一定的启发性，能够引发学生的思考和讨论。例如，一个失败的案例可以帮助学生分析失败的原因，并思考如何避免类似的问题。在智能制造教学中，可以选择某汽车制造企业建设智能工厂的案例。该企业在引入智能制造技术后，生产效率提高了 20%，但同时也面临设备互联、数据安全和人员培训等方面的问题。通过这个案例，学生可以了解建设智能工厂的优势和挑战。

②案例导入

案例导入是案例教学的第二步，目的是通过讲解或使用多媒体手段向学生介绍案例的背景、问题和相关知识点。案例导入的质量直接影响学生对案例的理解和后续的分析。教师应向学生详细介绍案例的背景信息，包括企业的基本情况、行业背景、项目的目标和挑战等。例如，在上述智能工厂案例中，教师可以介绍该企业的发展历史、产品类型、市场竞争情况，以及智能工厂项目的启动背景。在介绍背景后，教师应明确提出案例中的核心问题或挑战。例如，智能工厂案例中的问题可能是"如何实现设备的互联互通"或"如何确保生产数据的安全性"。在导入案例时，教师还应简要回顾与案例相关的理论知识，帮助学生建立分析框架。例如，在智能工厂案例中，教师可以回顾智能制造的基本概念、工业物联网（IIoT）技术、大数据分析技术等。在智能工厂案例中，教师可以通过视频展示该企业的生产车间，介绍其现有的生产流程和设备。然后，教师可以提出核心问题："该企业在引入智能制造技术后，生产效率提高了，但设备互联、人员培训和数据安全等方面的问题成了新的挑战。我们应该如何应对这些挑战？"

③案例分析

案例分析是案例教学的核心环节，学生通过分组讨论、角色扮演等方式，深入分析问题，并提出解决方案。这一环节旨在培养学生的分析能力、解决问题的能力和团队合作能力。分组讨论指教师将学生分成若干小组，每组 4~6 人，每个小组负责分析案例中的一个或多个问题。例如，一个小组负责分析设备互联问题，另一个小组负责分析数据安全问题。角色扮演是为了增强学生的参与感，教师可以让学生扮演案例中的不同角色。例如，在智能工厂案例中，学生可以扮演企业的技术总监、生产经理、设备供应商等角色，从不同角度分析问题。分析问题指学生运用所学的理论知识，分析案例中的问题。例如，在设备互联问题中，学生可以分析现有的设备通信协议、网络架构、数据传输方式等，找出问题的根源。提出解决方案指学生在分析问题的基础上，提出可行的解决方案。例如，针对设备互联问题，学生可以提出采用统一的通信协议、升级网络设备、引入边缘计算技术等解决方案。在智能工厂案例中，学生分组讨论设备互联问题，通过分析，发现现有的设备通信协议不统一，导致设备之间的数据传输不畅。于是，学生提出采用 OPC UA（开放平台通信统一架构）作为统一的通信协议，并建议升级网络设备以提高数据传输效率。

④案例总结

案例总结是案例教学的重要环节，教师通过对学生讨论的结果进行分析和总结，来帮助学生提炼出关键知识点，并加深对案例的理解。这一环节包括讨论结果展示、教师点评、知识点提炼等。讨论结果展示指每个小组派代表展示他们的分析结果和解决方案。例如，负责设备互联问题的小组可以展示他们提出的 OPC UA 解决方案，并解释其优势和实施步骤。教师点评指教师对每个小组的讨论结果进行点评，指出其中的优点和不足。例如，教师可以指出 OPC UA 解决方案的可行性，但同时提醒学生注意实施过程中可能遇到的技术难题和成本问题。知识点提炼指教师总结案例分析中的关键知识点，帮助学生将案例中的实际问题与理论知识结合。例如，在智能工厂案例中，教师可以总结设备互联的关键技术、数据安全的基本原理、生产流程优化的方法等，例如，"通过这个案例，我们了解到设备互联是智能工厂建设中的一个重要挑战。OPC UA 作为一种统一的通信协议，可以有效解决设备之间的数据传输问题。然而，在实际应用中，我们还需要考虑网络架构的设计、设备的兼容性以及数据的安全性"。

⑤案例拓展

案例拓展是案例教学的最后一个环节，目的是帮助学生将从案例中学到的知识用于解决其他类似问题，进一步提升他们的实践能力。教师可以提出与案例类似的现实问题，要求学生运用从案例中学到的知识进行分析和解决。例如，教师可以提出另一个企业的智能工厂建设案例，要求学生分析其中的设备互联和数据安全问题。教师可以引导学生将案例中的知识应用于其他学科或领域。例如，智能工厂中的设备互联技术可以应用于智能家居、智慧城市等领域。教师可以组织学生进行实践，要求学生将从案例中学到的知识应用于真实的智能制造项目中。例如，在学习完建设智能工厂的案例后，教师提出一个新的案例：某家电制造企业计划建设智能工厂，但面临设备互联和数据安全问题。学生需要运用在之前案例中学到的知识，分析该企业的问题，并提出解决方案。通过这种方式，学生能够将理论知识用于解决实际问题，进一步提升实践能力。

案例教学在智能制造教学中具有重要的应用价值。通过案例选择、案例导入、案例分析、案例总结和案例拓展五个步骤，学生能够将理论知识与实际应用相结合，提升分析能力、解决问题的能力和团队合作能力。在实施案例教学时，教师应注重案例的真实性、相关性和启发性，并通过分组讨论、角色扮演等方式激发学生的学习兴趣。通过案例教学，学生不仅能够掌握智能制造的基本理论，还能够在实际项目中应用所学知识，为未来的职业发展打下坚实的基础。

（3）案例教学的挑战与对策

案例教学作为一种以实际问题为导向的教学方法，在智能制造教学中具有重要的应用价值，能帮助学生将理论知识与实际应用结合，从而提升学生的分析能力、解决问题的能力和团队合作能力。然而，在实际实施过程中，教师和学生可能会面临诸多挑战。以下将分析案例教学在智能制造领域中的主要挑战及相应的对策。

挑战1：案例选择难度大。

第一，问题描述。在智能制造领域，选择的案例需要具备代表性、启发性和真实性。然而，智能制造技术涉及多个学科（如工业物联网、大数据、人工智能等），且实际案例往往复杂多样，导致教师在选择合适的案例时面临较大难度。此外，许多企业可能不愿意公开其智能制造的详细实施过程，这也增加了获取案例的难度。具体分析如下。一是案例的代表性。智能制造涵盖的范围广泛，包括智能工厂、智能供应链、智能产品等多个领域，教师在选择案例时，需要确保案例能够代表某一领域的典型问题或挑战。例如，智能工厂案例应涵盖设备互联、数据采集、生产优化等关键问题。二是案例的启发性。案例应能够引发学生的思考和讨论，而不仅仅是提供问题的答案。例如，一个失败的智能工厂案例可以帮助学生分析失败的原因，并思考如何避免类似的问题。三是案例的真实性。真实的案例能够提供更多的细节，帮助学生更好地理解实际问题。然而，许多企业出于商业秘密考虑，不愿意公开其智能制造的详细实施过程，这增加了案例获取的难度。

第二，对策与建议。一是与企业合作开发案例。教师可以与企业建立合作关系，基于真实的产业问题开发教学案例。通过与企业合作，教师能够获取第一手的资料和数据，确保案例的真实性和实用性。例如，教师可以与本地制造企业合作，将其智能工厂建设中的实际问题转化为教学案例。二是利用公开资源。教师可以利用公开的行业报告、研究论文、企业白皮书等资源，提取其中的典型案例。例如，许多智能制造领域的领先企业（如西门子、通用电气等）会发布其技术应用案例，这些案例可以作为教学素材。三是案例改编与优化。如果无法获取完整的真实案例，教师可以对现有案例进行改编和优化，使其符合教学需求。例如，教师可以将多个案例中的关键问题进行整合，设计一个综合性的教学案例。

挑战 2：学生参与度不高。

第一，问题描述。部分学生可能缺乏案例分析经验，或者对智能制造领域的实际问题不够熟悉，导致在案例讨论中参与度不高。此外，如果案例过于复杂或与学生的知识水平不匹配，也可能导致学生失去兴趣。具体分析如下。一是缺乏案例分析经验。许多学生在进入大学之前，可能没有接触过案例分析法，这导致他们在案例讨论中感到无所适从。例如，他们可能不知道如何从案例中提取关键问题，或者如何运用理论知识进行分析。二是案例设计不合理。如果案例过于复杂或与学生的知识水平不匹配，则可能会导致学生失去兴趣。例如，一个涉及高级人工智能技术的案例，可能对低年级学生来说过于复杂，难以理解。三是学生兴趣不足。部分学生可能对智能制造领域的实际问题缺乏兴趣，导致在案例讨论中参与度不高。例如，他们可能更关注对理论知识的学习，而忽视对实际问题的分析。

第二，对策与建议。一是设置引导性问题。教师可以在案例讨论前设置一系列引导性问题，帮助学生逐步深入分析案例。例如，在智能工厂案例中，教师可以提出以下问题："设备互联的主要挑战是什么？""如何选择适合的通信协议？""数据安全在智能制造中的重要性是什么？"这些问题可以激发学生的思考，并引导他们找到解决问题的方向。二是分组讨论与角色扮演。通过分组讨论和角色扮演，教师可以增强学生的参与感。例如，在分析智能工厂案例时，教师可以让学生扮演企业的技术总监、生产经理、设备供应商等角色，从不同角度分析问题并提出解决方案。三是提供案例分析框架。对于缺乏经验的学生，教师可以提供案例分析框架，帮助学生厘清思路。例如，教师可以指导学生遵循"问题描述—原因分析—解决方案—实施效果"思路进行分析，逐步提高学生的案例分析能力。四是设置激励机制。教师可以通过设置奖励机制，鼓励学生积极参与案例讨论。例如，教师可以对表现优秀的小组或个人给予额外加分，或者提供实践机会（如参观企业、参与项目等），以作为奖励。

挑战 3：案例更新不及时。

第一，问题描述。智能制造技术发展迅速，新技术、新应用层出不穷。如果教学案例不能及时更新，可能会导致案例内容过时，无法反映行业的最新动态。这不仅会影响学生的学习效果，还可能降低案例教学的实用性。具体分析如下。一是技术更新速度快。智能制造领域的技术更新速度非常快，新技术、新应用不断涌现，例如，数字孪生、边缘计算、5G 等新技术在智能制造领域中的应用日益广泛，如果教学案例不能及时更新，可能会导致案例内容过时。二是行业变化快。智能制造行业的变化非常快，企业面临的问题和挑战也在不断变化。例如，随着工业物联网的普及，设备互联和数据安全问题成为企业关注的重点。如果教学案例不能反映最新动态，可能会导致学生学习的内容与实际需求脱节。三是案例开发周期长。案例的开发需要经过调研、编写、审核等多个环节，周期较长，如果教师不能及时获取最新的行业信息，则可能会导致案例更新不及时。

第二，对策与建议。一是建立案例库并定期更新。学校或教师可以建立智能制造案例库，并定期更新案例内容。案例库可以包括成功案例、失败案例、技术应用案例等多种类型，确保案例的多样性和时效性。例如，教师可以每年对案例库进行更新，添加最新的技术应用案例（如数字孪生技术、边缘计算技术等）。二是跟踪行业动态。教师应密切关注智能制造领域的最新动态，及时将新技术、新应用引入教学中。例如，教师可以通过参加行业会议、阅读专业期刊、关注企业动态等方式，获取最新的行业信息。三是与企业保持长期合作。教师应与企业建立长期合作关系，以及时获取最新的案例素材。例如，教师可以定期与企业交流，了解企业在智能制造实施过程中遇到的新问题和新挑战，并将其转化为教学案例。四是组织学生参与案例开发与更新。教师可以鼓励学生参与案例的开发与更新。例如，教师可以组织学生进行企业调研，收集智能制造领域的实际问题，并将其整理成教学案例。这不仅可以提高学生的实践能力，还能确保案例的时效性。

案例教学在智能制造教学中具有重要的应用价值，但其实施过程中也面临诸多挑战。针对案例选择难度大、学生参与度不高、案例更新不及时等问题，教师可以通过与企业合作、设置引导性问题、建立案例库等对策加以解决。通过这些措施，教师可以提高案例教学的质量，帮助学生更好地掌握智能制造领域的知识和技能，为学生未来的职业发展奠定坚实的基础。

5.2　产教融合协同育人模式创新

产教融合是应用型高校人才培养的重要途径，校企合作有助于实现教育与产业的深度融合，培养出符合产业需求的高素质人才。在智能制造专业集群建设中，产教融合协同育人模式的创新具有重要意义。

5.2.1　产教融合的意义与目标

以下将详细分析智能制造专业产教融合的意义与目标。

（1）产教融合的意义

产教融合在智能制造专业中的意义主要体现在以下几个方面。

①促进教育与产业对接

智能制造是一个高度跨学科的领域，涉及机械工程、电子工程、计算机科学、工业物联网、人工智能等多个学科。传统的教学模式往往难以跟上产业技术的快速发展，导致教学内容与产业需求脱节。通过产教融合，高校可以与企业紧密合作，将产业需求融入人才培养过程，确保教学内容与产业需求的一致性。其具体举措如下。一是课程设置与产业需求匹配。通过与企业合作，高校可以了解智能制造领域的最新技术和行业动态，及时调整课程设置。例如，企业可以参与课程设计，提供实际案例和技术支持，确保课程内容与产业需求相匹配。二是实践教学与产业接轨。企业可以为学生提供真实的实践环境，帮助他们在实际项目中应用所学知识。

例如，学生可以参与企业的智能工厂建设项目，了解设备互联、数据采集、生产优化等实际问题的解决方法。

②提升学生实践能力

智能制造领域对人才的实践能力要求较高，学生不仅需要掌握理论知识，还需要具备解决实际问题的能力。通过产教融合，企业可以为学生提供真实的实践环境，帮助他们将理论知识应用于实际问题的解决中。其具体举措如下。一是实习与实训机会。企业可以为学生提供实习和实训机会，帮助他们在实际工作中积累经验。例如，学生可以在企业的智能工厂中实习，参与设备调试、数据分析、生产优化等工作。二是项目驱动学习。通过参与企业的实际项目，学生可以将理论知识应用于实际问题的解决中。例如，学生可以参与企业的智能制造技术研发项目，了解技术研发的全过程，提升实践能力。

③推动技术创新

智能制造领域的技术更新速度非常快，新技术、新应用不断涌现。通过产教融合，高校和企业可以共同开展技术研发，推动技术创新和成果转化。其具体举措如下。一是建立联合研发中心。高校和企业可以共同建立联合研发中心，开展智能制造技术的研发。例如，高校可以提供理论支持，企业可以提供实际应用场景，双方共同研发新技术。二是技术成果转化。通过产教融合，高校的科研成果可以更快地转化为实际应用。例如，高校研发的智能制造技术可以在企业的智能工厂中进行试点应用，以验证其可行性和效果。

④促进师资队伍建设

智能制造领域的技术更新速度非常快，高校教师需要不断更新知识，提升教学和科研能力。通过产教融合，高校教师可以参与企业的实际项目，了解行业动态和技术发展趋势，提升自身的专业能力。其具体举措如下。一是教师在企业挂职。高校可以安排教师到企业挂职，参与企业的实际项目，了解行业动态和技术发展趋势。例如，教师可以在企业的智能工厂中挂职，参与设备调试、数据分析、生产优化等工作。二是企业专家进校园。企业可以派遣专家到高校授课，分享实际工作经验和技术应用案例。例如，企业的技术总监可以到高校讲授智能制造技术的应用案例，帮助学生了解实际问题的解决方法。

（2）产教融合的目标

产教融合在智能制造专业中的目标主要体现在以下几个方面。

①培养复合型人才

智能制造领域对人才的要求非常高，要求人才不仅需要掌握跨学科的知识，还需要具备解决实际问题的能力。通过产教融合，高校可以与企业紧密合作，培养具有跨学科知识和实践能力的复合型人才。其具体举措如下。一是促进跨学科知识融合。智能制造涉及多个学科，学生需要掌握机械工程、电子工程、计算机科学、工业物联网、人工智能等多个学科的知识。通过产教融合，高校可以与企业合作，设计跨学科的课程体系，帮助学生掌握跨学科知识。二是提升实践能力。通过参与企业的实际项目，学生可以将理论知识应用于实际问题的解决中，提升实践能力。例如，学生可以参与企业的智能工厂建设项目，了解设备互联、数据采集、生产优化等实际问题的解决方法。

②促进产业升级

智能制造是制造业转型升级的重要方向，通过产教融合，高校和企业可以共同推动智能制造技术的研发和应用，促进产业升级。其具体举措如下。一是推动技术研发与应用。通过产教融合，高校和企业可以共同开展智能制造技术的研发，推动技术创新和成果转化。例如，高校可以提供理论支持，企业可以提供实际应用场景，双方共同研发新技术。二是推动产业升级。通过产教融合，高校的科研成果可以更快地转化为实际应用，推动产业升级。例如，高校研发的智能制造技术可以在企业的智能工厂中进行试点应用，以验证其可行性和效果。

③实现资源共享

通过产教融合，高校和企业可以实现教育资源和产业资源的共享，提升资源利用效率。其具体举措如下。一是教育资源与产业资源互补。高校拥有丰富的教育资源和科研能力，企业拥有实际应用场景和产业资源。通过产教融合，双方可以实现资源共享，提升资源利用效率。例如，高校可以利用企业的实际应用场景进行教学和科研，企业可以利用高校的科研成果进行技术创新。二是实验室与设备共享。高校和企业可以共同建立实验室，共享实验设备。例如，高校可以与企业合作建立智能制造实验室，使学生可以在实验室中进行设备调试、数据分析、生产优化等实验。

④推动教育改革

产教融合不仅是人才培养模式的创新，也是教育改革的推动力。通过产教融合，高校可以探索新的教学模式，提升教育质量。其具体举措如下。一是促进课程体系改革。通过产教融合，高校可以与企业合作，设计符合产业需求的课程体系。例如，企业可以参与课程设计，提供实际案例和技术支持，确保课程内容与产业需求相匹配。二是推动教学方法创新。通过产教融合，高校可以探索新的教学方法，提升教学效果。例如，高校可以采用项目驱动学习、案例教学等方法，帮助学生将理论知识应用于实际问题的解决中。

产教融合在智能制造专业中具有重要意义，通过校企合作，有助于实现教育与产业的深度融合，培养出符合产业需求的高素质人才。产教融合的意义主要体现在促进教育与产业对接、提升学生实践能力、推动技术创新和促进师资队伍建设等方面。产教融合的目标主要包括培养复合型人才、促进产业升级、实现资源共享和推动教育改革。通过产教融合，高校和企业可以共同推动智能制造技术的研发和应用，促进产业升级，提升教育质量，为智能制造领域培养更多高素质人才。

5.2.2　产教融合的模式与策略

产教融合是应用型高校人才培养的重要途径，通过校企合作，有助于实现教育与产业的深度融合，培养出符合产业需求的高素质人才。在智能制造专业集群建设中，产教融合的模式与策略尤为重要。以下将详细分析产教融合的模式与策略，包括校企合作模式、课程开发策略、"双师型"教师培养策略、实践教学体系构建策略、产教融合的实施路径等方面。

（1）校企合作模式

校企合作模式是产教融合的核心模式，学校与企业的紧密合作，可以实现教育资源和产业资源的共享，提升人才培养质量。以下是几种常见的校企合作模式。

一是共建实训基地。 实训基地是培养学生实践能力的重要平台，学校与企业合作共建实训基地，可以为学生提供真实的实践环境。实训基地不仅可以用于学生的实践教学，还可以用于企业的员工培训和技术研发。例如，学校可以与企业合作建立智能工厂实训基地，学生可以在实训基地中进行设备调试、数据分析、生产优化等实践操作。通过共建实训基地，学校和企业可以实现资源共享。例如，学校可以提供场地和教学资源，企业可以提供设备和技术支持，双方共同建设高水平的实训基地。

案例如下。某高校与一家智能制造企业合作共建智能工厂实训基地，基地内配备了先进的智能制造设备，学生可以在基地中进行设备调试、数据分析、生产优化等实践操作，企业可以利用基地进行员工培训和技术研发。

二是联合开发课程。课程是人才培养的核心，学校与企业合作开发课程，可以确保教学内容与产业需求的一致性。课程设计方面，企业可以参与课程设计，提供实际案例和技术支持，确保课程内容与产业需求相匹配。例如，企业可以参与智能制造课程的开发，提供智能工厂建设、设备互联、数据采集等实际案例。课程实施方面，企业可以派遣专家到学校授课，分享实际工作经验和技术应用案例。例如，企业的技术总监可以到学校讲授智能制造技术的应用案例，帮助学生了解实际问题的解决方法。

案例如下。某高校与一家智能制造企业合作开发智能制造课程，课程内容包括智能工厂建设、设备互联、数据采集、生产优化等实际案例。企业派遣专家到学校授课，分享实际工作经验和技术应用案例。

三是培养"双师型"教师。"双师型"教师是指既具备理论知识，又具备实践能力的教师。学校与企业合作培养"双师型"教师，可以提升教师的实践能力，提高教学质量。具体可从以下方面入手。一方面，教师在企业挂职。学校可以安排教师到企业挂职，参与企业的实际项目，了解行业动态和技术发展趋势。例如，教师可以在企业的智能工厂中挂职，参与设备调试、数据分析、生产优化等工作。另一方面，企业专家进校园。企业可以派遣专家到学校授课，分享实际工作经验和技术应用案例。例如，企业的技术总监可以到学校讲授智能制造技术的应用案例，帮助教师了解实际问题的解决方法。

案例如下。某高校与一家智能制造企业合作培养"双师型"教师，学校安排教师到企业挂职，参与企业的实际项目，企业派遣专家到学校授课，分享实际工作经验和技术应用案例。

（2）课程开发策略

课程开发是产教融合的重要内容，学校与企业合作开发课程，可以确保教学内容与产业需求的一致性。以下是几种常见的课程开发策略。

基于产业需求进行课程设计。课程设计应以产业需求为导向，有助于确保教学内容与产业需求的一致性。其包含需求调研和课程内容设计两个环节。需求调研指学校与企业合作进行需求调研，了解智能制造领域的最新技术和行业动态。例如，学校与企业合作进行智能工厂建设、设备互联、数据采集等方面的需求调研。课程内容设计指根据需求调研结果，学校与企业合作设计课程内容，确保课程内容与产业需求相匹配。例如，学校与企业合作设计智能制造课程，内容包括智能工厂建设、设备互联、数据采集、生产优化等实际案例。

项目驱动学习。项目驱动学习是一种以项目为核心的教学方法，通过参与实际项目，学生可以将理论知识应用于实际问题的解决中。其包含项目设计和项目实施两个环节。项目设计指学校与企业合作设计实际项目，确保项目内容与产业需求相匹配。例如，学校与企业合作设计智能工厂建设项目，内容包括设备调试、数据分析、生产优化等实际案例。项目实施指学生参与实际项目的实施，将理论知识应用于实际问题的解决中。例如，学生参与企业的智能工厂建设项目，了解设备互联、数据采集、生产优化等实际问题的解决方法。

案例教学。案例教学是一种以案例为核心的教学方法，通过分析实际案例，学生可以了解实际问题的解决方法。其包含案例选择和案例分析两个环节。案例选择指学校与企业合作选择实际案例，确保案例内容与产业需求相匹配。例如，学校与企业合作选择智能工厂建设、设备互联、数据采集等实际案例。案例分析指学生分析实际案例，了解实际问题的解决方法。例如，学生分析智能工厂建设案例，了解设备互联、数据采集、生产优化等实际问题的解决方法。

（3）"双师型"教师培养策略

"双师型"教师是产教融合的重要保障，学校与企业合作培养"双师型"教师，可以提升教师的实践能力，提高教学质量。以下是几种常见的"双师型"教师培养策略。一是教师在企业挂职。学校可以安排教师到企业挂职，参与企业的实际项目，了解行业动态和技术发展趋势。在挂职安排方面，学校可以与企业合作安排教师挂职，确保挂职内容与教师的专业方向相匹配。例如，学校可以安排智能制造专业的教师到企业的智能工厂中挂职，参与设备调试、数据分析、生产优化等工作。在挂职效果评估方面，学校可以与企业合作评估教师的挂职效果，确保挂职效果达到预期。例如，学校可以与企业合作评估教师在挂职期间的实践能力和专业水平提升情况。二是企业专家进校园。企业可以派遣专家到学校授课，分享实际工作经验和技术应用案例。在授课安排方面，学校可以与企业合作安排专家授课，确保授课内容与课程内容相匹配。例如，学校可以与企业合作安排企业的技术总监到学校讲授智能制造技术的应用案例，帮助学生了解实际问题的解决方法。在授课效果评估方面，学校可以与企业合作评估专家授课效果，确保授课效果达到预期。例如，学校可以与企业合作评估专家授课对提升学生实践能力和专业水平的作用。

（4）实践教学体系构建策略

实践教学是产教融合的重要内容，构建完善的实践教学体系，可以提升学生的实践能力。以下是几种常见的实践教学体系构建策略。

a. 实训基地建设

学校可以与企业合作共建实训基地，为学生提供真实的实践环境。在基地功能设计方面，学校可以与企业合作设计实训基地的功能，确保基地功能与课程内容相匹配。例如，学校可以与企业合作设计智能工厂实训基地，确保基地内配备先进的智能制造设备，以供学生在基地中进行设备调试、数据分析、生产优化等实践操作。在基地资源共享方面，学校可以与企业合作实现实训基地的资源共享，确保基地资源得到充分利用。例如，学校可以与企业合作实现实训基地的设备共享，确保学生可以在基地中进行设备调试、数据分析、生产优化等实践操作。

b. 实习与实训安排

学校可以与企业合作安排学生的实习与实训，确保实习与实训内容与课程内容相匹配。在实习安排方面，学校可以与企业合作安排学生的实习，确保实习内容与课程内容相匹配。例如，学校可以与企业合作安排学生到企业的智能工厂中实习，参与设备调试、数据分析、生产优化等工作。

（5）产教融合的实施路径

产教融合是应用型高校人才培养的重要途径，通过校企合作，有助于实现教育与产业的深度融合，培养出符合产业需求的高素质人才。在智能制造专业集群建设中，产教融合的实施路径尤为重要。以下将介绍产教融合的实施路径，包括政策支持、平台建设、激励机制等方面。

①政策支持

政策支持是产教融合的重要保障，政府出台相关政策，可以鼓励企业参与产教融合，推动教育与产业的深度融合。

a. 政策出台的背景与意义

随着智能制造技术的快速发展，产业对高素质人才的需求日益增加。然而，传统的教学模式往往难以跟上产业技术的快速发展，导致教育内容与产业需求脱节。通过政策支持，政府可以鼓励企业参与产教融合，推动教育与产业的深度融合，培养出符合产业需求的高素质人才。

b. 政策内容

政府可以通过出台相关政策，鼓励企业参与产教融合。以下是一些常见的政策内容。一是税收优惠。政府可以通过税收优惠政策，鼓励企业参与产教融合。例如，参与产教融合的企业可以享受税收减免或税收优惠。具体措施包括企业所得税减免、增值税优惠和研发费用加计扣除。对于参与产教融合的企业，政府可以减免其部分企业所得税，降低其增值税税率，允许其在税前加计扣除研发费用。二是资金支持。政府可以通过资金支持政策，鼓励企业参与产教融合。例如，参与产教融合的企业可以获得政府提供的资金支持，用于实训基地建设、课程开发、教师培训等。具体措施包括专项资金支持、贷款贴息、补贴政策等。政府可以设立专项资金，支持学校与企业合作开展技术研发、课程开发、实训基地建设等；对于参与产教融合的企业，政府可以提供贷款贴息，降低其融资成本；对于参与产教融合的企业，政府可以提供补贴，支持其开展产教融合项目。三是项目支持。政府可以通过项目支持政策，鼓励企业参与产教融合。例如，政府可以设立产教融合项目，支持学校与企业合作开展技术研发、课程开发、实训基地建设等。具体措施包括设立产教融合试点项目和技术创新项目。政府可以设立产教融合试点项目，支持学校与企业合作开展技术研发、课程开发、实训基地建设等；政府可以设立技术创新项目，支持学校与企业合作开展智能制造技术的研发和应用。

c. 政策实施的效果

通过政策支持，政府可以鼓励企业参与产教融合，推动教育与产业的深度融合。以下是政策实施的效果。一是企业参与度提高。通过税收优惠、资金支持、项目支持等政策，企业参与产教融合的积极性提高。例如，某地政府出台税收优惠政策，鼓励企业参与产教融合，企业的参与度显著提高。二是教育资源与产业资源共享。通过政策支持，学校和企业可以实现教育资源和产业资源的共享，提升资源利用效率。例如，某地政府出台资金支持政策，支持学校与企业合作共建实训基地，这使资源得到了充分利用。

②平台建设

平台建设是产教融合的重要支撑，建立产教融合平台，可以促进校企之间的信息共享和资源整合。

a. 平台建设的背景与意义

建设平台可以促进校企之间的信息共享和资源整合，推动教育与产业的深度融合。

b. 平台功能设计

产教融合平台应具备以下功能。一是信息共享。平台应具备信息共享功能，能促进校企之间的信息共享。例如，平台可以发布行业动态、技术趋势、企业需求等信息：平台可以发布智能制造领域的最新行业动态，帮助学校了解产业需求；平台可以发布智能制造领域的最新技术趋势，帮助学校调整课程；平台可以发布企业的实际需求，帮助学校了解市场的变化情况。二是资源整合。平台应具备资源整合功能，能促进校企之间的资源整合。例如，平台可以整合学校的教育资源和企业的产业资源，实现资源共享：平台可以整合学校的教育资源，如课程、教材、实验设备等；平台可以整合企业的产业资源，如设备、技术、项目等。三是项目合作。平台应具备项目合作功能，能促进校企之间的项目合作。例如，平台可以发布技术研发、课程开发、实训基地建设等项目，促进校企合作：平台可以发布智能制造领域的技术研发项目，促进校企合作开展技术研发；平台可以发布智能制造领域的课程开发项目，促进校企合作开发课程；平台可以发布智能制造领域的实训基地建设项目，促进校企合作共建实训基地。

c. 平台建设的效果

建设平台可以促进校企之间的信息共享和资源整合，推动教育与产业的深度融合。以下是平台建设的效果。一是信息共享效果显著。通过平台的信息共享功能，学校可以及时了解产业需求，调整课程。例如，某地产教融合平台发布行业动态和技术趋势，学校根据平台信息调整课程，确保课程内容与产业需求相匹配。二是资源整合效果显著。通过平台的资源整合功能，学校和企业可以实现教育资源和产业资源的共享，提升资源利用效率。例如，某地产教融合平台整合了学校的教育资源和企业的产业资源，使资源得到充分利用。

③激励机制

激励机制是产教融合的重要保障，建立激励机制，可以鼓励教师和学生参与产教融合项目。

a. 激励机制的背景与意义

建立激励机制可以鼓励教师和学生参与产教融合项目，推动教育与产业的深度融合。

b. 激励机制的内容

激励机制应包括以下内容。一是教师激励机制。建立教师激励机制，可以鼓励教师参与产教融合项目。例如，参与产教融合项目的教师可以获得额外奖励或晋升机会。对于参与产教融合项目的教师，学校可以提供额外奖励，如奖金、荣誉称号，以及晋升机会，如职称晋升、职务晋升等。二是学生激励机制。建立学生激励机制，可以鼓励学生参与产教融合项目。例如，参与产教融合项目的学生可以获得额外学分或奖学金。三是企业激励机制。建立企业激励机制，可以鼓励企业参与产教融合项目。例如，参与产教融合项目的企业可以获得税收优惠或资金支持。

c. 激励机制的效果

建立激励机制，可以鼓励教师和学生参与产教融合项目，推动教育与产业的深度融合。以下是实施激励机制的效果。一是教师参与度提高。教师激励机制有助于提高教师参与产教融合项目的积极性。例如，某校出台教师激励机制，参与产教融合项目的教师可以获得额外奖励，这使教师的参与度显著提高。二是学生参与度提高。学生激励机制有助于提高学生参与产教融合项目的积极性。例如，某校出台学生激励机制，参与产教融合项目的学生可以获得额外学分，这使学生的参与度显著提高。

产教融合是应用型高校人才培养的重要途径，通过校企合作，有助于实现教育与产业的深度融合，培养出符合产业需求的高素质人才。产教融合的策略包括政策支持、平台建设、激励机制等方面。通过政策支持，政府可以鼓励企业参与产教融合；通过平台建设，有助于促进校企之间的信息共享和资源整合；通过激励机制，有助于鼓励教师和学生参与产教融合项目。通过这些策略，学校可以与企业紧密合作，提升人才培养质量，推动智能制造领域的技术创新和产业升级。

（6）案例分析

以常州工学院为例进行分析。常州工学院是一所以工科为主的应用型本科高校，重点发展智能制造、机械工程、电子信息等专业，位于中国制造业发达的长三角地区。近年来，常州工学院积极响应国家战略，将智能制造作为重点发展方向。该校在智能制造专业集群建设中，注重实践教学和产教融合，积极探索产教融合模式，通过与企业深度合作，有效提升了学生的实践能力和就业竞争力。

a. 共建实训基地

智能制造是一个实践性较强的领域，学生不仅需要掌握理论知识，还需要具备解决实际问题的能力。然而，传统的实验室往往难以满足智能制造实践教学的需求。为此，常州工学院与多家智能制造企业合作，共建智能工厂实训基地，为学生提供真实的实践环境。

常州工学院与以下企业合作共建实训基地。一是江苏恒立液压股份有限公司，其是国内领先的液压元件和系统制造商。二是天合光能（常州）科技有限公司，其是全球领先的光伏组件和系统解决方案提供商。三是常州铭赛机器人科技股份有限公司，其专注于工业机器人和自动化设备的研发与制造。

实训基地模拟真实的智能工厂环境，配备以下设备和系统：一是工业机器人，用于自动化生产线操作；二是工业互联网平台，用于设备互联和数据采集；三是智能仓储系统，用于物料管理和物流优化；四是数字孪生系统，用于生产过程的仿真与优化。

实施效果如下。一是学生实践能力提升。学生可以在实训基地中进行设备调试、数据分析、生产优化等实践操作，显著提升了实践能力。二是企业参与度高。企业通过参与实训基地建设，获得了技术研发和人才培养的双重收益。三是实现资源共享。实训基地不仅用于教学，还用于企业的员工培训和技术研发，实现了资源共享。在实训基地中，学生参与了一个智能工厂建设项目。该项目模拟了江苏恒立液压股份有限公司的实际生产线，学生需要完成设备调试、数据采集、生产优化等任务。通过该项目，学生不仅掌握了工业机器人和工业互联网技术的应用，还提升了团队合作和问题解决能力。

b. 联合开发课程

智能制造领域的技术更新速度非常快，传统的课程内容往往难以跟上产业需求。为此，常州工学院与天合光能（常州）科技有限公司合作，联合开发了工业互联网技术课程，确保教学内容与产业需求的一致性。

课程开发过程如下。一是需求调研。常州工学院与天合光能（常州）科技有限公司合作进行需求调研，了解工业互联网技术的最新发展和企业需求。二是课程设计。根据调研结果，双方共同设计了课程内容，包括工业互联网架构、设备互联、数据采集、数据分析等模块。三是教材编写。双方共同编写了课程教材，确保内容与实际应用紧密结合。四是教学实施。天合光能（常州）科技有限公司派遣专家到常州工学院授课，分享实际工作经验和技术应用案例。

课程内容如下。模块1是工业互联网架构，介绍工业互联网的基本架构和技术原理。模块2是设备互联，讲解设备互联的技术实现和应用案例。模块3是数据采集与分析，介绍数据采集技术和数据分析方法。模块4是工业互联网安全，讲解工业互联网的安全问题和解决方案。

实施效果如下。一是教学内容与产业需求一致。通过与企业合作，课程内容与产业需求紧密结合，确保了教学的前沿性和实用性。二是学生反馈积极。学生普遍反映课程内容实用，能够帮助他们更好地理解工业互联网技术的应用。三是企业满意度高。天合光能（常州）科技有限公司对课程内容和教学效果表示高度认可，并计划与常州工学院进一步合作。在工业互联网技术课程中，学生参与了一个实际项目，为天合光能（常州）科技有限公司的智能工厂设计设备互联方案。通过该项目，学生不仅掌握了工业互联网技术的应用，还提升了项目管理和团队合作能力。

c."双师型"教师培养

智能制造领域的技术更新速度非常快，高校教师需要不断更新知识，提升实践能力。为此，常州工学院实施了"双师型"教师培养计划，选派教师到企业进行实践锻炼。

培养模式如下。一是教师在企业挂职。常州工学院选派教师到江苏恒立液压股份有限公司和常州铭赛机器人科技股份有限公司挂职，参与企业的实际项目。二是企业培训。常州工学院邀请企业专家到校进行培训，帮助教师了解行业动态和技术发展趋势。三是校企合作研究。常州工学院与企业合作开展技术研发，提升教师的科研能力。

实施效果如下。一是提升教师实践能力。通过企业挂职和培训，教师的实践能力显著提升，能够更好地指导学生进行实践操作。二是更新教学内容。教师将企业实践经验融入教学内容中，确保了教学的前沿性和实用性。三是深化校企合作。通过"双师型"教师培养，常州工学院与企业的合作关系进一步深化。常州工学院的张老师到江苏恒立液压股份有限公司挂职，参与了工业机器人研发项目。通过该项目，张老师不仅掌握了工业机器人技术的最新发展，还将实践经验融入课堂教学，显著提升了教学质量。

d. 学生实习与就业对接

智能制造领域对人才的需求日益增加，学生的实习和就业对接成为产教融合的重要内容。为此，常州工学院与多家企业合作，建立了学生实习与就业对接机制。

实施模式如下。一是实习安排。常州工学院与江苏恒立液压股份有限公司、天合光能（常州）科技有限公司、常州铭赛机器人科技股份有限公司合作，安排学生到企业实习，参与实际项目。二是就业对接。常州工学院与企业合作举办招聘会，为学生提供就业机会。三是校企合作培养。常州工学院与企业合作开展订单式培养，为企业输送高素质人才。

实施效果如下。一是提升学生就业竞争力。通过实习和就业对接，学生的实践能力和就业竞争力显著提升。二是企业满意度高。企业对常州工学院的学生表示高度认可，并计划进一步扩大合作。三是深化校企合作。通过实习与就业对接，常州工学院与企业的合作关系进一步深化。常州工学院的李同学在常州铭赛机器人科技股份有限公司实习期间，参与了智能工厂建设项目。通过该项目，李同学不仅掌握了智能制造技术的应用，还被常州铭赛机器人科技股份有限公司正式录用。

常州工学院在智能制造专业集群建设中，通过共建实训基地、联合开发课程、"双师型"教师培养、学生实习与就业对接等模式，积极探索产教融合，取得了显著成效。通过与企业深度合作，常州工学院不仅提升了学生的实践能力和就业竞争力，还推动了智能制造领域的技术创新和产业升级。

5.2.3　产教融合的挑战与对策

产教融合是促进教育链、人才链与产业链、创新链有机衔接的重要途径，对培养高素质应用型人才、推动产业转型升级具有重要意义。然而，在实际推进过程中，产教融合面临三大挑战：企业参与度不高、资源整合难度大和评价机制不完善。针对这些挑战，相应的解决对策包括政府政策激励、建立产教融合平台和构建科学评价体系。研究表明，多方协作和创新机制，可以有效推动产教融合的深入发展，促进人才培养与产业需求的紧密结合。

（1）企业参与度不高的挑战与对策

企业参与度不高是制约产教融合发展的首要挑战。部分企业缺乏参与动力，主要原因包括：企业对产教融合的长期效益认识不足，更关注短期经济利益；企业对教育领域的了解有限，担心参与产教融合会增加额外负担；由于缺乏有效的激励机制，企业参与产教融合的积极性不高。

针对这一挑战，政府可以通过政策激励来鼓励企业参与产教融合。首先，制定税收优惠政策，对积极参与产教融合的企业给予税收减免或返还优惠政策。例如，可以规定，企业用于产教融合的投入可以税前扣除，或对参与产教融合的企业给予一定比例的税收优惠。其次，设立专项资金，支持企业参与校企合作项目，如共建实训基地、开展技术研发等。政府可以设立产教融合专项基金，为企业提供资金支持，降低企业参与成本。再次，建立荣誉表彰制度，对在产教融合中表现突出的企业给予表彰和宣传，提升企业社会形象。例如，可以设立"产教融合示范企业"称号，并通过媒体宣传其成功经验。最后，政府还可以通过立法手段，明确企业在产教融合中的责任和义务，为企业参与提供制度保障。例如，可以制定产教融合促进法相关法规，规定企业在人才培养、技术创新等方面的责任。

（2）资源整合难度大的挑战与对策

资源整合难度大是产教融合面临的另一大挑战。校企之间的资源整合需要协调多方利益，涉及高校、企业、政府等多个主体。由于各方诉求不同，利益分配机制不完善，因此资源整合过程中容易出现矛盾和冲突。例如，高校注重人才培养和科研创新，而企业更关注实际生产需求和经济效益，这种目标差异导致资源整合过程中容易出现矛盾和冲突。同时，有效的资源共享平台和机制的缺失，也制约了资源的充分利用和优化配置。

建立产教融合平台是促进资源整合的有效对策。首先，构建线上线下相结合的产教融合平台，实现校企资源的有效对接和共享。该平台应包括人才需求信息、技术研发项目、实习实训基地等内容，为校企合作提供全方位支持。例如，可以建立一个综合性的产教融合信息平台，汇集各方的需求和资源，方便校企之间进行信息交流和资源共享。其次，建立利益共享机制，平衡各方诉求，促进资源优化配置。例如，可以建立校企合作利益分配机制，根据各方的投入和贡献，合理分配合作成果。最后，鼓励成立由高校、企业、行业协会等多方参与的产教融合联盟，共同制定人才培养方案，开展技术研发，推动资源共享和协同创新。例如，可以成立区域性的产教融合联盟，定期举办交流活动，促进各方合作。

（3）评价机制不完善的挑战与对策

评价机制不完善是制约产教融合持续发展的重要因素。目前，产教融合的效果难以量化评价，缺乏科学、系统的评价指标体系。评价内容多侧重于短期、表面的成果，而忽视了人才培养质量、技术创新能力等长期、深层次的指标。例如，现有的评价体系往往只关注合作项目的数量和规模，忽视人才培养的质量和技术创新的实际效果。此外，评价主体单一，缺乏多方参与，也影响了评价结果的客观性和全面性。

建立科学的评价机制是应对这一挑战的关键。首先，构建多维度的评价指标体系，涵盖人才培养质量、技术创新成果、社会经济效益等方面。可以借鉴国内外先进经验，结合实际情况，制定科学合理的评价指标。例如，可以建立包括人才培养质量、技术创新能力、社会经济效益等多个维度的评价指标体系，全面评估产教融合的效果。其次，引入多元评价主体，包括政府、高校、企业、学生等，确保评价结果的客观性和全面性。可以通过问卷调查、实地考察、专家评审等多种方式，收集各方意见和建议。例如，可以建立由政府部门、高校专家、企业代表和学生代表组成的评价小组，由其开展评价工作。再次，定期开展评估，及时发现问题并改进。建议每年或每两年进行一次全面评估，并根据评估结果调整优化产教融合策略。例如，可以建立定期评估制度，每年对产教融合的效果进行一次全面评估，并根据评估结果进行改进。最后，建立评价结果的应用机制，将其作为政策制定、资源配置的重要依据，推动产教融合不断优化升级。例如，可以将评价结果作为政府制定产教融合政策的重要参考，并根据评价结果调整资源配置。

产教融合是推动教育改革创新和产业转型升级的重要途径，但在实际推进过程中面临着企业参与度不高、资源整合难度大和评价机制不完善等挑战。实施政府政策激励、建立产教融合平台和构建科学评价体系等对策，可以有效推动产教融合的深入发展。未来，政府应进一步加强引导，完善政策支持体系，促进校企深度合作，构建良性互动的产教融合生态系统，为培养高素质应用型人才、推动产业高质量发展提供有力支撑。

5.3 信息技术融合教学

随着信息技术的快速发展，教育领域正经历着深刻的变革。在智能制造专业集群建设中，信息技术融合教学不仅是提升教学效果的重要手段，也是培养适应未来智能制造需求的高素质人才的关键途径。本节将探讨信息技术融合教学在智能制造教学中的应用模式、实施路径及其所面临的挑战与对策等内容。

5.3.1 信息技术融合教学的意义与目标

随着信息技术的迅猛发展，教育领域正经历着前所未有的变革。在智能制造专业集群建设中，信息技术融合教学已成为提升教学效果、培养高素质人才的关键途径。本小节旨在深入探讨信息技术融合教学的意义与目标，分析其在提升教学效率、优化学习体验、促进个性化学习和支持实践教学等方面的具体作用，以期为推动智能制造教育的发展提供理论依据和实践指导。

（1）信息技术融合教学的意义

信息技术融合教学在智能制造专业集群建设中具有重要意义，主要体现在提升教学效率、优化学习体验、促进个性化学习和支持实践教学等方面。

首先，信息技术融合教学显著提升了教学效率。通过多媒体教学、在线课程和虚拟实验室等信息技术手段，教师可以更高效地传授知识，学生可以更便捷地获取学习资源。例如，教师可以利用多媒体课件将复杂的智能制造概念可视化，帮助学生更好地理解和掌握知识。同时，在线课程平台为学生提供了随时随地学习的机会，打破了传统课堂的时间和空间限制。

其次，信息技术融合教学极大地优化了学生的学习体验。虚拟现实、增强现实等技术为学生提供了沉浸式、互动式的学习环境，极大地激发了学生的学习兴趣和参与积极性。例如，通过虚拟现实技术，学生可以身临其境地观察智能制造生产线的运作过程，这种沉浸式体验比传统的文字或图片描述更能激发学生的学习热情。

　　再次，信息技术融合教学有效促进了学生的个性化学习。智能学习系统可以根据学生的学习进度、知识掌握情况和学习偏好，提供个性化的学习内容和反馈。例如，自适应学习平台能够分析学生的学习数据，自动调整学习内容的难度和进度，为每个学生量身定制最合适的学习方案。这种个性化学习方式不仅提高了学习效率，还有助于培养学生的自主学习能力。

　　最后，信息技术融合教学为实践教学提供了有力支持。通过虚拟仿真和远程实验等技术，学生可以在虚拟环境中进行实践操作，弥补了硬件资源的不足。例如，学生可以通过仿真软件模拟智能制造设备的操作和维护过程，在无风险的环境中积累实践经验。这种虚拟实践不仅降低了教学成本，还为学生提供了更多的实践机会，有助于培养其解决实际问题的能力。

（2）信息技术融合教学的目标

　　信息技术融合教学的目标是通过有效地整合信息技术与教育教学，实现教学质量的全面提升，培养适应未来智能制造需求的高素质人才。具体目标如下。一是构建智能化教学环境。利用云计算、大数据、人工智能等技术，打造智能化的教学平台和学习环境，实现教学资源的智能管理和优化配置。例如，建立基于云计算的智能教学管理系统，实现教学资源的集中管理和智能分配。二是创新教学模式。探索基于信息技术的混合式教学、翻转课堂等新型教学模式，促进师生互动和学生自主学习。例如，采用翻转课堂模式，让学生在课前通过在线视频学习基础知识，在课堂上则专注于问题讨论和实践操作。三是提升教师信息素养。加强对教师信息技术应用能力的培训，提高教师运用信息技术进行教学设计和实施的能力。例如，定期举办信息技术教学研讨会，分享成功案例。四是培养学生数字能力。通过信息技术融合教学，培养学生的信息素养、数字技能和创新能力，使其具备适应未来智能制造发展的能力。例如，开设编程、数据分析等课程，培养学生的数字化思维和技能。五是促进教育公平。利用信息技术打破地域限制，实现优质教育资源共享，促进教育公平。例如，通过在线教育平台，将优质课程资源输送到偏远地区，缩小教育差距。六是建立科学的教学评价体系。利用大数据和学习分析技术，建立全面、客观的教学评价体系，实现教学效果的精准评估和持续改进。例如，开发基于学习分析技术的评价系统，实时跟踪学生的学习进度和效果。

　　信息技术融合教学在智能制造专业集群建设中具有重要意义，不仅能提升教学效率、优化学习体验、促进个性化学习和支持实践教学，还能推动教学模式的创新和教学质量的全面提升。通过构建智能化教学环境、创新教学模式、提升教师信息素养、培养学生数字能力、促进教育公平和建立科学的教学评价体系等，信息技术融合教学将为培养适应未来智能制造需求的高素质人才提供有力支撑。未来，应进一步促进信息技术与教育教学的深度融合，不断探索和创新教学模式，为智能制造领域的人才培养和产业发展做出更大贡献。

5.3.2　信息技术融合教学的应用模式

随着信息技术的快速发展，智慧课堂建设已成为教育领域的重要趋势。智慧课堂是利用信息技术打造的智能化教学环境，通过多媒体设备、互动教学工具和数据分析技术，提升课堂教学的互动性和效率。在智能制造专业集群教学中，信息技术的融合可以体现在多个方面，包括智慧课堂建设、虚拟仿真教学、在线学习平台应用等。

（1）智慧课堂建设

智慧课堂的应用不仅能够提升教学效果，还能培养学生的创新能力和实践技能。

a. 多媒体教学

多媒体教学是智慧课堂建设的重要组成部分，它通过整合多种媒体形式，显著提升了教学效果和学生的学习体验。在智能制造专业集群教学中，多媒体教学的应用主要体现在以下几个方面。首先，多媒体设备的使用极大地丰富了教学内容的表现形式。投影仪、电子白板和平板电脑等设备的应用，使教师能够将复杂的智能制造概念以直观、生动的方式呈现给学生。例如，通过 3D 建模软件，教师可以展示智能制造设备的内部结构和工作原理，帮助学生更好地理解抽象概念。此外，视频和动画的使用可以模拟实际生产流程，使学生能够观察到在传统课堂中难以展示的动态过程。其次，多媒体教学有助于提高学生的参与度和学习兴趣。通过交互式电子白板，学生可以直接参与到教学过程中，进行标注、绘图等操作，增强了学习的互动性。平板电脑的应用则使学生能够随时查阅相关资料，进行自主学习和探究。例如，在讲解工业机器人编程时，学生可以通过平板电脑实时查看编程手册，并进行模拟操作，这种即时反馈的学习方式大幅提高了学习效率。最后，多媒体教学为个性化学习提供了可能。教师可以根据学生的学习进度和理解程度，灵活调整教学内容和节奏。例如，对于理解能力强的学生，可以提供更专业的学习材料和更富挑战性的任务；而对于需要更多时间才能掌握知识的学生，则可以提供额外的讲解和练习。这种差异化的教学方式有助于满足不同学生的学习需求，提高整体教学效果。

b. 互动教学工具

互动教学工具是智慧课堂的核心要素之一，它通过增强师生互动和学生之间的协作，显著提升了课堂的参与度和学习效果。在智能制造专业集群教学中，互动教学工具的应用主要体现在以下几个方面。首先，在线投票和实时问答工具的使用极大地提高了课堂的互动性。通过这些工具，教师可以即时了解学生对知识点的掌握情况，并根据反馈调整教学策略。例如，在讲解智能制造系统架构时，教师可以通过在线投票快速了解学生对各个模块的理解程度，从而有针对性地进行重点讲解。实时问答功能则支持学生随时提出问题，促进了师生之间的即时交流，有助于及时解决学生的学习疑惑。其次，小组讨论工具的应用促进了学生之间的协作学习。通过在线协作平台，学生可以组成虚拟小组，共同完成项目或解决问题。例如，在设计智能制造生产线时，学生可以通过在线协作平台共享想法、分工合作，并实时查看彼此的进展。这种协作学习方式不仅培养了学生的团队合作能力，还提高了问题解决的效率和质量。最后，互动教学工具为课堂管理提供了新的可能。教师可以通过这些工具实时监控学生的学习状态，及时发现并解决问题。例如，通过课堂管理系统，教师可以查看每个学生的参与度和任务完成情况，对表现不佳的学生进行个别指导。同时，这些工具还可以自动生成课堂报告，为教师提供全面的教学反馈，有助于其持续改进教学方法。

c. 数据分析与反馈

数据分析与反馈是智慧课堂建设的重要环节，它通过收集和分析学生的学习数据，为教师提供有价值的教学反馈，从而实现教学的持续改进。在智能制造专业集群教学中，数据分析与反馈的应用主要体现在以下几个方面。首先，课堂管理系统的数据收集功能为教学分析提供了基础。通过记录学生的出勤情况、课堂参与度、作业完成情况等数据，教师可以全面了解学生的学习状态。例如，系统可以自动记录学生在虚拟仿真实验中的操作情况和结果，为教师评估学生的实践能力提供客观依据。其次，学习分析技术的应用使教师能够深入了解学生的学习行为。通过分析学生的学习路径、知识掌握情况和学习偏好，教师可以识别出学生面临的学习困难和潜在问题。例如，系统可以分析学生在学习工业机器人编程时的常见错误，帮助教师有针对性地改进教学方法。再次，数据分析结果为个性化教学提供了支持。基于学生的学习数据，教师可以为每个学生制定个性化的学习计划并提供反馈。例如，对于在某个知识点上表现不佳的学生，系统可以自动推荐与其相关的补充学习材料或练习题。这种个性化的反馈机制有助于提高学生的学习效率，提升学生的学习效果。最后，数据分析与反馈为教学质量的持续改进提供了依据。通过长期收集和分析教学数据，教师可以评估不同教学方法的有效性，并据此调整教学策略。例如，通过比较不同班级在同一课程中的表现，教师可以识别出最有效的教学方式，并在今后的教学中推广应用。

智慧课堂建设在智能制造专业集群教学中发挥着重要作用。通过多媒体教学、互动教学工具和数据分析与反馈的应用，智慧课堂显著提升了教学的互动性和效率，为培养高素质智能制造人才提供了有力支持。未来，应进一步加强智慧课堂建设，不断探索和创新教学模式，为智能制造领域的人才培养和产业发展做出更大贡献。

（2）虚拟仿真教学

随着信息技术的快速发展，虚拟仿真教学已成为教育领域的重要趋势。在智能制造专业集群教学中，虚拟仿真技术的应用不仅能够向学生提供高度仿真的实践环境，帮助学生在虚拟场景中进行实验操作和技能训练，提升智能制造教育质量，还能有效解决传统实践教学中资源少、风险高等问题。虚拟仿真教学体系主要涵盖虚拟实验室、数字孪生技术和远程实验等模块，能够为智能制造专业集群教学提供理论依据和实践指导。

a. 虚拟实验室

虚拟实验室指利用虚拟现实和增强现实技术构建的高度仿真的实践环境，为学生提供安全、灵活的实验操作平台。在智能制造专业集群教学中，虚拟实验室的应用主要体现在以下几个方面。首先，虚拟实验室为学生提供了无风险的实验环境。在传统实验室中，学生操作昂贵的智能制造设备时可能会因操作失误造成设备损坏或人身伤害。而虚拟实验室则允许学生在虚拟环境中反复练习，无须担心这些风险。例如，学生可以在虚拟实验室中练习工业机器人的编程和操作，即使出现错误也可以随时重置，大大降低了学习成本。其次，虚拟实验室提供了丰富的实验场景和资源。通过虚拟现实和增强现实技术，学生可以模拟各种复杂的生产环境和设备操作。例如，学生可以在虚拟实验室中模拟整条智能制造生产线的运行，观察各个设备之间的协同工作，这种全景式的学习体验在传统实验室中难以实现。此外，虚拟实验室还支持模拟各种故障情况，有助于训练学生的故障诊断和排除能力。再次，虚拟实验室支持个性化学习和自主学习。学生可以根据自己的学习进度和兴趣选择实验内容和难度，系统会根据学生的表现提供实时反馈和指导。例如，虚拟实验室可以记录学生的操作步骤和结果，自动生成学习报告，帮助学生识别自己的薄弱处。这种个性化的学习方式有助于提高学生的学习效率，提升学生的学习效果。最后，虚拟实验室为教师提供了新的教学工具和方法。教师可以通过虚拟实验室设计各种教学场景和实验任务，实时监控学生的实验过程，并提供有针对性的指导。例如，教师可以在虚拟实验室中设置特定的故障场景，观察学生如何诊断和解决问题，从而评估学生的实践能力。

b. 数字孪生技术

数字孪生技术通过将物理设备或系统映射到虚拟环境中，为学生提供高度仿真的实践平台。在智能制造专业集群教学中，数字孪生技术的应用主要体现在以下几个方面。首先，数字孪生技术为学生提供了实时监控和分析的可能。通过将物理设备的状态实时映射到虚拟环境中，学生可以观察设备的运行状态、性能参数等信息。例如，学生可以通过数字孪生系统监控数控机床的运行状态，分析加工过程中的各种参数变化，这种实时反馈有助于学生深入理解设备的工作原理。其次，数字孪生技术支持预测性维护和故障诊断训练。通过在虚拟环境中模拟各种故障情况，学生可以练习故障诊断和预测性维护技能。例如，数字孪生系统支持模拟电机轴承磨损、刀具磨损等常见故障，帮助学生学习如何通过数据分析识别潜在问题并采取预防措施。这种训练方式不仅能够提高学生的实践能力，还能够培养其数据分析思维。再次，数字孪生技术为系统优化和创新设计提供了平台。学生可以在虚拟环境中对智能制造系统进行各种优化实验，而无须担心影响实际生产。例如，学生可以通过数字孪生系统调整生产线的布局、优化生产流程，观察这些改变对整体效率的影响。这种虚拟实验方式鼓励学生进行创新思考，从而培养其系统优化能力。最后，数字孪生技术为跨学科学习提供了可能。通过将机械、电子、计算机等多个学科的知识整合到数字孪生系统中，学生可以从整体角度理解智能制造系统。例如，学生可以通过数字孪生系统观察机械结构、电气控制和软件算法之间的相互作用，这种跨学科的学习体验有助于培养学生的系统思维能力。

c.远程实验

远程实验利用互联网技术，使学生能够远程访问和控制实验设备，为智能制造教学提供了新的可能。在智能制造专业集群教学中，远程实验的应用主要体现在以下几个方面。首先，远程实验突破了地理限制，实现了教育资源的共享。通过远程实验平台，学生可以访问位于不同地点的先进实验设备，无须到实验室即可进行实验操作。例如，学生可以通过远程实验平台控制位于其他城市的工业机器人，进行编程和操作练习。这种资源共享方式大大增加了学生的学习机会，特别是那些无法获得先进实验设备的学校和学生。其次，远程实验提供了灵活的学习时间和方式。学生可以根据自己的时间安排进行实验，而不受限于实验室的开放时间。例如，学生可以在晚上或周末通过远程实验平台进行实验操作，这特别适合在职学习或接受远程教育的学生。此外，远程实验平台通常提供实验录像和回放功能，因此学生可以反复观看实验过程，加深理解。再次，远程实验支持协作学习和远程指导。多个学生可以同时访问同一台实验设备，实施协作实验或项目。例如，不同学校的学生可以通过远程实验平台共同完成一个智能制造系统的调试任务。同时，教师可以通过远程实验平台实时观察学生的实验过程，并提供远程指导。这种协作和指导方式不仅提高了学习效率，还培养了学生的团队合作能力。最后，远程实验为收集和分析大规模实验数据提供了可能。通过远程实验平台，教师可以收集大量的学生实验数据，用于教学研究和改进。例如，教师可以分析不同学生在同一实验中的操作情况和结果，识别常见错误和困难，从而改进教学方法。此外，这些数据还可以用于开发智能辅导系统，为学生提供个性化的学习建议。

虚拟仿真教学在智能制造专业集群教学中发挥着重要作用。通过虚拟实验室、数字孪生技术和远程实验的应用，虚拟仿真教学为学生提供了高度仿真的实践环境，有效弥补了传统实践教学的不足。这些技术不仅提升了教学效果和学习体验，还为培养高素质智能制造人才提供了有力支持。未来，应进一步加强虚拟仿真教学的应用，不断探索和创新教学模式，为智能制造领域的人才培养和产业发展做出更大贡献。

（3）在线学习平台应用

随着信息技术的快速发展，应用在线学习平台已成为教育领域的重要趋势。在智能制造专业集群教学中，在线学习平台的应用不仅能够提供丰富的学习资源和灵活的学习方式，还能有效支持学生的自主学习和协作学习，为培养高素质智能制造人才提供有力支持。在线学习平台主要包括 MOOCs（大规模开放在线课程）、SPOC（小规模私有在线课程）和学习管理系统（LMS），以期为智能制造专业集群教学提供理论依据和实践指导。

a. MOOCs（大规模开放在线课程）

MOOCs 为学生提供了学习国内外优质课程的机会，极大地拓宽了知识视野。在智能制造专业集群教学中，MOOCs 的应用主要体现在以下几个方面。首先，MOOCs 为学生提供了丰富的学习资源。通过 MOOCs，学生可以访问来自世界顶尖大学和机构的课程，学习最新的智能制造技术和理论。例如，学生可以通过 Coursera 或 edX 平台学习麻省理工学院或斯坦福大学的智能制造相关课程，获取前沿知识和实践经验。这种全球化的学习资源不仅丰富了学生的学习内容，还拓宽了其国际视野。其次，MOOCs 为学生提供了灵活的学习方式。学生可以根据自己的时间安排和学习进度选择课程，进行自主学习。例如，学生可以在课余时间观看课程视频，完成在线作业和测试，这特别适合在职学习或接受远程教育的学生。此外，MOOCs 通常提供课程录像和回放功能，因此学生可以反复观看课程内容，加深理解。再次，MOOCs 促进了协作学习和知识共享。通过 MOOCs 的讨论区和社交功能，学生可以与来自世界各地的同学进行交流和讨论，分享学习心得和经验。例如，学生可以在课程讨论区中提出问题，获得其他学生或教师的解答。这种协作学习方式不仅提高了学习效率，还培养了学生的团队合作能力。最后，MOOCs 为教师提供了新的教学工具和方法。教师可以通过 MOOCs 设计各种教学活动和任务，实时监控学生的学习进度，并提供反馈和指导。例如，教师可以设计在线实验或项目，要求学生通过 MOOCs 提交作业和报告，从而评估学生的学习效果。

b. SPOC（小规模私有在线课程）

SPOC 是基于 MOOCs 资源开发的适合本校学生的在线课程，提供了个性化的学习支持。在智能制造专业集群教学中，SPOC 的应用主要体现在以下几个方面。

首先，SPOC 为学生提供了个性化的学习体验。通过 SPOC，教师可以根据学生的学习进度和需求，提供定制化的学习内容和反馈。例如，教师可以根据学生的知识掌握情况，推荐相关的学习材料和练习题，这种个性化的学习方式有助于提高学生的学习效率，提升学生的学习效果。其次，SPOC 支持混合式教学模式。教师可以将在线学习与面对面教学结合，设计灵活的教学活动。例如，教师可以通过 SPOC 发布课程资料和作业，学生在课前通过在线学习掌握基础知识，在课堂上则专注于问题讨论和实践操作。这种混合式教学模式不仅提高了课堂效率，还增强了学生的参与感和互动性。再次，SPOC 为教师提供了教学数据和分析工具。通过 SPOC，教师可以收集和分析学生的学习数据，识别学生的学习困难和潜在问题。例如，教师可以通过 SPOC 查看学生的作业完成情况和测试成绩，发现学生的薄弱处，并提供有针对性的辅导和支持。最后，SPOC 促进了教学资源的共享和优化。学校可以基于 MOOCs 资源开发适合本校学生的 SPOC 课程，实现优质教育资源的共享和优化配置。例如，学校可以将国内外优质课程进行本地化改造，开发适合本校学生的 SPOC，提供个性化的学习支持。

c. 学习管理系统

学习管理系统为教师和学生提供了一个综合性的在线学习平台，支持课程管理、作业布置、在线测试等功能。在智能制造专业集群教学中，学习管理系统的应用主要体现在以下几个方面。首先，学习管理系统为教师提供了便捷的课程管理工具。教师可以通过学习管理系统发布课程资料、布置作业、进行在线测试，实时监控学生的学习进度和表现。例如，教师可以通过学习管理系统发布课程大纲、课件和参考书目，以便学生随时随地进行学习。此外，教师可以通过学习管理系统布置在线作业和组织测试，学习管理系统自动评分和反馈，大幅提高了教学效率。其次，学习管理系统支持学生自主学习和协作学习。学生可以通过学习管理系统访问课程资料、提交作业、参与讨论，进行自主学习和协作学习。例如，学生可以通过学习管理系统完成在线作业和测试，参与课程讨论区中的讨论，与同学和教师进行交流和互动。这种自主学习和协作学习方式不仅提高了学生的学习效率，还培养了其自主学习能力和团队合作能力。再次，学习管理系统为教师提供了教学数据和分析工具。通过学习管理系统，教师可以收集和分析学生的学习数据，识别学生面临的学习困难和潜在问题。例如，教师可以通过学习管理系统查看学生的作业完成情况和测试成绩，发现学生的薄弱处，并提供有针对性的辅导和支持。最后，学习管理系统促进了教学资源的共享和优化。学校可以通过学习管理系统实现教学资源的集中管理和优化配置，提高教学资源的利用效率。例如，学校可以将优质课程资源和教学资料上传到学习管理系统，供全校师生共享和使用，实现教学资源的优化配置和共享。

在线学习平台在智能制造专业集群教学中发挥着重要作用。通过 MOOCs、SPOC 和学习管理系统的应用，在线学习平台为学生提供了丰富的学习资源和灵活的学习方式，且支持自主学习和协作学习。这些平台不仅提升了教学效果和学习体验，还为培养高素质智能制造人才提供了有力支持。未来，应进一步加强在线学习平台的应用，不断探索和创新教学模式，为智能制造领域的人才培养和产业发展做出更大贡献。

5.3.3　信息技术融合教学的实施路径

随着信息技术的快速发展，信息技术融合教学已成为教育领域的重要趋势。在智能制造专业集群教学中，有效实施信息技术融合教学需要完善的基础设施和丰富的教学资源。其实施路径主要包括基础设施建设、教学资源开发、教师培训与支持，以及学生能力培养四个方面，即从网络环境搭建、硬件设备配置、软件平台部署，到数字化教材开发、虚拟仿真资源建设和在线课程设计；从技术培训机制、教学支持体系构建，到学生信息素养培育、自主学习能力和实践能力提升。通过剖析各环节的具体实施策略、保障机制及能力培养路径，探索信息技术与智能制造教学深度融合的有效路径。研究表明，完善的基础设施和丰富的教学资源是实施信息技术融合教学的关键，能够显著提升教学效果，为培养高素质智能制造人才提供有力支持。

（1）基础设施建设

基础设施建设是实施信息技术融合教学的前提和保障，主要包括网络环境、硬件设备和软件平台三个方面。首先，建设高速、稳定的校园网络是支持大规模在线学习和虚拟仿真应用的基础。学校应升级校园网络基础设施，确保网络覆盖全面、带宽充足、稳定性高。例如，可以采用光纤网络和 5G，提供千兆甚至万兆的网络接入，满足虚拟现实、远程实验等高带宽需求的应用。同时，应建立完善的网络安全管理体系，保障教学数据的安全和隐私。其次，配备先进的多媒体教学设备、虚拟现实设备和远程实验设备是实施信息技术融合教学的关键。学校应建设智能教室，配备交互式电子白板、高清投影仪、平板电脑等多媒体设备，支持多样化的教学模式。同时，应投资建设虚拟现实实验室，配备虚拟现实头盔、动作捕捉设备等，为学生提供沉浸式的学习体验。此外，还应建立远程实验中心，配备可远程控制的智能制造设备，支持学生进行远程实验操作。最后，引进或开发适合智能制造教学的软件平台是实现信息技术融合教学的核心。学校可以选择成熟的虚拟实验室平台、在线学习平台和学习管理系统，也可以根据自身需求开发定制化的软件平台。例如，可以开发基于数字孪生技术的虚拟仿真平台，模拟智能制造生产线的运行和优化。同时，应注重对软件平台的整合，实现不同系统之间的数据共享和功能协同。

（2）教学资源开发

教学资源开发是实施信息技术融合教学的重要内容，主要包括数字化教材、虚拟仿真资源和在线课程三个方面。首先，开发与智能制造相关的数字化教材是丰富教学内容、提升教学效果的重要手段。数字化教材应包括电子书、视频课程、互动课件等多种形式，满足不同学习需求。例如，可以开发包含 3D 模型和动画的电子书，帮助学生直观理解复杂的智能制造概念；制作微课视频，讲解重点难点知识；设计互动课件，支持学生自主探究和练习。同时，应注重对数字化教材的更新和维护，及时反映智能制造技术的最新发展。其次，开发虚拟仿真实验和实训项目是提升学生实践能力的关键。虚拟仿真资源应涵盖智能制造装备操作、智能工厂系统集成等内容，提供高度仿真的实践环境。例如，可以开发工业机器人编程与操作的虚拟仿真实验，让学生在虚拟环境中练习编程和调试；设计智能工厂系统集成的虚拟实训项目，训练学生解决复杂工程问题的能力。同时，应注重虚拟仿真资源的交互性和反馈机制，提供实时的操作指导和评估反馈。最后，设立 MOOCs 和 SPOC 课程是提供丰富在线学习资源、支持个性化学习的重要途径。学校可以引进国内外优质的智能制造 MOOCs 课程，拓宽学生的知识视野；同时，基于 MOOCs 资源开发适合本校学生的 SPOC 课程，提供个性化的学习支持。例如，可以开发"智能制造系统设计与优化" SPOC 课程，结合本校的教学特色和学生的实际需求，设计有针对性的学习内容和评估方式。此外，应注重在线课程的互动性和协作性，设计讨论区、小组项目等环节，促进学生之间的交流和合作。

（3）教师培训与支持

教师培训与支持是实施信息技术融合教学的关键环节，主要包括技术培训、教学支持和激励机制三个方面。首先，为教师提供关于信息技术应用的培训是提升其信息化教学能力的基础。学校应定期组织信息技术培训，内容包括多媒体教学工具的使用、在线课程的设计与开发、虚拟仿真平台的操作等。例如，可以邀请信息技术专家进行专题讲座，或组织教师参加相关的研讨会和培训班。同时，应注重培训的实践性和针对性，提供实际操作和案例分析，帮助教师将所学知识应用到教学中。其次，建立技术支持团队是为教师提供教学设计和平台使用指导的重要保障。技术支持团队应由信息技术专家和教育技术专家组成，负责解决教师在使用信息技术过程中遇到的技术问题，提供教学设计和平台使用方面的咨询和指导。例如，可以设立专门的技术支持热线或在线支持平台，及时响应教师的需求。同时，应定期组织技术交流会，分享成功案例，促进教师之间的经验交流。最后，通过教学竞赛、成果奖励等方式激励教师积极参与信息技术融合教学是提高教师积极性的有效手段。学校可以设立信息技术融合教学竞赛，评选优秀教学案例和成果，并给予表彰和奖励。例如，可以设立"信息技术融合教学创新奖"，奖励在信息技术融合教学中表现突出的教师。同时，应将信息技术融合教学的成果纳入教师绩效考核和职称评定体系，激励教师持续投入和创新。

（4）学生能力培养

随着信息技术的快速发展和智能制造产业的不断升级，培养具备信息素养、自主学习能力和实践能力的高素质人才已成为教育领域的重要任务。在信息技术融合教学的背景下，如何有效培养学生的这些能力，是当前教育改革和创新的关键课题。系统的信息素养课程、丰富的在线学习资源和虚拟仿真技术的应用，能够显著提升学生的综合能力，为培养高素质智能制造人才提供有力支持。

通过分析信息素养教育、自主学习能力培养和实践能力提升的具体策略和实施方法，可以了解信息技术在促进学生全面发展中的重要作用。

a. 信息素养教育

信息素养教育是培养学生信息获取、分析和应用能力的基础，对学生在信息化社会中的生存和发展具有重要意义。在信息技术融合教学的背景下，信息素养教育可以从以下几个方面展开。首先，开设系统的信息素养课程是培养学生信息素养的主要途径。信息素养课程应包括信息检索、信息评估、信息伦理等内容，帮助学生掌握有效获取和利用信息的能力。例如，可以开设智能制造信息素养课程，教授学生如何利用数据库和网络资源进行学术研究和工程实践。课程内容应涵盖文献检索技巧、数据挖掘方法、信息分析工具的使用等，使学生能够熟练运用各种信息资源解决实际问题。其次，将信息素养教育融入专业课程教学是提高学生信息素养的有效方法。教师可以在专业课程中设计与信息素养相关的教学环节，如文献综述、数据分析和信息展示等。例如，在智能制造系统设计课程中，可以要求学生查阅相关文献，分析行业发展趋势，并撰写研究报告。这种融入式的信息素养教育不仅能够提高学生的信息应用能力，还能加深其对专业知识的理解。再次，开展信息素养实践活动是培养学生信息素养的重要补充方法。学校可以组织信息检索竞赛、数据分析大赛等活动，激发学生的学习兴趣和应用能力。例如，可以举办智能制造创新设计大赛，要求学生利用各种信息资源进行创新设计和方案优化。同时，应鼓励学生参与科研项目和企业实践，在实际应用中提升信息素养。最后，建立信息素养评估体系是确保信息素养教育效果的重要手段。学校应制定信息素养评估标准，定期评估学生的信息素养水平，并根据评估结果改进教学方法。例如，可以通过信息检索测试、数据分析报告等方式评估学生的信息获取和分析能力，并通过信息伦理案例分析评估学生的信息伦理意识。

b. 自主学习能力培养

自主学习能力是学生在信息化社会中持续学习和发展的关键能力。在信息技术融合教学的背景下，通过在线学习平台培养学生的自主学习能力和终身学习习惯，可以从以下几个方面展开。首先，提供丰富的在线学习资源是培养学生自主学习能力的基础。学校应建设完善的在线学习平台，提供 MOOCs、SPOC、电子书、视频讲座等多种学习资源，满足学生的个性化学习需求。例如，可以建设智能制造在线学习平台，汇集国内外优质课程资源，支持学生根据自己的兴趣和需求选择学习内容和把握学习进度。同时，应注重对学习资源的更新和维护，及时反映智能制造技术的最新发展。其次，设计灵活的学习路径和支持系统是促进学生自主学习的关键。在线学习平台应提供个性化的学习路径推荐和学习进度跟踪功能，帮助学生制定学习计划和目标。例如，可以根据学生的学习历史和兴趣，推荐相关的课程和学习资源；通过数据分析，为学生提供学习进度反馈和改进建议。同时，应建立在线辅导和答疑系统，及时解决学生在自主学习过程中遇到的问题。再次，创设互动和协作的学习环境是提高学生自主学习积极性的重要手段。在线学习平台应设计讨论区、小组项目等，促进学生之间的交流和合作。例如，可以组织在线学习小组，让学生共同完成学习任务和项目；开设在线讨论区，鼓励学生分享学习心得和经验。这种互动和协作的学习环境不仅能够提升学生的学习兴趣，还能培养其团队合作能力。最后，建立自主学习评估和激励机制是促进学生持续学习的重要保障。学校应制定自主学习评估标准，定期评估学生的自主学习效果，并根据评估结果提供反馈和指导。例如，可以通过在线测试、学习报告等方式评估学生的学习成果；通过学习数据分析，识别学生的学习困难和潜在问题。同时，应建立自主学习激励机制，如设立"自主学习之星"奖项，表彰在自主学习中表现突出的学生。

c. 实践能力提升

实践能力是学生将理论知识应用于解决实际问题的关键能力。在信息技术融合教学的背景下，利用虚拟仿真技术提升学生的实践操作能力和问题解决能力，可以从以下几个方面展开。首先，开发高质量的虚拟仿真实验和实训项目是提升学生实践能力的基础。学校应根据智能制造专业的特点和需求，开发涵盖设备操作、系统集成、故障诊断等内容的虚拟仿真资源。例如，可以开发"工业机器人编程与操作"虚拟仿真实验，让学生在虚拟环境中练习编程和调试；设计"智能工厂系统集成"虚拟实训项目，训练学生解决复杂工程问题的能力。同时，应注重虚拟仿真资源的真实性和交互性，提供高度仿真的实践环境和实时的操作反馈。其次，设计渐进式的实践训练体系是提高学生实践能力的有效方法。学校应根据学生的知识水平和能力发展，设计从基础到高级的渐进式实践训练体系。例如，可以设计"基础操作—系统集成—创新设计"三阶段的实践训练体系，逐步提高学生的实践能力和激发其创新思维。同时，应注重实践训练的系统性和综合性，设计跨学科、跨领域的综合实践项目，训练学生解决复杂工程问题的能力。再次，建立实践能力评估和反馈机制是促进学生实践能力提升的重要保障。学校应制定实践能力评估标准，定期评估学生的实践操作能力和问题解决能力，并根据评估结果提供反馈和指导。例如，可以通过虚拟仿真系统的操作记录和评估功能，评估学生的操作准确性和效率；通过项目报告和答辩，评估学生的问题解决能力和创新思维。同时，应建立提升实践能力的激励机制，如设立"实践创新奖"，表彰在实践训练中表现突出的学生。最后，加强校企合作是提高学生实践能力的重要途径。学校应与智能制造企业合作，共同开发虚拟仿真资源和实践训练项目，确保实践内容与产业需求紧密结合。例如，可以邀请企业专家参与虚拟仿真资源的设计和评估；组织学生参与企业实际项目，进行远程实验和数据分析。这种校企合作模式不仅能够提高学生的实践能力，还能增强其职业素养和就业竞争力。

在信息技术融合教学的背景下，通过系统的信息素养教育、丰富的在线学习资源和虚拟仿真技术的应用，能够有效培养学生的信息素养、自主学习能力和实践能力。这些能力的培养不仅能够提高学生的综合素质，还能为其在智能制造领域的职业发展奠定坚实基础。未来，应进一步加强信息技术与教育教学的深度融合，不断探索和创新培养学生能力的方法和途径，为智能制造领域的人才培养和产业发展做出更大贡献。

5.3.4 案例分析

随着信息技术的迅猛发展，教育领域也在不断探索如何将信息技术与教学深度融合，以提升教学效果和学生的学习体验。以苏州科技大学为例，详细分析该校在智能制造专业集群中积极推进信息技术融合教学的具体做法及其成效。苏州科技大学通过智慧课堂建设、虚拟仿真教学和在线学习平台等多种方式，有效提升了教学质量和学生的学习体验。苏州科技大学是一所位于江苏省苏州市的应用型本科院校，以工科为主，注重应用型人才的培养，特别是在智能制造、信息技术等领域具有较强的教学和科研实力。该校信息技术融合教学的具体实践如下。

（1）采取的措施

a. 智慧课堂建设

苏州科技大学在智能制造专业集群的教室中配备了先进的多媒体设备和互动工具。每间教室都配备了电子白板、高清投影仪、音响系统等多媒体设备，教师可以通过电子白板展示教学内容，学生可以通过平板电脑参与课堂互动。这种教学方式不仅提高了课堂的互动性，还使得教学内容更加生动、直观。电子白板是智慧课堂的核心设备之一。教师可以通过电子白板展示 PPT、视频、动画等多种形式的教学内容，还可以实时标注、批注，方便学生理解和记忆。此外，电子白板还支持多人同时操作，学生可以借助平板电脑与电子白板进行实时交互，参与课堂讨论和练习。平板电脑支持学生实时接收教师推送的教学资料，参与课堂互动和讨论；还支持在线测试和作业提交，便于教师实时查看学生的学习情况，及时调整教学策略。这种教学方式不仅提高了课堂的互动性，还使学生的学习更加个性化和高效。

b. 虚拟仿真教学

苏州科技大学在智能制造专业集群中建设了虚拟实验室，学生可以在虚拟环境中进行工业机器人操作、智能工厂系统集成等实践训练。学校通过计算机模拟技术，构建了虚拟实验室这一高度仿真的工业环境，学生可以在其中进行各种实验操作，而无须担心设备损坏和安全问题。在虚拟实验室中，学生可以通过计算机模拟操作工业机器人，学习机器人的编程、控制和维护等技能。虚拟实验室提供了多种工业机器人模型，学生可以根据自己的学习进度和兴趣选择不同的机器人进行操作训练。这种教学方式不仅提高了学生的实践能力，还降低了实验成本和风险。虚拟实验室还提供了智能工厂系统集成训练，学生可以在虚拟环境中模拟智能工厂的整个生产过程，包括物料搬运、加工、装配、检测等环节。通过这种训练，学生可以全面了解智能工厂的运作流程，掌握系统集成的关键技术。

c. 在线学习平台

苏州科技大学引入了 MOOCs，学生可以学习国内外优质课程。MOOCs 包含丰富的课程资源，涵盖智能制造、信息技术、工程管理等多个领域。学生可以根据自己的兴趣和需求选择课程，自主学习。除了引入 MOOCs，苏州科技大学还开发了 SPOC 课程，提供个性化的学习支持。SPOC 课程针对本校学生的特点和需求，设计了更加精细化的教学内容和支持服务。教师可以通过 SPOC 平台发布课程资料、布置作业、进行在线答疑等，学生可以根据自己的学习进度和需求进行自主学习。在线学习平台不仅提供了丰富的课程资源，还支持多种学习方式，如视频学习、在线测试、讨论区互动等。学生可以根据自己的学习习惯和进度选择合适的学习方式，提高学习效率。此外，在线学习平台还支持记录和分析学习数据，教师可以通过数据分析了解学生的学习情况，及时调整教学策略。

（2）信息技术融合教学的成效

a. 教学效果的提升

通过信息技术融合教学，苏州科技大学有效提升了教学效果。智慧课堂的建设使教学内容更加生动、直观，提高了课堂的互动性和学生的参与度。虚拟仿真教学提供了高度仿真的实践环境，因此学生可以在虚拟实验室中进行各种实验操作，提高了实践能力和创新能力。在线学习平台提供了丰富的课程资源和个性化的学习支持，因此学生可以根据自己的需求进行自主学习，提高了学习效率。

b. 学生学习体验的改善

信息技术融合教学不仅提升了教学效果，还改善了学生的学习体验。智慧课堂的互动性和多媒体设备的应用使课堂更加生动有趣，激发了学生的学习兴趣。虚拟仿真教学提供了安全的实践环境，因此学生可以在虚拟实验室中进行各种实验操作，增强了实践能力和自信心。在线学习平台提供了灵活的学习方式，因此学生可以根据自己的学习进度和需求进行自主学习，提高了学习的自主性和积极性。

c. 教师教学能力的提升

信息技术融合教学不仅对学生有益，还提升了教师的教学能力。智慧课堂的建设要求教师掌握多媒体设备和互动工具的使用方法，提高了教师的信息技术应用能力。虚拟仿真教学要求教师具备设计和管理虚拟实验室的能力，提高了教师的实践教学能力。在线学习平台要求教师具备设计和开发在线课程的能力，提高了教师的在线教学能力。

苏州科技大学在智能制造专业集群中积极推进信息技术融合教学，通过智慧课堂建设、虚拟仿真教学和在线学习平台等多种方式，有效提升了教学效果和学生的学习体验。智慧课堂的建设使教学内容更加生动、直观，提高了课堂的互动性和学生的参与度。虚拟仿真教学提供了高度仿真的实践环境，因此学生可以在虚拟实验室中进行各种实验操作，提升了实践能力和创新能力。在线学习平台提供了丰富的课程资源和个性化的学习支持，因此学生可以根据自己的需求进行自主学习，提高了学习效率。信息技术融合教学不仅提升了教学效果，还改善了学生的学习体验，提升了教师的教学能力。苏州科技大学的成功经验为其他应用型高校的信息技术融合教学提供了有益的借鉴。

5.3.5　信息技术融合教学的挑战与对策

信息技术融合教学在提升教学效果和学生学习体验方面具有显著优势，但在实际推进过程中也面临诸多挑战。以下是应用型高校在智能制造专业集群中推进信息技术融合教学时可能会遇到的主要挑战及相应的对策分析。

挑战 1：技术应用难度大。

第一，问题描述。部分教师可能缺乏信息技术应用的经验，导致技术应用效果不佳。例如，智慧课堂中的电子白板、平板电脑等设备的使用，虚拟仿真教学中的虚拟实验室操作，以及在线学习平台的管理等，都需要教师具备一定的信息技术能力。部分教师可能对这些新技术感到陌生，难以有效应用于教学。

第二，对策。加强教师培训，提供技术支持和教学指导。

系统化培训。学校应定期组织信息技术应用培训，邀请技术专家或经验丰富的教师进行授课，帮助教师掌握智慧课堂设备、虚拟仿真平台和在线学习工具的使用方法。培训内容应涵盖基础操作、教学设计和课堂管理等方面。

技术支持团队。学校可以组建专门的技术支持团队，为教师提供一对一的技术指导，解决教师在技术应用过程中遇到的问题。技术支持团队还可以开发操作手册和视频教程，方便教师随时查阅。

教学示范与经验分享。学校可以组织优秀教师开展信息技术融合教学的示范课，展示如何将技术与教学内容有机结合。同时，鼓励教师之间分享经验，形成良好的学习氛围。

挑战 2：资源开发成本高。

第一，问题描述。数字化教学资源和虚拟仿真资源的开发需要大量投入。例如，虚拟实验室的建设需要高成本的硬件设备和软件，而设计和制作高质量的在线课程（如 MOOCs 和 SPOC）也需要投入大量人力物力。对应用型高校而言，资源开发成本可能成为推进信息技术融合教学的主要障碍。

第二，对策。通过校企合作，引入企业的资源，同时加强校际合作，共享优质资源。

校企合作。学校可以与智能制造领域的企业合作，借助企业的技术优势和资源支持，共同开发虚拟仿真教学资源和在线课程。例如，企业可以提供工业机器人模型、智能工厂系统等资源，学校则负责教学设计和实施。

校际合作与资源共享。学校可以与其他高校建立合作关系，共享优质的教学资源和开发经验。例如，通过加入高校联盟或参与教育资源共享平台，学校可以获取其他高校开发的虚拟仿真资源和在线课程，降低资源开发成本。

政府与社会支持。学校可以积极争取政府和社会的资金支持，申请教育信息化专项基金或科研项目经费，用于数字化教学资源和虚拟仿真资源的开发。

挑战3：学生适应性差异大。

第一，问题描述。部分学生可能对信息技术融合教学方式不适应。例如，一些学生可能习惯于传统的课堂教学模式，对智慧课堂的互动式教学、虚拟仿真实验和在线学习平台的使用感到陌生或不适应。此外，学生的学习能力和信息技术素养也存在差异，可能导致学习效果参差不齐。

第二，对策。通过个性化学习支持和辅导，帮助学生逐步适应新的教学方式。

分层次教学。学校可以根据学生的信息技术素养和学习能力，实施分层次教学。例如，对于信息技术基础较弱的学生，可以提供基础操作培训；对于能力较强的学生，则可以提供高阶的学习任务和挑战。

个性化学习支持。学校可以通过在线学习平台的数据分析功能，实时跟踪学生的学习进度和表现，有针对性地提供个性化学习支持。例如，对于学习困难的学生，可以推送额外的学习资料或安排辅导教师进行一对一指导。

开设心理辅导与适应性训练。学校可以开设心理辅导课程或适应性训练，帮助学生克服对新技术和新教学方式的抵触心理。例如，通过小组讨论、角色扮演等方式，让学生逐步适应智慧课堂和虚拟仿真教学。

建立学生互助机制。学校可以建立学生互助机制，鼓励信息技术素养较高的学生帮助其他同学适应新的教学方式。例如，组建学生技术小组，为其他学生提供技术支持和学习指导。

信息技术融合教学在推进过程中面临技术应用难度大、资源开发成本高和学生适应性差异大等挑战。应用型高校应通过加强教师培训、引入校企合作和校际资源共享、提供个性化学习支持等对策，有效应对这些挑战。未来，学校应继续优化信息技术融合教学的实施策略，进一步提升教学效果和学生的学习体验，为其他高校提供可借鉴的经验。

5.4　创新创业教育与能力培养

在当今快速变化的科技和经济环境中，特别是在智能制造领域，创新创业教育是应用型高校人才培养的重要组成部分，旨在培养学生的创新精神、创业意识和实践能力。在智能制造专业集群建设中，创新创业教育不仅是提升学生综合素质的重要途径，也是推动产业技术创新的重要手段。本节将探讨创新创业教育的意义、目标、实施模式、能力培养策略及创新创业教育的挑战与对策。

5.4.1　创新创业教育的意义与目标

（1）创新创业教育的意义

培养创新精神。创新精神是推动社会进步和经济发展的核心动力。通过创新创业教育，学生可以激发创新思维和创造力，培养独立思考和解决问题的能力。在智能制造领域，创新精神尤为重要，因为该领域需要不断的技术革新和工艺改进。

提升实践能力。创新创业教育不仅注重理论知识的传授，更强调实践能力的培养。通过创新创业实践，学生可以将理论知识应用于实际问题的解决，提升实践操作能力和问题解决能力。这对智能制造专业的学生尤为重要，因为他们需要具备实际操作和解决复杂技术问题的能力。

促进就业创业。创新创业教育可以增强学生的就业竞争力和创业能力。在智能制造领域，具备创新精神和创业能力的学生更受企业欢迎，也更具自主创业能力，能更好地推动产业发展。通过创新创业教育，学生可以了解市场需求，掌握创业技能，提高创业成功率。

推动产业创新。创新创业教育不仅对学生个人发展有益，也对整个产业的技术进步和经济发展具有重要推动作用。培养具有创新创业能力的智能制造人才，可以推动产业技术进步，促进产业升级和转型。

（2）创新创业教育的目标

构建创新创业课程体系。为了系统地进行创新创业教育，需要构建与智能制造相关的创新创业课程体系。这些课程应包括创新思维训练、创业基础知识、智能制造技术应用等内容，为学生提供全面的知识支持。

建设创新创业实践平台。创新创业教育不仅需要传授理论知识，还需要实践平台的支持。通过建设创新创业实验室、孵化基地等实践平台，学生可以进行创新创业实践，提升实践能力和创新能力。

培养创新创业能力。创新创业教育的核心目标是培养学生的创新思维、创业意识和实践能力。通过课程学习和实践训练，学生可以掌握有关创新创业的基本知识和技能，具备独立思考和解决问题的能力。

推动成果转化。创新创业教育的最终目标是促进学生的创新成果转化，推动产业发展。通过创新创业教育，学生可以将创新成果应用于实际生产和经营，推动产业技术进步和经济发展。

5.4.2　创新创业教育的实施模式

创新创业教育是应用型高校人才培养的重要组成部分，其实施模式直接关系到教育效果和学生能力的培养。在智能制造专业集群建设中，创新创业教育的实施模式需要从课程体系建设、实践平台建设和导师团队建设三个方面进行系统设计和推进。以下将分析这三个方面的具体内容和实施策略。

（1）课程体系建设

课程体系是创新创业教育的基础，科学合理的课程设置，可以为学生提供系统的创新创业知识并培养其能力。课程体系建设主要包括创新创业基础课程、专业融合课程和案例教学课程。

a.创新创业基础课程

创新创业基础课程是培养学生创新意识和创业意识的入门课程，旨在帮助学生掌握创新创业的基本概念、方法和工具。课程通常包括以下内容。创新思维与方法课程，重点培养学生的创新思维、教授创新方法（如设计思维、发明问题解决理论等），帮助学生了解并掌握从问题发现到解决方案设计的全过程。通过课堂讨论、头脑风暴和创意实践，学生可以逐步形成独立思考和创新的能力。创业基础课程，主要介绍创业的基本知识，包括创业机会识别、商业模式设计、创业计划书撰写等内容。通过理论讲解和案例分析，学生可以了解创业的全过程，掌握创业的基本技能。实施策略是：采用小班化教学，注重课堂互动和学生参与；引入翻转课堂模式，学生课前学习理论知识，在课堂上进行案例分析和实践操作；结合在线学习平台，提供丰富的学习资源和互动机会。

b. 专业融合课程

专业融合课程是将创新创业教育与智能制造专业教育结合的课程，旨在培养学生的专业创新能力和创业实践能力。课程通常包括以下内容。智能制造创新设计课程，结合智能制造领域的技术前沿，教授学生如何将创新思维应用于产品设计、工艺改进和系统优化。通过项目式学习，学生可以完成从创意到原型设计的全过程。智能工厂创业实践课程，以智能工厂为背景，教授学生如何将智能制造技术应用于创业实践。学生通过模拟创业项目，学习工厂规划、生产管理、市场推广等知识，提升创业实践能力。实施策略是：采用项目驱动式教学，学生以团队形式完成实际项目；引入企业真实案例，帮助学生了解行业需求和市场动态；结合虚拟仿真技术，提供高度仿真的实践环境。

c. 案例教学课程

案例教学课程通过分析真实的创新创业案例，帮助学生理解创新创业的实际应用和挑战。课程通常包括以下内容。智能制造创业案例分析课程，通过分析智能制造领域的成功和失败案例，帮助学生了解创业过程中的关键问题和解决方案。学生可以从中学习创业经验，提升分析和解决问题的能力。实施策略是：邀请创业成功人士和行业专家进行案例分享；组织学生进行案例讨论和角色扮演，模拟创业决策过程；结合在线学习平台，提供丰富的案例资源和互动机会。

（2）实践平台建设

实践平台是创新创业教育的重要支撑，通过提供真实或逼真的实践环境，帮助学生将理论知识应用于实际问题解决。实践平台建设主要包括建设创新创业实验室、创新创业孵化基地和组织创新创业竞赛。

a. 创新创业实验室

创新创业实验室是学生进行创新项目开发和测试的重要场所，通常配备先进的设备和技术支持。创新创业实验室的主要功能包括创新项目开发、技术测试与验证等。创新项目开发指学生可以在实验室中进行与智能制造相关的创新项目开发，如工业机器人设计、智能工厂系统集成等。技术测试与验证指实验室提供技术测试和验证服务，有助于学生完善创新项目的技术方案。实施策略是：引入企业资源，提供先进的设备和技术支持；设立开放实验室，使学生随时可以进行实验操作；组织实验室创新竞赛，激发学生的创新热情。

b. 创新创业孵化基地

创新创业孵化基地是为学生提供创业指导、资金支持和市场对接服务的平台，通常是学校与企业和政府合作建设的。孵化基地的主要功能包括创业指导、资金支持、市场对接等。创业指导指孵化基地聘请创业导师，为学生提供创业指导和咨询服务。资金支持指孵化基地设立创业基金，为学生提供资金支持。市场对接指孵化基地与企业和市场对接，帮助学生将创新成果转化为实际产品。实施策略是：与地方政府和企业合作，共建孵化基地；设立创业基金，支持优秀创业项目；定期举办创业路演和对接会，帮助学生寻找投资和市场机会。

c. 创新创业竞赛

创新创业竞赛是激发学生创新热情和提升学生实践能力的重要途径。通过参加竞赛，学生可以将理论知识应用于解决实际问题，提升团队合作和项目管理能力。常见的竞赛包括"互联网+"大学生创新创业大赛和智能制造创新大赛。"互联网+"大学生创新创业大赛是全国性的大学生创新创业比赛，涵盖智能制造、信息技术等多个领域。智能制造创新大赛专注于智能制造领域，鼓励学生进行技术创新和产品设计。实施策略是：组织校内选拔赛，选拔优秀团队参加全国比赛；提供竞赛培训和指导，帮助学生提升竞赛水平；设立竞赛奖励机制，激励学生积极参与。

（3）导师团队建设

导师团队是创新创业教育的重要支撑，聘请校内导师和企业导师，可以为学生提供全面的指导和咨询。

a. 校内导师

校内导师是学校选拔的具有创新创业理论知识的教师，主要负责学生的创新创业指导和咨询。校内导师的主要职责包括课程教学、项目指导等。课程教学指校内导师负责创新创业课程的教学，帮助学生掌握创新创业的基本知识和技能。项目指导指校内导师指导学生进行创新项目开发和创业实践，提供技术支持和资源对接。实施策略是：选拔具有创新创业理论知识的教师担任导师；定期组织导师培训，提升导师的指导能力；设立导师激励机制，鼓励导师积极参与创新创业教育。

b. 企业导师

企业导师是学校邀请的企业专家和创业成功人士，主要负责学生的实践指导和行业对接。企业导师的主要职责包括实践指导、资源对接等。企业导师为学生提供实践指导，帮助学生了解行业需求和市场动态；同时企业导师为学生提供资源对接服务，帮助学生将创新成果转化为实际产品。实施策略是：与知名企业合作，邀请企业专家担任导师；定期组织企业导师讲座和分享会，帮助学生了解行业动态；设立企业导师激励机制，鼓励企业导师积极参与创新创业教育。

创新创业教育的实施模式需要从课程体系建设、实践平台建设和导师团队建设三个方面进行系统设计和推进。构建科学的课程体系、建设完善的实践平台和组建专业的导师团队，可以有效提升学生的创新创业能力，推动产业技术进步和经济发展。

未来，应用型高校应继续深化创新创业教育，探索更多创新的教育模式和方法。学校应进一步优化课程体系，引入更多先进的教学资源和技术支持，提升学生的创新创业能力。同时，学校应继续加强校企合作，引入更多企业的资源和技术支持，为学生提供更逼真或真实的创新创业环境。通过不断探索和创新，继续提升创新创业教育质量，从而培养更多具有创新精神和实践能力的高素质应用型人才。

5.4.3　创新创业能力培养策略

创新创业能力的培养是当前教育体系的重要组成部分，尤其是在快速变化的全球经济环境中，具备创新思维和创业能力的人才更具竞争力。以下是对创新创业能力培养策略的详细分析。

（1）创新思维培养

a. 创新方法训练

创新方法训练旨在培养学生的创新思维和设计思维。创新思维是创新创业能力的核心。通过系统的创新方法训练，学生可以掌握多种创新工具和理论，从而提升解决问题的能力。TRIZ（发明问题解决理论）是一种系统化的创新方法，通过分析大量专利和创新案例，总结出解决技术问题的通用原则。通过学习 TRIZ，学生可以掌握从技术矛盾中寻找创新解决方案的方法。设计思维是一种以人为本的创新方法，强调通过同理心、定义问题、构思、原型设计和测试等步骤来解决复杂问题。设计思维不仅适用于产品设计，还可以应用于商业模式创新、服务设计等领域。其他创新工具如头脑风暴、六顶思考帽、SCAMPER 法（奔驰法）等，可以帮助学生打破思维定式，激发创造力。

b. 跨学科协作

创新往往发生在不同学科的交叉点上。通过跨学科协作，学生可以从不同领域的知识中汲取灵感，产生新的创意。学校可以组织跨学科的项目，鼓励不同专业的学生合作。例如，工程专业的学生与设计专业的学生合作，开发新产品；商科专业与技术专业学生合作，设计新的商业模式。学校也可以开设跨学科的课程，如科技与创新管理、设计工程等课程，帮助学生理解不同学科的知识和方法，培养跨学科思维。

（2）创业意识培养

a. 创业知识传授

创业不仅要求有一个好的创意，还需要系统的知识支持。通过创业课程和讲座，学生可以掌握创业所需的基本知识和技能。在商业模式设计方面，学生需要学习如何设计可行的商业模式，包括价值主张、客户细分、渠道、收入来源等。商业模式画布是一个常用的工具，可帮助学生系统地分析和设计商业模式。创业成功离不开有效的市场营销。学生需要学习市场调研、品牌建设、数字营销等知识，以便更好地推广产品和服务。在创业过程中，财务管理至关重要。学生需要学习如何制定预算、管理现金流、进行财务分析等，以确保企业的财务健康。创业过程中涉及许多法律问题，如公司注册、合同签订、知识产权保护等。学生需要了解相关法律知识，避免法律风险。

b. 创业实践体验

理论知识需要通过实践来巩固。通过创业实践和模拟创业，学生可以将所学知识应用于实际情境中，增强创业意识和能力。学校可以组织创业比赛、创业孵化器等创业实践活动，鼓励学生组建团队，开展真实的创业项目。通过实际运营，学生可以体验到创业的挑战和乐趣，积累宝贵的经验。通过模拟创业平台或软件，学生可以在虚拟环境中体验创业过程。这可以帮助学生理解创业中的各种决策和风险，提升他们的创业能力。

（3）实践能力提升

a. 项目实践

创新创业能力的培养离不开实践操作。通过参与创新创业项目，学生可以将理论知识与实际操作相结合，提升实践能力和问题解决能力。学校可以设立创新创业基金，支持学生开展创新创业项目。学生可以自主提出项目，申请资金支持，并在导师的指导下完成项目。通过项目的实施，学生可以学习如何管理资源、解决实际问题、应对挑战。在项目实践中，学生需要面对各种实际问题，如技术难题、市场变化、团队管理等。通过解决这些问题，学生可以提升自己的问题解决能力和应变能力。

b. 企业实习

企业实习是学生接触真实商业环境的重要途径。通过在企业中实习，学生可以积累实践经验，增强职业素养。在企业实习中，学生可以接触到真实的业务流程、管理模式和市场环境。通过参与企业的日常工作，学生可以积累宝贵的实践经验，了解企业的运作方式。企业实习不仅可以帮助学生提升专业技能，还可以培养他们的职业素养，如团队合作能力、沟通能力、时间管理能力等。这些素养对学生未来的职业发展至关重要。

创新创业能力的培养是一个系统的过程，涉及创新思维的培养、创业意识的提升以及实践能力的锻炼。通过创新方法训练、跨学科协作、创业知识传授、创业实践体验、项目实践和企业实习等多种策略，学生可以全面提升自己的创新创业能力，为未来的职业发展打下坚实的基础。这些策略不仅适用于高等教育，也可以在职业教育和继续教育中推广，以帮助更多人在快速变化的经济环境中保持竞争力。

5.4.4　案例分析

以下是对某应用型高校在智能制造专业集群中推进创新创业教育的分析。该校通过课程体系建设、实践平台建设和导师团队建设等多方面的努力，成功地将创新创业教育融入专业教育，培养了一批具有创新精神和创业能力的学生。

（1）课程体系建设

a. 开设创新创业相关课程

该校在智能制造专业集群中开设了创新思维与方法、智能制造创新设计等课程，将创新创业教育融入专业教育体系。创新思维与方法课程旨在培养学生的创新思维，教授学生如何运用 TRIZ 理论、设计思维等创新工具解决实际问题。通过案例分析和实践练习，学生可以掌握创新方法，提升创新能力。智能制造创新设计课程结合智能制造领域的专业知识，教授学生如何将创新思维应用于智能制造系统的设计和优化。学生通过学习先进的制造技术和创新设计方法，能够在智能制造领域提出创新的解决方案。

b. 创新创业教育与专业教育的融合

该校将创新创业教育融入专业课程，使学生在学习专业知识的同时，培养创新创业能力。通过跨学科的课程设计，学生可以在学习智能制造技术的同时，了解商业模式设计、市场营销等创业知识。这种跨学科的学习方式有助于学生从多角度思考问题，提升综合能力。该校在专业课程中引入项目驱动的教学方法，有助于学生通过完成实际项目，将理论知识与实践结合，提升创新创业能力。

（2）实践平台建设

a. 创新创业实验室

该校建设了创新创业实验室，为学生提供了一个进行创新项目开发和测试的平台。实验室配备了先进的制造设备、软件开发工具和测试仪器，学生可以利用这些资源进行创新项目的开发和测试。学生在实验室中可以自主提出创新项目，进行设计和开发。通过实验和测试，学生可以验证自己的创新想法，提升实践能力。

b. 孵化基地

该校还建设了孵化基地，为学生提供创业指导和支持。孵化基地为学生提供创业指导服务，包括商业模式设计、市场调研、融资策略等。学生可以在导师的指导下，完善自己的创业计划。孵化基地为学生提供办公空间、资金支持和法律咨询等服务，帮助学生将创新成果转化为实际产品。

（3）导师团队建设

a. 校内导师

该校选拔了具有丰富教学和科研经验的教师担任校内导师，为学生提供创新创业指导。校内导师不仅具有扎实的专业知识，还具备丰富的科研经验。他们可以指导学生进行创新项目的设计和开发，为学生提供专业的建议和指导。校内导师通过案例分析和实践练习，培养学生的创新思维，帮助学生掌握创新方法。

b. 校外导师

该校还邀请了企业专家担任校外导师，为学生提供创新创业指导。企业专家具有丰富的行业经验，了解市场需求和技术发展趋势。他们可以为学生提供实际的创业建议，帮助学生更好地理解市场和行业。校外导师通过参与学生的创新项目，提供实践指导，学生可以学习企业专家的经验，提升自己的实践能力。

（4）教育成果

通过创新创业教育，该校培养了一批具有创新精神和创业能力的学生。在创新成果转化方面，学生的创新项目在创新创业实验室和孵化基地的支持下，成功转化为实际产品。这些产品不仅具有技术创新性，还具有一定的市场潜力。在创业成功案例方面，部分学生在导师的指导下，成功创办了自己的企业。他们的创业项目得到了市场的认可，取得了良好的经济效益。该应用型高校通过课程体系建设、实践平台建设和导师团队建设等多方面的努力，成功地将创新创业教育融入智能制造专业集群。通过开设创新创业相关课程、建设创新创业实验室和孵化基地、选拔校内导师和邀请企业专家，该校培养了一批具有创新精神和创业能力的学生。这些学生的创新成果不仅成功转化为实际产品，还推动了智能制造领域的技术进步和产业发展。

这一案例表明，创新创业教育在应用型高校中具有重要的实践意义。通过课程体系建设、实践平台建设和导师团队建设，学生可以全面提升自己的创新创业能力，为未来的职业发展打下坚实的基础。同时，这种教育模式也为其他高校提供了有益的借鉴，有助于推动创新创业教育的普及和发展。

5.4.5　创新创业教育的挑战与对策

创新创业教育在实施过程中面临诸多挑战。以下是针对这些挑战的具体分析及相应的对策建议。

挑战 1：课程体系不完善。

第一，问题描述。部分学校的创新创业课程体系尚不完善，缺乏系统性和针对性。课程内容可能过于理论化，未能紧密结合专业特点，导致学生难以将所学知识应用于实际创新创业活动中。

第二，对策如下。

结合专业特点开发课程。针对智能制造等专业特点，开发系统的创新创业课程体系。例如，可以开设智能制造创新设计、工业 4.0 与创新创业等课程，将创新创业教育与专业教育紧密结合。

模块化课程设计。将创新创业课程分为多个模块，如创新思维训练、创业知识传授、实践能力提升等，每个模块都设有明确的学习目标和内容，以确保课程的系统性和针对性。

案例教学。引入实际案例，特别是与智能制造相关的创新创业案例，帮助学生理解理论知识在实际中的应用。

挑战 2：实践资源不足。

第一，问题描述。创新创业实践需要大量的资源支持，包括实验设备、资金、场地等。部分学校可能资源不足，难以提供充足的实践机会。

第二，对策如下。

校企合作。通过与企业合作，引入企业的资源支持。企业可以提供资金、设备、技术指导等资源，帮助学生进行创新创业实践。例如，学校可以与企业共建实验室或孵化基地。

校际合作。加强与其他高校的合作，共享实践资源。通过建立校际创新创业联盟，实现资源共享和优势互补。

争取政府和社会支持。积极争取政府和社会各界的支持，申请创新创业基金或项目资助，为学生提供更多的实践机会和资源。

挑战 3：学生参与度不高。

第一，问题描述。部分学生可能对创新创业教育缺乏兴趣，参与度不高。这可能是因为学生对创新创业的认识不足，或者缺乏成功案例的激励。

第二，对策如下。

建立激励机制。通过设立奖学金、创新创业基金等激励机制，鼓励学生积极参与创新创业活动。例如，可以为优秀的创新创业项目提供资金支持和奖励。

宣传成功案例。通过宣传成功的创新创业案例，激发学生的参与热情。可以邀请成功的创业者或校友来校开展讲座，分享他们的创业经验和心得。

组织多样化的活动。组织多样化的创新创业活动，如创新创业大赛、创业沙龙、创新工作坊等，吸引学生参与。通过丰富的活动形式，提高学生的兴趣和参与度。

创新创业教育在实施过程中面临课程体系不完善、实践资源不足和学生参与度不高等挑战。采取结合专业特点开发系统的课程体系、加强校企合作和校际合作、引入激励机制和宣传成功案例等对策，可以有效应对这些挑战，提升创新创业教育的效果和质量。这些对策不仅适用于智能制造专业，也可以推广到其他专业领域，帮助更多学生在创新创业的道路上取得成效。

第6章

应用型高校智能制造专业集群质量保障与评价机制

智能制造专业集群的建设是一个系统工程，涉及专业设置、课程体系、实践教学、师资队伍等多个方面。为确保智能制造专业集群的高质量发展，必须建立科学的质量保障与评价机制。本章将从组织管理机制、师资队伍建设机制和质量保障机制三个方面，探讨如何构建有效的质量保障体系，为智能制造专业集群的可持续发展提供支持。

6.1 组织管理机制

组织管理机制是智能制造专业集群建设的重要保障。成立智能制造专业集群建设管理机构，明确其职责与运行模式，可以有效协调各方资源，推动专业集群的高效建设与运行。智能制造专业集群的建设涉及多个学科、专业和部门的协同合作，传统的单一专业管理模式已无法满足其复杂性和多样性的需求。因此，成立专门的智能制造专业集群建设管理机构，成为确保智能制造专业集群建设顺利推进的必要举措。

6.1.1 成立智能制造专业集群建设管理机构

（1）成立背景与必要性

智能制造专业集群建设管理机构的背景和必要性具体如下。

a. 资源整合需求

智能制造专业集群建设需要整合校内外的教育资源、企业资源和科研资源，管理机构可以发挥统筹协调的作用。智能制造专业集群的建设不是单一学科或专业的事情，而是需要跨学科、跨部门的协同合作。传统的管理模式往往局限于单一学科或专业，难以有效整合各方资源。因此，成立专门的管理机构，可以更好地协调各方资源，确保资源的有效利用。首先，校内资源的整合是智能制造专业集群建设的基础。智能制造涉及机械工程、自动化、信息技术等多个学科,这些学科之间的资源需要有效整合。管理机构可以通过制定统一的资源整合方案,明确各学科的职责和任务,确保资源的合理配置和高效利用。其次,校外资源的整合是智能制造专业集群建设的重要环节。智能制造专业集群的建设需要与企业、科研机构等外部机构进行合作。管理机构可以通过建立校企合作机制,促进企业与学校深度合作,确保企业资源的有效利用。同时,管理机构还可以通过与科研机构合作,推动科研成果的转化和应用,提升智能制造专业集群的科研水平。最后,管理机构还可以通过建立资源共享平台,促进各方资源的共享和交流。资源共享平台可以提供教学资源、科研资源、实验设备等,通过平台的建设和运营,确保各方资源的有效利用和共享。

b. 跨学科协作需求

智能制造涉及机械工程、自动化、信息技术等多个学科,管理机构可以促进学科之间的协作与融合。传统的单一学科管理模式往往局限于本学科的研究和教学,难以有效促进学科之间的协作与融合。因此,成立专门的管理机构,可以更好地促进学科之间的协作与融合,提升智能制造专业集群的整体水平。首先,管理机构可以通过制定跨学科协作方案,明确各学科的职责和任务。跨学科协作方案包括教学协作、科研协作、实验设备共享等方面,通过方案的制定和实施,确保学科之间的协作与融合。其次,管理机构还可以通过组织跨学科研讨会、学术交流等活动,促进学科之间的交流与合作。组织跨学科研讨会时,可以邀请各学科的专家学者,就智能制造领域的热点问题进行研讨和交流,促进学科之间的协作与融合。学术交流活动包括学术报告、学术沙龙等形式,通过组织和开展学术交流活动,促进学科之间的交流与合作。最后,管理机构还可以通过建立跨学科研究团队,推动学科之间的协作与融合。跨学科研究团队包括机械工程、自动化、信息技术等多个学科的专家学者,通过建设和运营跨学科研究团队,推动学科之间的协作与融合,提升智能制造专业集群的科研水平。

c. 质量保障需求

管理机构可以制定统一的质量标准和评价体系,确保智能制造专业集群的高质量发展。智能制造专业集群的建设需要高质量的教学、科研和管理,传统的单一学科管理模式往往难以有效保障智能制造专业集群的建设质量。因此,成立专门的管理机构，可以更好地制定统一的质量标准和评价体系，确保智能制造专业集群的高质量发展。首先，管理机构可以通过制定统一的教学质量标准，确保智能制造专业集群的教学质量。教学质量标准包括课程设置、教学内容、教学方法等方面。其次，管理机构还可以通过制定统一的科研质量标准，确保智能制造专业集群的科研质量。科研质量标准包括科研项目、科研成果、科研团队等方面。最后，管理机构还可以通过制定统一的管理质量标准，确保智能制造专业集群的管理质量。管理质量标准包括管理机构、管理制度、管理流程等方面。

（2）组织架构设计、科学性与高效性分析和实施建议

①组织架构设计

智能制造专业集群建设管理机构的组织架构设计是确保其高效运行和科学管理的关键。一个合理的组织架构能够明确各层级的职责与权限，促进资源的有效整合与协调，推动智能制造专业集群的高质量发展。以下是智能制造专业集群建设管理机构的典型组织架构设计。

a. 领导小组

领导小组是智能制造专业集群建设管理机构的最高决策层，负责总体规划与重大决策。其成员通常包括校领导、院系负责人和企业代表。校领导如校长、分管教学的副校长，负责从学校层面统筹资源和提供支持。院系负责人如机械工程学院、自动化学院、信息工程学院等院系的院长，负责学科资源的整合与协调。企业代表是来自合作企业的高层管理人员或技术负责人，提供行业需求和技术支持。

领导小组的主要职责是：制定智能制造专业集群建设的总体规划和战略目标；审批重大项目和资源分配方案，协调校内外资源，推动校企深度合作；监督智能制造专业集群建设的整体进展，确保目标的实现。领导小组的设立能够确保智能制造专业集群建设与学校的整体发展战略相一致，同时通过企业代表的参与，确保智能制造专业集群的建设紧密结合行业需求，避免教育与产业需求脱节。

b. 执行办公室

执行办公室是智能制造专业集群建设管理机构的核心执行层，负责具体工作的落实与协调。成员包括办公室主任、专职工作人员、兼职人员等。办公室主任通常由具有丰富管理经验的人员担任，负责全面协调工作。专职工作人员包括项目管理、资源调配、质量监控等领域的专业人员。兼职人员指由各院系和企业派出的联

络员，负责具体任务的对接与执行。

执行办公室的主要职责是：落实领导小组的决策，制定详细的工作计划；协调校内外的资源调配，确保资源的合理利用；管理智能制造专业集群建设项目，包括项目立项、实施和验收；监控智能制造专业集群建设的质量，定期向领导小组汇报进展；组织跨部门、跨学科的协作，解决实施过程中的问题。执行办公室是智能制造专业集群建设的中枢机构，其运作直接决定了智能制造专业集群建设的实施效果。专职和兼职人员协作，能够确保各项工作落到实处，同时保持与各方的紧密联系。

c. 专业委员会

专业委员会是智能制造专业集群建设管理机构的技术支持层，负责专业设置、课程开发和教学改革等技术性工作。成员包括校内专家、企业技术骨干、行业专家等。校内专家是来自机械工程、自动化、信息技术等学科领域的教授或学科带头人。企业技术骨干是来自合作企业的技术专家或工程师，提供行业前沿技术和发展趋势。行业专家是来自行业协会、科研机构的专家，提供行业标准和政策指导。

专业委员会的主要职责是：研究智能制造领域的技术发展趋势，提出专业设置和调整建议；开发符合行业需求的课程体系和教学内容；推动教学改革，探索创新教学模式和方法；指导实验实训基地建设，确保教学与产业需求接轨；组织技术交流和培训活动，提升教师和学生的专业能力。专业委员会是智能制造专业集群建设的技术核心，其成员的专业性和行业背景能够确保智能制造专业集群的建设紧跟技术发展趋势，培养出符合行业需求的高素质人才。

d. 监督委员会

监督委员会是智能制造专业集群建设管理机构的监督评估层，负责对智能制造专业集群建设的质量进行监督与评估。成员包括校内专家、校外专家、第三方机构代表。校内专家是具有丰富教学和管理经验的教授或管理人员。校外专家是来自其他高校、科研机构或行业协会的专家。第三方机构代表如教育评估机构或认证机构的代表，负责提供独立的评估意见。

监督委员会的主要职责是：制定智能制造专业集群建设的质量标准和评估体系；对智能制造专业集群建设的各个环节进行监督，确保建设质量；定期开展评估工作，向领导小组提交评估报告；提出改进建议，推动智能制造专业集群建设的持续优化。监督委员会的设立能够确保智能制造专业集群建设的透明性和公正性，通过独立的监督与评估，及时发现和解决问题，保障智能制造专业集群的高质量发展。

②组织架构的科学性与高效性分析和实施建议

a. 组织架构的科学性与高效性分析

领导小组、执行办公室、专业委员会和监督委员会四个层级分工明确，各司其职，形成完整的决策、执行、支持和监督体系。组织架构中融入了校内外专家、企业代表和第三方机构，确保智能制造专业集群建设的多元化和开放性。专业委员会和监督委员会的设立使智能制造专业集群建设能够根据技术发展和行业需求进行动态调整，保持科学性和前瞻性。

领导小组作为决策层，能够快速响应智能制造专业集群建设中的重大问题，确保决策的及时性。执行办公室作为核心执行层，能够将决策迅速转化为具体行动，确保各项工作的高效落实。专业委员会为智能制造专业集群建设提供强有力的技术支持，确保技术路线的科学性和可行性。监督委员会通过独立的监督与评估，确保智能制造专业集群建设的质量和效果。

b. 实施建议

为了确保组织架构的高效运行，建议采取以下措施。各层级的职责和权限应清晰界定，避免职责重叠或缺失。各层级之间应建立畅通的沟通机制，确保信息的及时传递和反馈。对执行办公室和专业委员会成员进行定期培训，提升其专业能力和管理水平。利用信息化工具（如项目管理软件、资源共享平台等）提高工作效率。通过监督委员会的定期评估，及时发现和解决问题，优化组织架构和运行模式。

智能制造专业集群建设管理机构的组织架构设计是确保其高效运行和科学管理的基础。通过领导小组的决策、执行办公室的落实、专业委员会的支持和监督委员会的评估，能够形成一个完整的闭环管理体系，推动智能制造专业集群的高质量建设与发展。

（3）成立流程

调研。通过调研了解智能制造专业集群建设的需求与挑战，明确管理机构的职能与目标；了解学校、企业、学生等各方对智能制造专业集群建设的具体需求，并识别在建设过程中可能遇到的挑战，如资源不足、协调困难等。具体如下：采用问卷调查、访谈、数据分析等调研方法，收集各方意见；与关键利益相关者进行深入访谈；分析现有数据和案例，找出共性问题，形成调研报告，明确管理机构的职能与目标。

方案设计。制定管理机构的组织架构、职责分工和运行模式。明确管理机构的层级，如决策层、执行层、监督层。根据需求设置相关部门，如项目管理部、资源协调部等。具体如下：职责分工具体，明确每个部门和岗位的职责；建立部门间的协作机制，确保信息流通和任务协调；制定决策流程，确保决策的科学性和高效性；建立监督机制，确保各项工作的落实和反馈，形成详细的方案设计文档，包括组织架构图、职责分工表和运行模式说明。

审批与成立。方案提交给学校管理层审批，正式成立管理机构。提交材料为调研报告、方案设计、预算计划、审批流程等。具体如下：调研报告展示需求调研的结果，方案设计包括详细的组织架构、职责分工和运行模式，预算计划展现预估成立和运行所需的经费，审批流程需由相关部门开展初步审核，经学校管理层进行详细审核和集体讨论后形成最终决策并批准成立。随后正式宣布管理机构成立，公布其组织架构和职责分工，最终形成审批通过的文件及成立公告。

人员配备。选拔具有丰富经验和管理能力的教师和企业专家，组建管理团队；选拔具有相关领域的工作经验和管理经验，且具备良好的沟通、协调和决策能力的人员，通过报名或推荐方式收集候选人信息；进行面试和综合评估，确定合适人选；正式任命并公示管理团队成员；对新任成员进行必要的培训；建立团队协作机制，确保高效运作；形成管理团队成员名单和职责分工表。

实施以上四个步骤，可以系统地完成智能制造专业集群建设管理机构的成立流程。每个步骤都应有明确的目标，确保整个流程的科学性和可操作性。

6.1.2　管理机构的职责与运行模式

（1）职责

智能制造专业集群建设管理机构的主要职责涵盖从规划到实施、监督、评估，以及对外合作的多个方面，确保智能制造专业集群的高效推进和可持续发展。一是规划与决策，制定智能制造专业集群建设的总体规划和发展目标，明确建设重点和实施路径。基于调研结果，明确智能制造专业集群建设的需求和方向；制定短期、中期和长期发展目标，确保目标具有可操作性和可衡量性；设计具体的实施路径，包括时间节点、关键任务和资源配置；制定相关政策，为智能制造专业集群建设提供制度保障；形成智能制造专业集群建设的总体规划文件、发展目标和实施路径方案。二是资源整合与调配，整合校内外资源，协调各方力量，确保智能制造专业集群建设的顺利推进。协调学校内部的师资、设备、资金等资源，确保资源高效利用；与企业、科研机构、行业协会等建立合作关系，引入外部资源；根据项目需求，动态调整资源配置，确保资源分配的合理性；形成资源整合报告、资源调配方案。三是项目管理与监督，对智能制造专业集群建设项目进行全过程管理，包括立项、实施、评估和反馈。审核项目的可行性，确保项目符合智能制造专业集群建设的总体目标；监督项目的执行过程，确保项目按计划推进；对项目成果进行评估，总结经验与教训，提出改进建议；形成项目管理流程文件、项目评估报告。四是质量监控与评价，建立质量监控体系，定期对智能制造专业集群建设的效果进行评估，提出改进建议。制定质量监控指标和标准，明确监控流程；对智能制造专业集群建设的阶段性成果进行评估，分析存在的问题；根据评估结果，提出针对性的改进措施；形成质量监控体系文件、评估报告和改进建议。五是对外合作与交流，与企业、科研机构和行业协会建立合作关系，推动产教融合和协同创新。建立校企合作平台，促进资源共享和协同创新；组织学术交流、行业论坛等活动，提升智能制造专业集群的影响力；推动校企合作项目的落地实施，促进产教融合；形成合作框架协议、合作项目清单、交流活动总结。

智能制造专业集群建设管理机构的五大职责相互关联，共同构成了一个完整的职责体系：规划与决策为智能制造专业集群建设提供方向和框架，资源整合与调配确保资源的有效利用，项目管理与监督保障项目的规范实施，质量监控与评价确保建设质量和持续改进，对外合作与交流推动产教融合和协同创新。通过明确和落实这些职责，管理机构能够高效推进智能制造专业集群建设，实现预期目标。

（2）运行模式

管理机构的运行模式是确保智能制造专业集群高效推进的关键。一个科学合理的运行模式应体现高效性、灵活性和可持续性，能够适应复杂多变的内外部环境。以下对运行模式四个方面进行分析。

一是定期会议制度。领导小组和执行办公室定期召开会议，研究解决智能制造专业集群建设中的重大问题。领导小组会议由高层领导参与，主要解决战略性问题，如规划调整、资源分配等，每季度或半年召开一次。执行办公室会议由执行团队参与，主要解决具体实施问题，如项目进展、资源协调等，每月或每两周召开一次。会议内容为：汇报工作进展，讨论存在的问题和解决方案，部署下一阶段的工作任务；确保信息的上传下达，提高决策效率，及时发现和解决问题，避免问题积压；形成会议纪要、决策文件、任务清单。

二是项目管理机制。采用项目化管理模式，将智能制造专业集群建设的各项任务分解为具体项目，明确责任人和时间节点。将智能制造专业集群建设的总体目标分解为若干具体项目。明确每个项目的目标、任务、责任人和时间节点；使用项目管理软件（如 Microsoft Project、Trello 等）进行任务分配和进度跟踪；定期对项目进展进行评估，确保项目按计划推进；对完成的项目进行总结，提炼经验与教训；提高任务的可操作性和可追踪性；明确责任分工，避免推诿和拖延；形成项目计划书、进度报告、项目总结报告。

三是信息共享平台。建立信息共享平台，及时发布智能制造专业集群建设的进展和成果，促进各方沟通与协作。建立线上平台（如网站、内部系统）或线下平台（如公告栏、简报）；定期发布智能制造专业集群建设的进展、成果和相关政策；提供数据查询和下载功能，方便各方获取信息；提供在线讨论区或留言板，促进各方沟通；定期组织线上线下交流活动，促进互动；提高信息透明度，提高各方信任度；促进资源共享和协同创新；形成信息共享平台，定期发布进展报告和成果展示。

四是动态调整机制，根据智能制造专业集群建设的实际情况，动态调整建设方案和资源配置，确保建设目标的实现。建立监测指标体系，实时跟踪智能制造专业集群建设的进展；定期进行评估，分析存在的问题和不足；根据评估结果，及时调整建设方案和资源配置，对不适应实际情况的政策和措施进行修订；建立反馈渠道，收集各方的意见和建议，根据反馈信息，优化调整策略；提高运行模式的灵活性和适应性，确保智能制造专业集群建设目标的实现；形成动态调整方案、资源配置优化报告。

管理机构的运行模式是智能制造专业集群建设顺利推进的重要保障。通过定期会议制度、项目管理机制、信息共享平台和动态调整机制的有机结合，有助于实现以下目标：通过定期会议制度，确保问题被及时发现和解决；通过项目管理机制，明确责任分工和时间节点；通过信息共享平台，促进各方沟通与协作；通过动态调整机制，确保建设方案和资源配置的优化。这种运行模式不仅能够提高管理效率，还能增强智能制造专业集群建设的可持续性和适应性，为最终目标的实现提供有力支持。

（3）案例分析

以常州工学院为例，该校在智能制造专业集群建设中成立了专门的管理机构。该校是一所应用型本科高校，位于江苏省常州市。该校以工科为主，致力于培养应用型人才，近年来在智能制造领域积极推进智能制造专业集群建设，通过与地方产业紧密结合，形成了特色鲜明的智能制造专业集群。

常州工学院在智能制造专业集群建设中成立了专门的管理机构，具体包括领导小组、执行办公室、专业委员会、监督委员会四个部分。领导小组由校长担任组长，分管教学的副校长和当地智能制造企业代表（如常州某知名制造企业的高管）担任副组长。领导小组的具体职责是：制定智能制造专业集群的总体规划和发展目标；协调校内外资源，推动校企合作；决策重大事项，如专业设置调整、资金分配等；提供高层支持和战略指导，确保智能制造专业集群建设与地方产业发展需求相匹配。执行办公室由教务处、科研处和校企合作办公室的负责人组成。其职责是：落实领导小组的决策，协调具体工作；监督项目进展，解决实施中的问题；组织校内资源，推动课程开发、实践基地建设等工作；确保各项任务高效执行，避免资源浪费和任务拖延。专业委员会由校内智能制造领域的专家和合作企业的技术骨干组成。其职责是：负责专业设置、课程开发和教学改革等技术性工作；引入企业实际案例，优化课程内容；推动教学方法的创新，如项目式教学、案例教学等；确保智能制造专业集群建设的专业性和前沿性，提升教学质量。监督委员会由校内外专家（如高校教授、行业专家）和第三方机构代表（如教育评估机构）组成。其职责是：对智能制造专业集群建设的质量进行监督与评估；定期开展评估，提出改进建议；确保建设工作的透明性和公正性；提供独立、客观的监督，确保智能制造专业集群建设的质量和效果。

常州工学院智能制造专业集群建设的管理机构采用了定期会议制度、项目管理机制、信息共享平台和动态调整机制等有机结合的运行模式。其中，领导小组每季度召开一次会议，研究解决重大问题；执行办公室每月召开一次会议，协调具体工作；专业委员会和监督委员会根据需要召开会议，提供技术支持和质量监督。项目管理机制指将智能制造专业集群建设的各项任务分解为具体项目，明确责任人和时间节点；使用项目管理工具进行任务分配和进度跟踪。信息共享平台指建立信息共享平台，及时发布智能制造专业集群建设的进展和成果，促进校内各部门、企业和学生之间的沟通与协作。动态调整机制指根据智能制造专业集群建设的实际情况，动态调整建设方案和资源配置，定期进行评估，优化调整策略。

通过管理机构的有效运行，常州工学院智能制造专业集群建设取得了显著成效。一是专业设置更加合理。根据地方产业需求，新增了"智能制造工程""工业机器人技术"等专业方向，优化了传统机械制造专业的课程内容，增加了智能制造相关课程。二是课程体系更加完善。开发了多门新课程，如智能工厂设计与实践、工业互联网技术等，引入了企业实际案例，增强了课程的实践性和应用性；实践教学更加丰富，与常州本地智能制造企业合作，建立了多个实践教学基地，开展了丰富的实践教学活动，如企业实习、项目实训等，提升了学生的实践能力和创新能力。三是校企合作更加紧密。与多家企业（如常州某知名制造企业）建立了长期合作关系，开展了多项校企合作项目，如共建实验室、联合研发等，促进了产教融合和协同创新。四是教学质量显著提升。通过教学改革和质量监控，提升了教学质量，使学生的综合素质和就业竞争力显著提高，毕业生就业率保持在 95% 以上。

常州工学院智能制造专业集群建设的成功经验主要包括以下方面。建立明确的组织架构和职责分工，确保各项工作有序推进。建立高效的运行模式，通过定期会议、项目管理、信息共享和动态调整，提高管理效率。建立紧密的校企合作关系，通过与地方企业合作，实现资源共享和协同创新。开展持续的质量监控，通过监督委员会的独立评估，确保建设质量和效果。

常州工学院的案例展示了应用型高校在智能制造专业集群建设中的成功实践。通过成立专门的管理机构，采用科学的运行模式，该校在专业设置、课程体系、实践教学和校企合作等方面取得了显著成效，为其他高校提供了有益的借鉴。

6.2 师资队伍建设机制

师资队伍是智能制造专业集群建设的核心要素。制定科学的人才引进措施、建立完善的教师培训与发展体系、构建有效的教师激励机制，可以打造一支高素质、专业化的师资队伍，为智能制造专业集群建设提供有力支持。

6.2.1　人才引进措施

（1）人才引进的必要性

智能制造领域的技术更新速度快、学科交叉性强，对师资队伍的专业能力和实践能力提出了更高的要求。因此，制定科学的人才引进措施，吸引高水平人才加入，是师资队伍建设的重要任务。人才引进的必要性具体体现在以下几个方面。一是技术更新快。智能制造领域涉及人工智能、物联网、大数据等前沿技术，需要教师具备最新的知识和技能。二是学科交叉性强。智能制造融合机械工程、电子信息、计算机科学等多个学科，要求教师具备跨学科的知识背景。三是实践能力要求高。智能制造强调理论与实践的结合，需要教师具备丰富的实践经验。

（2）人才引进的重点方向

为了满足智能制造专业集群建设的需求，人才引进应重点关注以下几个方向。一是高层次人才。引进具有博士学位或高级职称的专家学者，提升师资队伍的整体水平。这些人才通常具有较强的科研能力和学术影响力，能够带动学科发展。二是企业技术骨干。引进具有丰富实践经验的企业技术骨干，让其担任兼职教师或实践导师。这些人才通常能够将行业最新技术引入课堂，增强教学的实践性和应用性。三是青年优秀人才。引进具有发展潜力的青年博士或硕士，培养未来的教学和科研骨干。这些人才通常具有较强的创新能力和学习能力，能够为师资队伍注入新鲜血液。

（3）人才引进的具体措施

人才引进是智能制造专业集群建设中师资队伍建设的重要环节。为了吸引和留住高层次人才，高校需要制定科学、灵活且具有吸引力的具体措施。以下是政策支持、灵活聘用和校企合作方面的具体措施。

一是制定具有竞争力的人才引进政策，提供优厚的薪酬待遇和科研启动经费、住房与福利、职业发展支持。在薪酬待遇方面，提供高于行业平均水平的薪酬，增强吸引力。例如，为高层次人才提供 50 万元年薪，为青年博士提供 30 万元年薪。在科研启动经费方面，为新引进人才提供充足的科研启动经费，支持其开展科研工作。例如，为高层次人才提供 100 万元的科研启动经费，为青年博士提供 50 万元的科研启动经费。在住房与福利方面，提供住房补贴或人才公寓，解决其住房问题；提供子女教育、医疗保障等福利，解决其后顾之忧。在职业发展支持方面，提供明确的职业发展路径和晋升机会，支持人才申报各类科研项目和人才计划，增强高校对高层次人才的吸引力。

二是采用全职与兼职相结合的聘用方式，吸引企业技术骨干和行业专家参与教学和科研。全职聘用指引进具有博士学位或高级职称的专家学者，担任全职教师。全职教师负责日常教学、科研和学科建设工作。兼职聘用指聘请企业技术骨干和行业专家担任兼职教师或实践导师。兼职教师参与课程开发、实践教学和科研合作。

三是通过校企合作，联合引进高层次人才，实现资源共享和优势互补。联合引进是高校与企业共同引进高层次人才，人才在高校和企业之间双向流动。例如，高校引进的专家可以兼任企业的技术顾问，企业引进的专家可以兼任高校的教授。

（4）案例分析

以常州工学院为例，该校在智能制造专业集群建设中制定了以下人才引进政策。一是为高层次人才提供50万元年薪、100万元科研启动经费等优厚条件，吸引具有博士学位或高级职称的专家学者。这吸引了多名高层次人才加入，提升了师资队伍的整体水平。这些人才在科研和教学方面发挥了重要作用，带动了学科发展。例如，某位新引进的高层次人才成功申报了国家级科研项目，并带领团队发表了多篇高水平论文。二是与多家智能制造企业合作，聘请企业技术骨干担任兼职教师，参与课程开发和实践教学。该校聘请了多名企业技术骨干担任兼职教师，丰富了实践教学内容。这些兼职教师将行业最新技术引入课堂，增强了教学的实践性和应用性。例如，某位企业技术骨干参与开发的智能工厂设计与实践课程，受到了学生的广泛好评。三是为青年优秀博士提供30万元年薪、50万元科研启动经费等支持，鼓励其开展教学和科研工作。该校引进了多名青年博士，优化了师资队伍的年龄结构和学科背景。这些青年博士在教学和科研方面表现出色，为师资队伍注入了新鲜血液。例如，新引进的某位青年博士成功申报了省部级科研项目，并发表了多篇高水平论文。

通过实施人才引进政策，常州工学院智能制造专业集群的师资队伍水平显著提升，具体表现在以下几个方面。一是教学水平提升。高层次人才和企业技术骨干的加入，使教学内容更加前沿和实用，学生的理论知识和实践能力得到了全面提升。

二是科研能力增强。高层次人才和青年博士的科研能力带动了学科发展，学校在智能制造领域的科研项目和成果显著增加。三是实践教学丰富。企业技术骨干的参与，增加了实践教学的深度和广度，学生的实践能力和创新能力得到了显著提升。四是师资结构优化。高层次人才、企业技术骨干和青年博士的引进，优化了师资队伍的年龄结构、学科背景和实践经验。五是校企合作深化。通过企业技术骨干的引进和校企合作项目的开展，促进了产学研结合，学校与企业的合作关系更加紧密，实现了资源共享和优势互补。

6.2.2　教师培训与发展体系

（1）教师培训的必要性

智能制造领域的技术发展迅速，教师需要不断更新知识和技能，才能满足教学和科研的需求。因此，建立完善的教师培训与发展体系，是师资队伍建设的重要内容。教师培训的必要性具体体现在以下几个方面。一是技术更新快。智能制造涉及人工智能、物联网、大数据等前沿技术，教师需要不断学习新知识。二是学科交叉性强。智能制造融合机械工程、电子信息、计算机科学等多个学科的知识，教师需要具备跨学科的知识背景。三是实践能力要求高。智能制造强调理论与实践的结合，教师需要具备丰富的实践经验。

（2）教师培训的重点内容

为了满足智能制造专业集群建设的需求，教师培训应重点关注以下三个方面的内容。

一是专业知识更新。智能制造领域技术发展迅速，教师需要不断学习新知识，以保持教学内容的前沿性和科学性。高校应通过培训帮助教师掌握智能制造领域的最新技术和理论，提升教师的学科交叉能力，适应智能制造的多学科融合特点。例如，要求教师学习人工智能、工业互联网、智能工厂、数字孪生等前沿技术。培训形式包括专题讲座、在线课程、研讨会等。例如，邀请国内外专家学者进行前沿技术分享；利用在线课程平台（如 Coursera、edX）学习智能制造相关课程；组织教师参与学术研讨会，了解最新研究动态。

二是实践能力提升。智能制造强调理论与实践的结合，教师需要通过实践培训提升操作能力和解决实际问题的能力。高校应通过培训提升教师的实践操作能力，从而增强教学的实践性和应用性。例如，要求教师学习智能制造设备的操作和维护，参与企业的技术研发、智能制造系统集成。在智能制造设备的操作与维护方面，学习工业机器人、数控机床、自动化生产线等设备的操作与维护，掌握设备故障诊断与维修的基本技能。在企业技术研发方面，参与企业的技术研发项目，了解企业实际需求和技术难点，学习企业中的项目管理方法和技术开发流程。在智能制造系统集成方面，学习智能制造系统的设计与集成，如制造执行系统、企业资源计划系统等，掌握系统集成中的关键技术，如数据接口技术、通信协议规范等。培训形式包括企业实践、技能培训、项目合作等。企业实践指安排教师到合作企业进行为期 3 ~ 6 个月的实践锻炼。技能培训指组织教师参加智能制造设备的操作培训。项目合作指与企业合作开展技术研发项目，提升教师的实践能力。

三是教学能力提升。教师需要通过参与教学方法和教育技术方面的培训，提升教学水平，增强学生的学习效果。高校应通过组织培训提升教师的教学设计能力和课堂组织能力。教学方法包括项目式教学、案例教学、翻转课堂等。项目式教学是通过实际项目引导学生学习，提升学生的实践能力和解决问题的能力。案例教学是通过引入企业实际案例讲解理论知识，增强教学的实用性和趣味性。翻转课堂是通过课前学习与课堂讨论结合，提高学生的参与度和学习效果。教育技术包括在线教学工具、虚拟仿真技术、教学数据分析。在线教学工具是学习使用在线教学平台（如雨课堂、超星学习通）进行混合式教学。虚拟仿真技术是利用虚拟仿真软件（如 MATLAB、ANSYS）进行实验教学。教学数据分析是通过学习分析技术优化教学设计和学生评价。培训形式包括教学研讨会、教学竞赛和教学培训课程等。教学研讨会指组织教师分享教学经验，学习先进的教学方法。教学竞赛指通过教学竞赛激发教师的教学创新意识。教学培训课程指邀请教育专家进行教学方法和教育技术的培训。

教师培训的重点内容涵盖专业知识更新、实践能力提升和教学能力提升三个方面，具体如下。在专业知识更新方面，学习人工智能、工业互联网、智能工厂、数字孪生等前沿技术。在实践能力提升方面，通过企业实践和技能培训，提升教师的实践操作能力。在教学能力提升方面，参与教学方法和教育技术方面的培训。通过系统的培训，教师能够不断更新知识和技能，提升教学和科研能力，从而更好地满足智能制造专业集群建设的需求。这一培训体系为高校师资队伍建设提供了科学、系统的解决方案。

（3）教师培训的具体措施

教师培训的具体措施是提升教师专业知识、实践能力和教学水平的关键手段。通过校内培训、校外进修和企业实践三种方式，教师能够全面更新知识、提升技能，从而更好地满足智能制造专业集群建设的需求。具体分析如下。

校内培训。学校定期组织校内培训，邀请专家学者和企业技术骨干进行专题讲座和技能培训。每学期组织 2 ~ 3 次校内培训，确保教师能够及时了解最新技术和教学方法。培训形式包括专题讲座、技能培训、教学研讨会等。专题讲座指邀请国内外专家学者和企业技术骨干，分享智能制造领域的最新技术和行业动态。技能培训指针对具体技术或设备（如工业机器人、数控机床）进行操作培训。教学研讨会指组织教师分享教学经验，探讨教学方法和课程设计。培训内容包括前沿技术、教学方法、教育技术等。前沿技术如人工智能、工业互联网、智能工厂等领域的技术。教学方法如项目式教学、案例教学、翻转课堂等。教育技术如在线教学工具、虚拟仿真技术等。开展校内培训，旨在帮助教师及时更新专业知识，掌握前沿技术；提升教师的教学能力和课堂组织能力；促进教师之间的交流与合作，形成良好的学习氛围。

校外进修。学校选派教师到国内外知名高校或科研机构进修，学习先进的教学和科研方法。例如，每年选派 5 ~ 10 名教师到国内外知名高校或科研机构进修。进修形式包括短期进修、长期进修。短期进修是参加为期 1 ~ 3 个月的培训课程或研讨会。长期进修是进行为期半年至一年的访问学者或博士后研究。进修内容包括教学能力、科研能力、学科前沿。在教学能力方面，教师主要学习先进的教学方法和课程设计理念。在科研能力方面，教师主要参与高水平科研项目，学习先进的科研方法和技术。在学科前沿方面，教师主要了解智能制造领域的最新研究动态和发展趋势。开展校外进修，旨在帮助教师开阔视野，学习国内外先进的教学和科研经验；提升教师的科研能力和学术水平，带动学科发展；促进高校与国内外知名高校或科研机构的合作与交流。

企业实践。学校安排教师到企业进行实践锻炼，参与企业的技术研发和项目管理工作。例如，每年安排 10 ~ 15 名教师到合作企业进行实践锻炼。实践形式包括短期实践、长期实践。短期实践是为期 1 ~ 3 个月的企业实习或项目合作。长期实践是为期半年至一年的企业挂职或技术顾问。实践内容包括技术研发、项目管理、设备操作等。在技术研发方面，教师参与企业的技术研发项目，了解行业最新技术动态。在项目管理方面，教师参与企业的项目管理工作，学习企业的管理方法和流程。在设备操作方面，教师学习智能制造设备的操作与维护，提升实践操作能力。开展企业实践，旨在帮助教师了解企业实际需求和技术难点，增强教学的实践性和应用性；提升教师的实践操作能力和解决实际问题的能力；促进校企合作，推动产学研结合。

教师培训的具体措施包括校内培训、校外进修和企业实践，将这三种方式有机结合，能够促进教师全面更新知识、提升技能，从而更好地满足智能制造专业集群建设的需求。这一培训体系为高校师资队伍建设提供了科学、系统的解决方案。

（4）案例分析

以常州工学院应用型高校为例，该校在智能制造专业集群建设中建立了以下教师培训与发展体系。

校内培训。每学期组织 2～3 次校内培训，邀请智能制造领域的专家学者和企业技术骨干进行专题讲座。例如，邀请某知名高校的教授进行"工业互联网技术"专题讲座。参与该培训，教师可掌握智能制造领域的最新技术和理论，使教学内容紧跟前沿。例如，某位教师参与培训后，将工业互联网技术引入课堂，受到了学生的广泛好评。

校外进修。每年选派 5～10 名教师到国内外知名高校或科研机构进修，学习先进的教学和科研方法。例如，选派教师到清华大学、德国亚琛工业大学等高校进修。参与该进修，教师可学习先进的教学和科研方法，提升教学和科研能力。例如，某位教师参与进修后，成功申报了省部级科研项目，并发表了多篇高水平论文。

企业实践。安排教师到合作企业进行为期 3～6 个月的实践锻炼，参与企业的技术研发和项目管理工作。例如，安排教师到某智能制造企业参与"智能工厂设计与实施"项目。教师通过企业实践，可提升实践操作能力，增强教学内容的实践性。例如，某位教师在实践锻炼后，将企业实际案例引入课堂，提升了学生的实践能力。

该校的案例表明，科学合理的教师培训措施能够显著提升师资队伍的能力，为智能制造专业集群建设提供有力支持。

6.2.3　教师激励机制构建

（1）构建教师激励机制的必要性

教师是教育体系的核心力量，其工作积极性和创造力直接影响教育质量和学生的成长。科学合理的激励机制能够有效激发教师的工作热情，提升其专业水平，进而推动师资队伍的整体发展。因此，构建有效的教师激励机制是师资队伍建设的重要任务。a. 教师的工作热情直接影响教学效果和学生的学习体验。合理的教师激励机制，如绩效奖励、荣誉表彰等，能够使教师感受到自身工作的价值和成就感，从而更加积极地投入教学工作。b. 教育创新是提升教育质量的关键。合理的教师激励机制可以通过提供科研经费、创新奖励等方式，鼓励教师进行教学方法和课程内容的创新，推动教育改革的深入发展。c. 通过合理的教师激励机制，学校可以吸引和留住优秀教师，提升师资队伍的整体素质。d. 合理的教师激励机制还能促进教师的职业发展，帮助其不断提升专业能力，形成良性竞争和合作的环境。

合理的教师激励机制不仅包括物质奖励，还应关注教师的精神需求。合理的教师激励机制可通过提供职业发展机会、改善工作环境等方式，增强教师的归属感和认同感，使其更愿意为学校的发展贡献力量。合理的教师激励机制可以通过政策倾斜，支持偏远地区学校的教师，促进教育资源的均衡分配，推动教育公平的实现。总之，构建科学合理的教师激励机制，不仅是提升教师个人素质和教学水平的重要手段，也是推动教育事业整体发展的关键举措。

（2）教师激励机制的主要内容

教师激励机制的核心是通过多种方式激发教师的工作积极性和创造力，提升其职业满意度和归属感。以下是教师激励机制的具体分析。

薪酬激励是最直接、最基础的激励方式，通过提高教师的经济待遇，满足其物质需求，从而激发工作动力。 在绩效工资方面，将教师的工资与工作绩效挂钩，根据教学效果、科研成果、学生评价等指标发放绩效工资。这种方式能够激励教师提高教学质量和科研水平，同时促进良性竞争。在科研奖励方面，对教师在科研项目、论文发表、专利申请等方面的成果给予额外奖励。科研奖励不仅能够提高教师的收入，还能鼓励其积极参与学术研究，推动学校的科研实力提升。在特殊岗位津贴方面，对承担重要教学任务的教师（如骨干教师、学科带头人）或在艰苦地区工作的教师发放特殊津贴，体现对其贡献的认可。薪酬激励能够直接满足教师的物质需求，增强其工作动力。但需注意，薪酬激励应与公平性结合，避免因分配不均导致教师之间的不满。

职业发展激励指通过为教师提供职业成长空间，满足其自我实现的需求，从而激发长期的工作热情。 在职称晋升方面，建立科学、透明的职称评审制度，让教师通过努力获得职称晋升的机会。职称晋升不仅意味着收入的提高，更是对教师专业能力的认可。在岗位聘任方面，通过岗位聘任制，为教师提供多样化的职业发展路径。例如，设立教学型、科研型、管理型等岗位，让教师根据自身特长选择发展方向。职业发展激励能够满足教师对个人成长和职业成就的需求，增强其职业认同感和归属感。但需注意，应公平分配职业发展机会，避免资源过度集中于少数人。

荣誉激励指通过精神层面的认可，增强教师的成就感和归属感，从而激发其内在动力。 在评优评先方面，定期开展优秀教师、教学能手、科研标兵等评选活动，对表现突出的教师给予表彰和奖励。这种方式能够树立榜样，激励其他教师向优秀教师看齐。在荣誉称号方面，授予优秀教师"学科带头人""教学名师""杰出贡献奖"等荣誉称号，体现对其长期贡献的认可。在公开表彰方面，通过学校官网、宣传栏、会议等形式，公开表彰优秀教师的事迹，增强其荣誉感和自豪感。荣誉激励能够满足教师的精神需求，增强其职业认同感和归属感。但需注意，荣誉激励应注重公平性和透明度，避免流于形式或引发不公平竞争。

其他激励方式具体如下。 工作环境改善，为教师提供良好的办公条件、教学设施和科研资源，营造舒适的工作环境。情感关怀，通过节日慰问、生日祝福、困难帮扶等方式，体现学校对教师的人文关怀，增强其归属感。参与决策，鼓励教师参与学校管理决策，增强其主人翁意识，提升其工作积极性。

教师激励机制应是一个多元化的体系，涵盖薪酬激励、职业发展激励、荣誉激励等多个方面。采取物质与精神激励相结合、短期与长期激励相协调等措施，能够有效激发教师的工作热情和创造力，提升师资队伍的整体水平。同时，教师激励机制的设计应注重公平性、透明性和可持续性，确保其长期有效运行。

（3）教师激励机制的具体措施

制定教师激励机制的具体措施是落实激励政策的关键环节。以下对绩效工资制度、科研奖励制度、职称晋升制度和荣誉称号制度进行分析。

　　绩效工资制度指将教师的工资与其工作绩效挂钩，通过经济手段激励教师提升工作质量的制度。具体手段包括绩效考核指标、绩效工资分配、动态调整机制等。绩效考核指标指制定科学合理的绩效考核指标，包括教学效果（如学生评价、课程质量）、科研成果（如论文发表、科研项目）、社会服务（如校企合作、社会培训）等。绩效工资分配指根据考核结果，将绩效工资分为不同等级，表现优异的教师获得高的绩效工资。动态调整机制指定期（如每学期或每年）对教师绩效进行评估，并根据评估结果动态调整绩效工资。绩效工资制度能够将教师的工作表现与收入直接挂钩，激励教师提升教学和科研质量。同时，公开透明的考核机制，能够促进教师之间的良性竞争。需注意，考核指标应全面、科学，避免过度强调某一方面的表现（如只注重科研而忽视教学）；绩效工资差距应合理，避免因分配不均引发教师之间的矛盾。

　　科研奖励制度指对在特定领域（如智能制造领域）取得突出科研成果的教师给予额外奖励，以鼓励科研创新的制度。具体手段包括奖励范围、奖励标准、奖励形式等。奖励范围包括高水平论文发表、科研项目立项、专利授权、科技成果转化等。奖励标准是根据科研成果的级别（如国际顶级期刊、国家级项目）制定不同的奖励标准。奖励形式可以是现金奖励、科研经费支持、设备购置补贴等。科研奖励制度能够激发教师的科研热情，推动学校重点领域（如智能制造领域）的科研实力提升。同时，科研成果的增加也有助于提升学校的学术声誉和竞争力。需注意，奖励标准应明确、透明，避免因标准模糊引发争议；应注重科研成果的质量而非数量，避免"唯论文"倾向。

　　职称晋升制度指将教师的教学和科研业绩作为职称晋升的考核指标，激励教师不断提升自身能力的制度。具体手段包括晋升条件、评审机制、破格晋升等。晋升条件指制定明确的职称晋升条件，包括教学工作量、教学效果、科研成果、社会服务等。评审机制指建立公平、透明的职称评审机制，邀请校内外专家参与评审，确保评审结果的公正性。破格晋升指向在教学或科研中取得突出成绩的教师，提供破格晋升的机会。职称晋升制度能够为教师提供清晰的职业发展路径，激励其不断提升教学和科研能力。同时，更高的职称也意味着更高的社会地位和收入水平，能够提高教师的职业满意度。需注意，评审标准应兼顾教学和科研，避免"重科研轻教学"的现象；评审过程应公开透明，避免人为干预或暗箱操作。

荣誉称号制度指通过设立"优秀教师""教学能手"等荣誉称号，表彰在教学和科研中表现突出的教师的制度。具体手段包括荣誉称号设置、评选机制、表彰形式等。荣誉称号设置指根据学校实际情况，设立多样化的荣誉称号，如"优秀教师""教学能手""科研标兵""师德模范"等。评选机制指制定明确的评选标准，通过教师自荐、同行推荐、学生评价等方式，综合评选出获奖教师。表彰形式指通过颁发证书、奖杯、奖金等形式，对获奖教师进行表彰，并通过学校官网、宣传栏等渠道宣传其事迹。荣誉称号制度能够满足教师的精神需求，增强其成就感和归属感；同时，能够激励其他教师向优秀教师看齐，营造积极向上的工作氛围。需注意，评选标准应公平、透明，避免因主观因素影响评选结果；荣誉称号的授予应注重实际贡献，避免流于形式或过度集中。

绩效工资制度、科研奖励制度、职称晋升制度和荣誉称号制度是教师激励机制的重要组成部分。这些措施将物质激励与精神激励相结合、短期激励与长期激励相协调，能够有效激发教师的工作热情和创造力，提升师资队伍的整体水平。不断完善和优化教师激励机制，能够为教师创造良好的工作环境和发展空间，推动学校教育事业的高质量发展。

（4）案例分析

以下以宁波东方理工大学为例，详细分析其在智能制造专业集群建设中构建的教师激励机制及其效果。

a. 绩效工资制度

考核指标包括教学绩效、科研绩效、社会服务、绩效工资分配。教学绩效以学生评教分数、课程建设成果、教学改革项目作为核心评价要素。科研绩效考量高水平论文（SCI/EI 收录）、国家级 / 省部级科研项目、专利授权等情况。社会服务聚焦校企合作项目的效果及技术转化收益。绩效工资分配指将绩效工资分为 A、B、C 三个等级，A 为最高级，C 为最低级，每年根据考核结果动态调整绩效工资等级。实施绩效工资制度后教师教学积极性显著提高，学生评教平均分从 85 分提升至 90 分；科研项目数量同比增长 20%，其中国家级项目增加 5 项。存在的问题是部分教师反映考核指标过于偏重科研，教学改革项目的权重较低。

b. 科研奖励制度

科研奖励制度奖励范围包括论文奖励、项目奖励、专利奖励等。论文奖励为发表 SCI 一区论文奖励 5 万元，发表二区论文奖励 3 万元。项目奖励为国家级项目立项奖励 10 万元，省部级项目立项奖励 5 万元。专利奖励为获得发明专利授权奖励 2 万元，获得实用新型专利奖励 0.5 万元。奖励形式是直接发放现金奖励，科研经费支持用于后续研究。实施科研奖励制度后，学院教师在智能制造领域发表 SCI 论文数量同比增长 30%，成功立项 2 项国家级科研项目，实现历史性突破。存在的问题是部分教师反映奖励标准对年轻教师不够友好，年轻教师难以获得高水平科研成果。

c. 职称晋升制度

晋升条件具体如下。在教学业绩方面，要求至少完成年均 300 课时的教学任务，学生评教分数不低于 85 分。在科研业绩方面，要求至少发表 2 篇 SCI/EI 论文或主持 1 项省部级科研项目。在社会服务方面，要求参与至少 1 项校企合作项目或完成技术转化工作。在破格晋升方面，对在智能制造领域取得重大突破的教师，可申请破格晋升。实施职称晋升制度后，共有 15 名教师晋升为副教授，5 名教师晋升为教授；教师参与校企合作的积极性显著提高，合作项目数量增加 50%。存在的问题是部分教师反映晋升名额有限，竞争激烈，年轻教师晋升难度较大。

d. 荣誉称号制度

荣誉称号制度包括荣誉称号设置、评选机制等。在荣誉称号设置方面，设置"优秀教师""教学能手""科研标兵"等称号，"优秀教师"每年评选 10 名，奖励 1 万元；"教学能手"每年评选 5 名，奖励 0.5 万元；"科研标兵"每年评选 5 名，奖励 1 万元。在评选机制方面，通过教师自荐、同行推荐、学生评价等方式综合评选。实施荣誉称号制度后，教师荣誉感和归属感显著增强，工作积极性提高；学院涌现出一批教学和科研骨干，形成了良好的示范效应。存在的问题是部分教师反映评选过程透明度不足，存在一定的主观性。

通过构建和实施上述教师激励机制，宁波东方理工大学智能制造学院的教师的工作热情显著提升，具体表现如下。一是教学质量提升，学生评教分数提高，课程建设成果显著。二是科研实力增强，高水平论文和科研项目数量大幅增加。三是师资结构优化，高级职称教师增加，年轻教师成长迅速。四是社会服务能力增强，校企合作项目和技术转化收益显著增加。

改进建议如下。一是优化考核指标，平衡教学和科研的权重，增大教学改革项目的考核比重。二是完善奖励机制，设立针对年轻教师的专项科研奖励，鼓励其参与科研工作。三是增加晋升名额，即适当增加职称晋升名额，为年轻教师提供更多机会。四是提高评选透明度，优化荣誉称号评选机制，确保评选过程公开、公平、公正。

宁波东方理工大学智能制造学院的教师激励机制构建案例，展示了如何通过绩效工资、科研奖励、职称晋升和荣誉称号等多种措施，有效地激发教师的工作热情和创造力。这一案例为其他高校提供了有益的参考，同时也提醒高校在实施教师激励机制时需注意公平性、科学性和可持续性。

6.3　质量保障机制

6.3.1　教学质量保障体系

教学质量是智能制造专业集群建设的核心，建立全面的教学质量监控体系是确保教学质量稳步提升的关键。教学质量保障体系应涵盖教学过程的各个环节，包括课程设计、教学实施、教学评价和反馈改进。

（1）教学质量保障体系的构建原则

①全面性

教学质量保障体系需覆盖教学全过程，包括课程设计、教学实施、教学评价、反馈改进，形成"设计—实施—评价—改进"的管理。课程设计应结合智能制造领域的技术发展和行业需求，动态优化课程体系。例如，增设工业机器人、数字孪生、智能传感等前沿课程，确保教学内容与产业需求同步。教学实施应采用多元化教学模式，如项目式学习、校企联合授课、虚拟仿真实验等，增强学生的实践能力和创新能力。教学评价指建立多维度评价体系，包括学生评教、同行评价、企业专家评估、课程目标达成度分析等，避免单一评价的片面性。反馈改进指定期收集教师、学生、企业等多方的反馈，形成质量改进报告，并落实到下一轮教学过程中。

②科学性

采用科学的评价方法和工具，确保评价结果的客观性、准确性和可操作性。

评价工具包括量化工具和质性工具。量化工具指利用学习管理系统记录学生学习数据（如作业完成率、实验操作得分、在线测试成绩）。质性工具指通过课堂观察记录、学生访谈、企业反馈报告等，分析教学中的隐性问题和改进空间。评价标准包括课程目标达成度、能力导向评价。课程目标达成度是通过对比分析学生成绩与课程目标，量化教学目标实现程度。能力导向评价指针对智能制造专业核心能力（如编程能力、系统集成能力、问题解决能力），设计专项能力考核指标。

③动态性

根据教学实际情况和反馈信息，动态调整教学质量保障措施，形成持续改进机制。其包含动态监控、动态优化等。动态监控指每学期开展教学中期检查，及时发现课程实施中的问题（如教学内容难度过大、实验设备不足）。利用大数据分析学生学习行为，动态调整教学策略（如针对普遍薄弱的知识点增加辅导课时）。动态优化指根据行业技术发展趋势（如人工智能在制造中的应用），每两年修订一次课程大纲。建立"淘汰—更新"机制，对陈旧课程（如传统机械设计）进行改造或替换。

④全员参与

教师、学生、管理人员和企业共同参与教学质量保障工作，形成协同育人机制。教师需主动参与课程设计、教研活动等分享教学经验，形成互助提升的文化。学生通过评教系统、座谈会等方式反馈学习体验。企业专家参与课程设计，提供真实案例和项目需求。校企共建实习基地，通过实习表现反馈教学效果。

（2）教学质量保障体系的主要内容

教学质量保障体系是确保教育目标实现的关键机制，涵盖课程设计、教学实施、教学评价和反馈改进四个核心环节。该体系通过科学的管理和动态调整，确保教学活动的规范性、有效性和可持续性。以下是对教学质量保障体系的详细分析。

①课程设计质量保障

课程设计质量是教学质量的基础，直接影响人才培养的方向和效果。高质量的课程设计应紧密结合产业需求，明确教学目标，并确保内容的科学性和实用性。其包含需求分析、课程开发和课程评审三个环节。

需求分析是课程设计的起点，旨在明确课程目标、内容结构和教学方式。其主要包括以下几个方面。一是产业需求调研。通过企业访谈、行业报告、技术发展动态等，了解当前和未来行业对人才的知识、技能要求；建立"行业－学校"联合委员会，定期召开研讨会，确保课程内容与岗位需求匹配；参考国家职业资格标准、行业认证（如华为认证、AWS 云计算认证等）调整课程体系。二是学生需求调研。通过入学测试、问卷调查等方式，了解学生的知识储备和学习能力，避免课程难度过大或过小；结合学生就业意向（如考研、就业、创业），提供差异化课程模块（如学术研究型课程、职业技能型课程）。

课程开发需由专业团队完成，以确保内容的科学性、前沿性和可操作性。其具体举措如下。一是开发团队由学科专家、企业技术骨干、教育专家构成。学科专家负责课程理论体系的构建。企业技术骨干负责提供真实案例和实践项目。教育专家负责优化教学设计，确保符合认知规律。二是课程内容设计，包括模块化设计、实践教学强化、课程思政融入等。模块化设计即将课程分解为"基础理论—案例分析—实践训练"模块，增强学习连贯性。实践教学强化即增加实验、实训、企业实习等环节，提升学生动手能力。课程思政融入即在专业课程中嵌入职业道德、社会责任等内容，如工程伦理、数据隐私保护等。

课程评审是确保课程质量的关键环节，需邀请校内外专家进行多维度评估。课程评审包括评审流程、评审标准、持续优化等。评审流程包括预评审、终期评审。预评审在课程开发初期，评审课程大纲和样章，避免方向错误。终期评审即对完整的课程体系（教材、课件、考核方式等）进行验收。评审标准包括目标匹配度、内容前沿性、教学可行性等。持续优化是根据评审意见修订课程，并建立"3 年一大修，1 年一小修"的动态更新机制。

②教学实施质量保障

教学实施质量是教学质量的核心，需确保教学过程规范、方法科学、效果显著。a. 教学过程规范包括标准化管理和教师培训。标准化管理是制定《教师教学行为规范》，明确备课、授课、作业批改、考试管理等要求。教师培训包括岗前培训、定期研修。岗前培训要求新教师通过涵盖课堂管理、信息化教学工具应用等技能的教学能力考核。定期研修指每学期组织教学研讨会，分享优秀教学案例。b. 教学方法层面，注重创新教学方法应用与技术赋能教学的深度融合，创新教学方法应用主要包括项目式学习、翻转课堂、混合式教学等模式。项目式学习指让学生参与真实项目（如软件开发、市场调研），培养综合能力。翻转课堂指课前提供微课视频，课堂时间用于讨论和实践。混合式教学即有机结合在线学习平台和线下授课，提高学习灵活性。技术赋能教学包括虚拟仿真、智能教学系统等。虚拟仿真适用于工程、医学等实践性强的学科。智能教学系统如 AI 助教、学习数据分析，有利于实现个性化教学。

③教学评价质量保障

教学评价是衡量教学效果、诊断教学问题的重要手段，其核心在于确保评价结果的客观性、公正性和有效性。多元主体参与和多维度评价，能够全面反映教学质量，并为后续改进提供依据。

学生评价通常采用问卷调查、座谈会与访谈、匿名评价等方式进行。问卷调查指设计科学合理的问卷并发给调查对象，进行调查，涵盖教学内容、教学方法、课堂互动、教师态度等维度。例如，采用李克特五级量表（1～5 分）量化评价，同时设置开放式问题收集具体建议。座谈会与访谈指定期组织学生代表进行面对面交流，深入了解学生对课程的体验与诉求，尤其关注实践环节、课程难度等细节问题。匿名评价主要通过线上平台（如教学管理系统）进行，保障学生评价的匿名性，避免因顾虑教师态度而影响反馈真实性。学生评价的优势是：学生作为直接参与者，能够直观反映教学效果；数据量大，便于统计分析。学生评价的劣势是：学生可能受主观情绪影响（如对课程难度的抱怨）；部分学生可能敷衍填写问卷。因此，问卷设计需结合课程目标，避免泛泛而谈。例如，针对实践性课程，重点评价实验设备、项目指导等；增加过程性评价（如期中反馈），而非仅依赖期末一次性评价；对低分评价进行人工复核，排除恶意评分。

同行评价通常采用听课评课、教学档案评审、教学研讨会等方式进行。听课评课指教师之间相互观摩课堂教学，依据统一标准填写评价表。教学档案评审指检查教案、课件、作业设计等材料，评估教学准备的规范性与创新性。教学研讨会指组织教师分享教学经验，通过同行讨论提出改进建议。同行评价的优势是：同行更了解学科特点，能够提出专业性建议；促进教师间的经验交流与协作。同行评价的缺点是：易受人际关系影响，评价可能流于形式；教师可能因竞争关系不愿客观批评。因此，应建立匿名评价机制，例如，通过第三方平台汇总同行评价结果；制定明确的评价标准，减少主观随意性；将同行评价与教师发展相结合，如将评价结果作为教研课题立项的参考依据。

专家评价通常采用校外专家评审、教学督导组巡查、课程认证评估等方式进行。校外专家评审指邀请行业专家、教育学者对课程体系、教学内容进行诊断，尤其关注与产业需求的契合度。教学督导组巡查指校级或省级督导专家随机听课，重点检查教学规范性（如是否按大纲授课）与教学创新性（如是否应用新技术）。课程认证评估指对接国际或国内专业认证体系（如 ABET 工程认证），通过外部权威机构的标准化审核流程进行系统性认证。专家评价的优势是具有权威性和客观性，专家能够发现内部评价忽视的问题。专家评价的劣势是：成本较高（如外聘专家费用）；专家建议可能过于理论化，难以落地。因此，应建立长期合作的专家库，定期开展"专家进课堂"活动；将专家评价与教师培训相结合，如针对共性问题组织专题工作坊。

④反馈改进质量保障

反馈改进是保障教学质量的关键环节，其核心在于将评价结果转化为具体的教学优化行动，并持续跟踪改进效果。反馈渠道建设如下。一是畅通多主体反馈渠道，包括学生反馈、教师自评与互评、企业与社会反馈等。学生反馈指通过线上平台、班级委员会等渠道常态化收集意见。教师自评与互评指鼓励教师定期提交教学反思报告，促进自我改进。企业与社会反馈指与用人单位合作，跟踪毕业生职业表现，分析课程与岗位需求的匹配度。二是技术赋能反馈收集，包括大数据分析、即时反馈工具等。大数据分析指利用教学管理系统自动汇总评价数据，生成可视化报告，如学生满意度趋势图。即时反馈工具指在课堂中使用实时反馈 App（如Mentimeter），让学生匿名提交课堂疑问或建议。

改进措施制定与落实具体如下。一是进行问题分类与优先级排序。针对共性问题，如多数学生反映"课程内容过于理论化"，需调整课程结构，增加案例教学。针对个性问题，如个别教师课堂节奏过快，需向其提供教学方法培训。二是采取短期措施或长期规划改进方案设计。短期措施指针对紧急问题快速响应，如为难度过大的课程增设辅导课。长期规划指将反馈纳入教学改革计划，如修订人才培养方案、更新实验设备等。三是资源保障与责任分工。明确改进责任主体（如课程组、教研室），并提供经费、师资等资源支持。

（3）案例分析

以苏州工学院为例，其智能制造学院聚焦长三角地区智能制造产业需求，围绕"新工科"建设目标，重点打造智能制造工程、机器人工程、工业互联网等专业集群。学院通过与博世（苏州）、隆力奇集团等企业深度合作，构建了"产教融合、动态反馈"的教学质量保障体系，成为区域智能制造人才培养的重要基地。

①课程设计质量保障

需求分析。一是产业需求对接。学院成立"智能制造校企联盟"，联合博世、隆力奇等 20 余家企业，定期召开技术需求对接会，分析企业对数字化设计、工业机器人运维等岗位的技能要求；引入德国双元制模式，将企业认证标准（如西门子 PLC 认证）融入课程目标。二是学生需求调研。每学期初通过问卷星平台向学生发放学习需求调查表，收集学生对课程难度、实践环节的反馈。例如，学生普遍反映工业机器人编程课程难度过大，学院随后增设了虚拟仿真实验模块。

课程开发。一是跨学科团队组建。课程开发团队由企业工程师（占 30%）、高校教师（占 60%）和职业教育专家（占 10%）组成。例如，智能工厂系统集成课程由博世工程师提供真实产线案例。二是模块化课程设计。将课程分为"基础模块（机械设计）＋核心模块（工业互联网）＋拓展模块（人工智能应用）"，并配套开发"1+X"证书（如工业机器人操作与运维）。

课程评审。引入第三方机构（如江苏省智能制造工程学会）对课程进行认证，重点评审"课程内容与产业标准的匹配度"和"实验设备覆盖率"。例如，2022 年，智能制造系统课程因"虚拟仿真资源不足"被要求整改，学院随后采购了 ROS 仿真平台。

②教学实施质量保障

教学规范与师资培训。制定《智能制造学院课堂教学十项规定》，要求教师采用"课前导学案设计＋课中项目实操教学＋课后在线答疑辅导"的标准化流程教学。新教师需通过"企业实践半年＋教学能力培训"双重考核，例如，青年教师张老师被派往隆力奇智能工厂学习 AGV 调度系统，返校后开发了智能物流系统实训课程。

教学方法创新。创新的教学方法包括项目式学习、混合式教学。项目式学习如与博世合作开展"智能产线优化"项目，学生分组完成从需求分析到系统调试的全流程。混合式教学如引入清华大学"学堂在线"的《工业大数据分析》MOOC 资源，线下课堂聚焦案例研讨与代码调试。

教学督导机制。建立"校－院－企"三级督导体系。在校级督导方面，随机抽查教学档案（如教案中是否标注"课程思政"融入点）；在院级督导方面，重点督导实践课程（如检查工业机器人实验室安全规范）；在企业督导方面，博世工程师参与毕业设计答辩，直接评价项目实用性。

③教学评价质量保障

多元评价包括学生评价、同行评价、专家评价等。学生评价指每门课程结束后，学生在教学质量管理平台上对"教师授课清晰度""实验设备满意度"等指标评分，系统自动生成雷达图并反馈给教师。同行评价指实施教师互听互评制度，该校 2022—2023 学年累计完成同行评课 120 次，发现共性问题如"部分教师未及时更新智能装备案例"。专家评价指邀请东南大学智能制造领域教授担任特聘教学顾问，每年对课程体系进行诊断。例如，2023 年专家建议增设工业元宇宙与数字孪生选修课。在评价结果应用方面，建立刚性整改机制：学生评分低于 80 分的课程须提交整改报告。例如，2022 年机电传动控制课程因评分低被暂停开课，重新设计后引入 ABB 机器人实操环节。

④反馈改进质量保障

反馈渠道包括线上平台、线下机制等。在线上平台方面，开发智教通 App，学生可通过该 App 随时提交课程建议（如希望增加智能仓储系统实训），企业 HR 可通过线上平台反馈毕业生技能短板。线下机制指每学期末举办"教学质量听证会"，学生代表、教师和企业代表三方共同讨论改进方案。

改进措施落地。快速响应案例是 2022 年企业反馈"毕业生缺乏工业互联网协议（如 OPC UA）应用能力"，该校半年内新增"工业通信协议"实训模块，并与华为合作建设"5G+工业互联网"实验室。长期优化案例是根据学生"希望加强跨专业协作"的建议，该校 2023 年启动"智能制造跨专业项目班"。

效果跟踪与验证。通过跟踪毕业生就业质量发现：2023 届毕业生对口就业率从 75% 提升至 89%，平均起薪增长 18%；隆力奇集团评价"毕业生系统集成能力显著优于往年"。

⑤成效与启示

核心成效具体如下：一是课程与产业匹配度提升，企业参与课程开发的比例从 30% 增至 60%；二是教学创新成果显著，近三年获省级教学成果奖 2 项、建设国家级一流课程 1 门；三是学生竞争力增强，在"全国大学生机器人大赛"中连续三年进入前十。

经验启示具体如下：一是校企深度融合，企业不仅是资源提供者，更是质量评价员；二是数据驱动改进，利用信息化平台实现"评价—反馈—改进"管理；三是建立动态调整机制，课程更新周期缩短至 1.5 年，紧跟技术迭代速度。

⑥优化建议

一是引入人工智能技术，开发教学质量预警系统，实时分析课堂视频、学生作业数据，提前发现潜在问题。二是建立教学质量改进基金，鼓励教师自主申报教改项目（如开发 AR 维修指导系统）。三是推动"国际认证 + 国内认证"双轨制，例如，申请德国 ASIIN 工程教育认证，提升教学质量保障体系的国际认可度。苏州工学院智能制造学院通过"校企协同、多元评价、数据闭环"的教学质量保障体系，实现了从传统工科向新工科的转型升级。其经验为应用型高校的智能制造专业集群建设提供了可复制的范本。

6.3.2　学生能力培养评估

学生能力培养评估是智能制造专业集群建设的重要环节，其目标是通过系统化的评价体系，全面衡量学生在知识掌握、技能应用和综合素质三个维度的能力水平。科学的评估体系不仅有助于诊断教学问题、优化培养方案，还能帮助学生明确发展方向，提升职业竞争力。以下从构建原则、主要内容等方面展开分析。

（1）学生能力培养评估的构建原则

①全面性原则

评估需覆盖知识掌握、技能应用与综合素质三大维度，避免"重技能轻理论"或"重分数轻素养"。智能制造领域要求学生既懂机械设计、工业互联网等专业知识，又能操作智能设备，同时具备团队协作、创新思维等软实力。那么，如何设置不同维度的权重（如理论考试与实践考核的比例）？建议采用模块化积分制，如知识占 40%、技能占 40%、素质占 20%，并根据课程性质动态调整。

②科学性原则

评估方法需基于教育测量学理论，确保信度（反映结果一致性）与效度（反映真实能力）。避免主观随意性，如用标准化评分量表替代模糊的"优 / 良 / 中"等级评价。因技能操作类评估（如机器人编程）的量化难度较高，建议引入能力指标分解法，如将"工业机器人调试"分解为"程序编写准确性（30%）""故障排除效率（40%）""安全规范遵守（30%）"等子项。

③动态性原则

评估标准需随产业技术迭代和学生能力发展阶段动态调整。智能制造领域技术更新快，评估内容需与时俱进。那么，如何快速响应技术变化，避免评估标准滞后？建议建立校企联动更新机制，如每学年与企业共同修订技能考核题库。

④实践性原则

评估需贴近真实工作场景，突出解决复杂工程问题所需的能力。智能制造人才需胜任智能产线运维、系统集成等实践性岗位。因模拟真实工业环境的成本较高（如购置数字孪生平台），建议采用虚实结合模式，如用虚拟仿真软件（如 ROS）降低投入，同时安排学生到企业实习，弥补实操不足。

（2）学生能力培养评估的主要内容

学生能力培养评估包括知识掌握评估、技能应用评估、综合素质评估、创新创业活动评估等方面。

①知识掌握评估

考试评估。实施方式包括期中/期末考试、阶段性测验。期中/期末考试重点考核核心理论（如控制工程基础、工业大数据原理），需减少死记硬背类题目，增加案例分析（如给出某工厂能耗数据，设计优化方案）。阶段性测验指通过随堂测试或在线平台（如超星学习通）检验学生对关键知识点的掌握程度。由于传统考试易忽视知识迁移能力，且难以反映实践关联性，因此建议引入开卷实践题，如提供工业机器人手册，要求学生现场绘制程序流程图；采用过程性考试，将课堂讨论贡献度（如提出创新性解决方案）纳入考核范围。

作业评估。实施方式包括课后作业、实验报告等。在课后作业方面，主要设计开放性题目，如"比较工业互联网协议 MQTT 与 OPC UA 的适用场景"。在实验报告方面，要求学生记录实验过程（如 PLC 编程调试步骤），并分析误差原因。由于学生可能抄袭或敷衍了事，因此建议使用查重工具（如 Turnitin）确保原创性；增加实验复现答辩，随机抽取学生口头解释报告中的关键结论。

项目报告评估。实施方式包括课程设计报告、毕业设计论文等。课程设计报告如"智能仓储系统设计"，需包含需求分析、三维模型、成本预算等完整文档。在毕业设计论文方面，与企业合作命题（如某汽车零部件厂的产线优化），要求论文兼具理论深度与实操价值。由于团队项目中个人贡献难以区分，因此建议采用"贡献度自评 + 互评"机制，结合代码提交记录（如 Git 日志）量化个人工作量；要求提交"过程日志"，记录每次小组会议的讨论内容与分工调整。

②技能应用评估

实验评估。实施方式包括基础实验、综合实验。基础实验如工业机器人轨迹编程，评估标准包括路径精度（±0.1mm）、完成时间（≤ 30 分钟）。综合实验如搭建基于 ROS 的移动机器人导航系统，考核多传感器（激光雷达、IMU）的协同控制能力。由于设备数量不足导致学生实操机会少，因此建议采用分时预约制，延长实验室开放时间；开发虚拟实验平台，以便学生远程登录仿真系统进行练习（如FANUC 机器人虚拟调试）。

实训评估。实施方式包括校内实训、企业实训等。在校内实训方面，在智能制造实训中心完成产线调试任务，如使用数字孪生技术模拟故障排查流程。在企业实训方面，学生在合作企业（如西门子数字化工厂）顶岗实习，由企业导师根据岗位胜任力清单打分。由于企业实训与学校课程进度难以同步，因此建议实行柔性学分制，允许学生分段完成企业实训；开发移动学习终端，以便学生随时查阅实训相关知识库。

项目实践评估。实施方式包括学科竞赛项目、企业真实项目等。学科竞赛项目如全国大学生智能汽车竞赛，评估指标包括系统稳定性、创新性（如是否引入 AI算法）。企业真实项目如为某制造企业开发设备预测性维护系统，成果需通过企业验收（如故障识别准确率≥ 95%）。由于项目周期长，评估时效性差，因此建议采用里程碑评审法，分阶段（需求分析—原型开发—测试部署）进行考核；引入企业专家参与终期答辩，直接反馈技术可行性评价。

③综合素质评估

综合素质评估的实施方式包括心理测评、行为观察。心理测评即使用霍兰德职业兴趣测试、大五人格量表等工具，帮助学生认知自身特质。行为观察即通过观察小组项目中学生所扮演的角色（如项目经理、技术骨干），评估其领导力、沟通能力。由于综合素质评估主观性强，易受偏见影响，因此建议制定行为锚定量表，如将"团队协作"细化为"主动分担任务（3 分）""有效调解冲突（5 分）"等具体行为；采用 360 度评价，综合教师、同学、企业导师等多主体的评价。

④创新创业活动评估

创新创业活动评估的实施方式包括竞赛成果、创业实践。在竞赛成果方面，以"互联网＋"大学生创新创业大赛为例，重点评估商业计划书的可行性，包括市场分析的科学性、盈利模式的创新性等核心要素。创业实践指学生团队运营微型智能硬件工作室，考核营收增长率、客户满意度等指标。由于创业项目风险高，学生可能因失败而抵触评估，因此建议设立容错机制，关于失败项目的反思报告亦可作为评估依据；提供创业导师库，邀请企业高管指导学生规避常见风险。

（3）案例分析

以南京工程学院为例，该校是江苏省首批"卓越工程师教育培养计划"试点高校之一，其智能制造学院聚焦战略需求，联合南瑞集团、菲尼克斯电气等企业，构建了"产教协同、能力导向"的学生能力培养评估体系。该学院通过动态评估与反馈机制，确保学生知识、技能、素质的全面发展，近三年毕业生就业率保持在 98% 以上，企业满意度达 95%。

①知识掌握评估

多元考核方式设计主要包括理论考试创新、阶段性机考、作业与项目报告等。a. 理论考试创新主要是开展期中／期末考试：减少选择题比重（从 50% 降至 30%），增加案例分析题。例如，智能制造系统考试要求学生根据某汽车工厂的产能数据，设计数字化升级方案。b. 阶段性机考主要是利用智慧考试平台随机组卷，内容涵盖工业互联网、机器视觉等前沿领域，系统自动批改并生成薄弱知识点分析报告。c. 作业与项目报告包括开放性作业和课程设计报告。开放性作业如"比较工业机器人四种坐标系的适用场景"，要求学生结合 ABB 机器人手册完成。在智能产线规划课程中，学生需提交包含三维仿真模型（使用 SolidWorks）、成本预算表和风险评估的完整报告，教师依据《项目报告评分标准》（含 10 项细化指标）打分。

实施成效如下。一是学生理论应用能力显著提升。在 2023 年控制工程基础考试中，85% 的学生能够正确运用 PID 算法解决温控系统设计问题（2021 年仅 65%）。二是学术论文质量提高。近两年学生发表核心期刊论文 12 篇，其中《基于数字孪生的 AGV 路径优化》被 EI 收录。

②技能应用评估

分层递进式技能考核包括基础技能层、综合应用层等层面的考核。a. 基础技能层考核包括实验操作考核、虚拟仿真认证。实验操作考核如在"工业机器人编程"实验中，要求学生 30 分钟内完成码垛程序编写与调试，精度误差需小于 ±0.5mm。虚拟仿真认证指引入 FANUC 机器人虚拟调试平台，学生通过模拟产线故障排除考核后可获得初级认证证书。b. 综合应用层考核包括企业真实项目验收和学科竞赛积分制。企业真实项目验收指与南瑞集团合作开展"智能变电站巡检机器人开发"项目，企业导师从功能完整性（40%）、代码规范性（30%）、文档完备性（30%）等维度进行评分。学科竞赛积分制指学生若在全国大学生机械创新设计大赛中获奖，则可直接兑换课程学分（如获得国赛一等奖可抵 3 学分）。

实施成效如下。一是技能认证通过率提升，2023 年工业机器人操作中级认证通过率达 78%（2021 年为 52%）。二是竞赛成果突出，2023 年获"西门子杯"中国智能制造挑战赛全国特等奖 2 项，参赛学生人均掌握 3 种以上工业软件（如 TIA Portal、ROS）。

③综合素质评估

多维素质评价模型包括行为观测量化和创新创业实践。a. 行为观测量化指在智能产线综合实训中，采用《团队协作行为量表》，对学生的"主动提出解决方案次数""冲突调解有效性"等指标给予评分。使用华为云 WeLink 平台开展线上协作任务，系统自动分析沟通频次、任务贡献度等数据。b. 创新创业实践包括创业项目路演、创新学分累积等。创业项目路演指学生团队开发"基于 AI 的工业质检云平台"，由风投机构评委从技术可行性（40%）、商业模式（30%）、团队表现（30%）三方面打分。创新学分累积指发表专利、参与开源项目等可累积创新学分，未达标者需选修创新思维训练课程。

实施成效如下。一是软实力显著增强，2023 届毕业生中，85% 的企业反馈学生"具备跨部门协作意识"（2021 年为 68%）。二是创业成果转化，近三年孵化学生创业企业 6 家，其中"智检科技"获天使轮融资 500 万元，该企业专注工业视觉检测设备研发。

核心成效如下。一是学生能力结构更均衡，2023 年评估显示，90% 的学生知识、技能、素质得分均超过 80 分（2021 年仅 65%）。二是企业认可度提高，合作企业招聘留用率从 70% 升至 92%，南瑞集团将该学院列为"核心人才供应基地"。

优化建议如下。一是技术赋能评估。引入 AI 监考系统，自动识别实验操作中的安全隐患；开发 AR 评估工具，学生佩戴全息眼镜完成设备拆装，系统实时记录动作规范性。二是扩展评估场景。与海外高校（如德国亚琛工业大学）共建国际联合认证体系，学生通过评估可获双证书；在"一带一路"海外项目中设置跨文化能力评估模块。

南京工程学院通过构建"知识—技能—素质"三位一体的评估体系，实现了从"分数导向"到"能力导向"的转型。其经验表明，科学的评估需以产业需求为锚点、以技术创新为支撑、以动态改进为保障，最终培养出"懂理论、精技术、善协作"的智能制造新工科人才。

6.3.3 毕业生就业与职业发展跟踪

毕业生就业与职业发展跟踪是衡量智能制造专业集群建设成效的核心环节。系统性、长期性的跟踪评估，能够全面反映人才培养质量，并为课程优化、教学改革提供数据支撑。以下从构建原则、主要内容等方面展开分析。

（1）毕业生就业与职业发展跟踪的构建原则

全面性原则。跟踪需覆盖就业率、就业质量、职业发展三个维度，避免从单一维度片面评价。智能制造领域不仅应关注学生"能否就业"，还应关注其职业成长潜力与行业贡献度。

长期性原则。跟踪周期需覆盖毕业后 1~5 年，甚至更长，以观测职业发展的动态轨迹。

智能制造行业技术迭代快，毕业生需经历"技能适应期—稳定发展期—创新突破期"的成长过程。应实施分阶段跟踪，短期（1 年内），关注岗位适应度与技能匹配度；中期（3~5 年），评估晋升速度与创新能力；长期（5 年以上），分析行业影响力（如专利数量、管理岗位比例）。

科学性原则。采用标准化工具（如量表、数据库）与科学方法（如纵向研究、回归分析），确保数据信度和效度。

反馈性原则。将跟踪结果反向输入人才培养体系，形成"评价—改进—再评价"的体系。例如，若毕业生普遍反映"工业互联网协议应用能力不足"，则需调整课程设置。实施动态调整机制和企业协同反馈。动态调整机制是建立"就业质量报告—教学委员会—课程组"的快速响应链路。企业协同反馈是与合作企业共建人才能力需求预警系统，实时更新岗位技能清单。

（2）毕业生就业与职业发展跟踪的主要内容

①就业率跟踪

对于就业率跟踪，需要明确阶段性就业率统计口径。初次就业率：以毕业离校前的就业签约情况为统计基准，具体涵盖升学深造、自主创业、自由职业等就业形态。协议就业率：以签订正式劳动合同的毕业生比例作为核心统计指标。灵活就业率：统计自由职业、短期兼职等非传统就业形式的占比。待就业率：针对未就业学生开展原因分析，重点包括技能适配不足、地域就业偏好等影响因素。

须采用"电话访谈＋企业回访"的方式进行跟踪。电话访谈：面向全体毕业生开展全覆盖跟踪，详细记录就业状态变更情况（如离职、岗位调整等）。企业回访：通过对接合作企业人力资源部门，核实毕业生在职情况及职业发展现状。通过对比初次就业率与年终就业率差异，识别"离职高发岗位"（如产线调试员、基层技术岗等），有针对性地开展职业稳定性教育课程，强化毕业生职场适应能力培养。

②就业质量跟踪

薪资水平跟踪。薪资水平跟踪包含分层统计与行业对标两个部分。分层统计，按岗位类型（技术、管理、销售）、地域（一线城市、新一线城市）分类分析；行业对标，与智联招聘、BOSS 直聘发布的行业平均薪资对比。

职位晋升跟踪。职位晋升跟踪包含晋升周期、职级分布和工具应用三个部分。晋升周期指从基层技术岗到项目经理的平均时间；职级分布指中级工程师、高级工程师、技术总监占比；工具应用指使用 LinkedIn 职业轨迹分析工具，追踪毕业生职位变化。

工作满意度跟踪。工作满意度跟踪一般采用量化量表与深度调研结合的方法。量化量表：设计三维度评分体系，包含工作内容匹配度（采用李克特五级量表）、企业培训资源满意度、职业发展空间预期，多维度测量毕业生就业体验。深度调研：针对量表评分低于 3 分的毕业生开展个案访谈，系统剖析深层影响因素，如企业文化中的加班现象、岗位技术发展瓶颈等，为就业指导与课程优化提供决策依据。

③职业发展跟踪

职业发展路径跟踪。路径类型包括技术深耕型、管理转型型、创业开拓型等。技术深耕型如工程师—技术专家—首席科学家；管理转型型如技术岗—项目经理—部门总监；创业开拓型如成立智能装备初创公司。

职业成就跟踪。职业成就量化指标包括技术创新、管理贡献、行业影响力等。在技术创新方面，主要考察专利申请数、技术标准参与度；在管理贡献方面，主要考察团队规模、项目营收增长率；在行业影响力方面，主要考察学术会议报告次数、行业协会任职情况；在荣誉体系方面，设立"杰出校友奖"，表彰在智能制造领域取得突破的毕业生。

（3）案例分析

以常州工学院为例，该学校是江苏省重点应用型本科高校，其智能制造学院聚焦长三角智能制造业集群需求，与中车戚墅堰所、星星充电等企业深度合作，构建了"全程跟踪、数据驱动"的毕业生就业与职业发展跟踪体系。通过该体系，学院动态优化人才培养方案，近五年毕业生平均就业率达97%，70%以上的毕业生在三年内晋升至技术骨干或管理岗位，成为区域智能制造行业人才供给的标杆。

①就业率跟踪

采集多维度数据，包括初次就业率、年终就业率。初次就业率统计依托智能签约系统实现数据实时归集，并结合就业帮扶过程中的动态跟踪数据，形成精准的就业数据采集机制。智能签约系统指通过"职通云"平台实时录入毕业生就业信息（包括签约企业、岗位类型、薪资范围），系统自动生成初次就业率报表。2023届毕业生初次就业率为95.2%，其中协议就业率为89%，灵活就业率为6.2%。就业帮扶是针对5%待就业学生，学院联合常州市人社局开展"一对一技能强化计划"，提供免费工业机器人操作培训，6个月内再就业率提升至98%。

年终就业率跟踪采取企业联动验证、校友社群运营。企业联动验证方面，与300家合作企业签订数据共享协议，企业HR每半年更新毕业生在职状态。例如，2022届毕业生年终就业率为96.8%，其中2.3%因二次考研暂未就业。校友社群运营方面，建立"智造未来"校友微信群，定期发布就业信息，降低失联率至3%以下。

②就业质量跟踪

薪资水平与行业对标。2023届毕业生平均起薪为8200元/月，其中长三角地区智能制造企业技术岗薪资为 8500～12 000 元 / 月，高于全国同专业平均水平（7500 元 / 月）。通过"薪资－岗位"关联分析发现，掌握工业互联网协议（如 OPC UA）、数字孪生技术的毕业生比其他毕业生的平均起薪高出 20%。

企业薪酬反馈。星星充电提供的数据显示，该校毕业生入职一年后薪资涨幅达 25%，比行业平均水平高 15%，反映技能成长速度优势。

职位晋升路径分析。基于岗位职能差异，构建技术岗与管理岗双通道晋升周期模型。技术岗为工程师—高级工程师（平均 3.2 年）—技术专家（平均 6.5 年）；管理岗为项目助理—项目经理（平均 4.1 年）—部门总监（平均 8 年）。

工作满意度调研。根据李克特五级量表的评估，2023 年毕业生满意度为 4.2 分（满分 5 分），其中企业培训资源得分为 4.5 分，技术挑战性得分（4.3 分）较高，工作强度得分（3.8 分）较低。

③职业发展跟踪

职业成就数据库建设。在技术创新成果方面，近五年毕业生累计申请专利 238 项，其中发明专利 56 项（如"基于机器视觉的锂电池缺陷检测方法"获江苏省专利优秀奖）。12 名毕业生参与智能制造相关标准制定，如 2016 届李某参与起草《工业机器人可靠性测试规范》。在管理贡献统计方面，35% 的毕业五年以上的校友担任企业中高层管理岗位，如 2015 届王某现任埃斯顿自动化生产总监，管理团队超 200 人。

职业发展路径模型。在技术专家型方面，提供"硕博连读推荐＋企业研究院联合培养"通道；在创业型方面，设立"智造创投基金"，校友创业项目最高可获 50 万元启动资金；在校友导师计划方面，邀请职业成就突出的校友担任在校生导师，例如，邀请 2012 届校友陈某（科远智慧副总经理）开设"智能制造企业数字化转型"系列讲座。

④支撑机制与技术工具

数据平台与分析方法包括"职达"智能跟踪系统和 AI 预测模型。"职达"智能跟踪系统集成就业数据、企业反馈、校友成就等信息，通过区块链技术确保数据不可篡改；利用 Tableau 生成动态报告，如"毕业生薪资－技能相关性热力图"。AI 预测模型指基于历史数据训练机器学习模型，预测毕业生职业发展风险（如离职倾向、晋升瓶颈），准确率达 82%。

校企协同反馈机制包括岗位能力需求预警、课程逆向工程。在岗位能力需求预警方面，与汇川技术共建人才能力雷达图，实时更新岗位技能要求（如 2024 年新增"工业元宇宙场景搭建"能力项）。在课程逆向工程方面，针对高晋升率岗位（如智能产线规划师），反向设计智能制造系统集成课程模块。

⑤实施成效

一是毕业生竞争力提升。2023 年企业校招留存率从 65% 提高至 88%，中车威墅堰所将该学院列为"战略人才储备基地"。二是专业集群建设优化。根据跟踪结果，新增工业大数据分析、智能装备故障预测等 6 门课程。三是获得行业认可。该学院获评"智能制造领域就业创业典型经验高校"；入选江苏省"产教融合示范项目"，获财政拨款 1200 万元，用于跟踪体系建设。

⑥优化建议

在技术升级方面，引入元宇宙技术构建"虚拟校友社区"，毕业生可通过数字分身参与职业发展活动；开发"职业成就 NFT"，将专利、奖项上链存证，增强校友荣誉感。在国际化拓展方面，与德国亚琛工业大学合作开展"中德智能制造人才联合认证"，跟踪毕业生在跨国企业中的发展情况。在伦理规范方面，建立《毕业生数据伦理使用章程》，明确数据采集边界与隐私保护措施。

常州工学院通过构建"数据贯穿、校企共治"的跟踪体系，实现了从"就业率导向"到"职业成就导向"的转型。其经验表明，科学的跟踪需以产业需求为坐标、以技术创新为工具、以校友生态为纽带，最终形成"培养—就业—发展—反哺"的良性循环，为应用型高校智能制造人才培养提供可复制范式。

6.3.4　持续改进与反馈机制

持续改进与反馈机制是智能制造专业集群建设的核心驱动力。高校应建立持续改进与反馈机制，基于反馈不断优化智能制造专业集群建设，确保人才培养与产业需求紧密契合，确保智能制造专业集群的可持续发展。

（1）持续改进与反馈机制的构建原则

系统性原则。覆盖"课程设计—教学实施—教学评价—就业跟踪"全流程，形成良好管理。避免局部优化导致整体失衡，例如，仅改进课程内容而忽视教学实施方法，可能无法提升学生实践能力。建立跨部门协作机制，成立教学质量改进委员会，由教务处、校企合作办、学生就业中心联合制定改进计划。实施流程标准化，制定《持续改进操作手册》，明确输入（反馈数据）、处理（改进措施）、输出（效果验证）流程。

动态性原则。根据内外部环境变化（如技术迭代、企业需求升级），实时调整智能制造专业集群建设方向。智能制造领域技术更新周期短（如工业软件版本每年升级），需快速响应变化。实施敏捷迭代机制，课程更新周期从3年缩短至1年，例如，常州工学院根据企业反馈，在半年内将"工业元宇宙"内容融入智能制造系统课程。预警系统建设是通过大数据监测行业趋势（如招聘岗位技能变化），触发课程调整信号。

全员参与原则。教师、学生、企业、管理者共同参与反馈与改进，打破单向决策模式。企业提供岗位需求，学生反映学习痛点，教师贡献教学经验，形成多维视角。学校设立"学生教学观察员"，要求其定期提交课程改进建议；企业代表进入专业建设指导委员会，拥有课程调整投票权。

（2）持续改进与反馈机制的主要内容

①反馈渠道建设

建立多种反馈渠道，如学生反馈、教师反馈、企业反馈等，确保反馈信息的全面性和及时性。a. 学生反馈实施在线即时反馈、焦点小组访谈等方式。在在线即时反馈方面，开发"智学反馈"App，以便学生随时对课程难度、实训设备等问题评分并留言（如"工业机器人实验室设备老化，影响实操效果"）。在焦点小组访谈方面，每月邀请10~15名学生代表参与教学质量听证会，讨论改进优先级。b. 教师反馈实施教学反思日志、跨学科教研会等方式。在教学反思日志方面，要求教师每学期提交教学反思报告，记录课堂问题与改进设想。在跨学科教研会方面，组织机械、电子、软件专业教师联合研讨，解决课程衔接问题（如工业互联网课程内容与嵌入式系统课程内容重叠）。c. 企业反馈实施校企联合评审会、毕业生能力追踪等方式。在校企联合评审会方面，每季度召开会议，企业根据岗位能力需求提出课程调整建议（如增加"数字孪生产线调试"实训）。在毕业生能力追踪方面，合作企业填写《毕业生岗位胜任力评估表》，量化技能短板（如"PLC编程熟练度"得分低于预期）。

②改进措施制定

课程改进。在教学内容动态更新方面，如基于企业技术升级需求（如工业控制领域技术从传统 PLC 技术向 CODESYS 平台转型），系统优化工业控制技术课程实验项目体系。在课程结构重组设计方面，如对"智能制造概论"课程实施混合式教学改革，将原理论课模式重构为"理论教学＋工厂实地参观＋企业专家讲座"的教学体系。

教学改进。方法创新包括 AI 辅助教学、虚实结合实训、资源支持等。在 AI 辅助教学方面，引入课堂情绪识别系统，根据学生专注度调整教学节奏。在虚实结合实训方面，使用数字孪生技术模拟智能产线故障，提升学生应急处理能力。在资源支持方面，设立教学创新基金，资助教师开发 AR/VR 教学资源。

实践改进。在企业真实项目导入方面，与博世合作开展"智能产线优化"项目，要求学生在 1 个月内提交可行性方案，企业工程师评分并反馈。实训设备与企业同步升级，如引入西门子 S7-1500 PLC 实训台。

（3）案例分析

以盐城工学院为例，该校是江苏省首批产教融合型高校，其智能制造学院聚焦长三角智能制造产业带需求，与阿特斯光伏、江苏悦达起亚等企业合作，构建了"数据驱动、敏捷响应"的持续改进与反馈机制。通过系统性优化课程、教学与实践环节，学院近三年获评国家级一流本科专业建设点，学生获省级以上学科竞赛奖项的数量年均增长 40%，企业满意度从 78% 提升至 93%。

①反馈渠道建设

学生反馈可以通过智能化反馈平台、学生代表委员会实现。在智能化反馈平台方面，开发"智学通"小程序，以便学生实时从课程内容、实训设备、教师授课等维度打分并留言，例如，2023 年收到学生反馈"工业机器人编程实验课时不足"，系统自动生成预警并推送至教学管理部；开发"课程即时弹幕"功能，支持学生在课堂中匿名发送疑问（如"对 PID 参数整定原理不理解"），教师课后在平台回复并优化教案。在学生代表委员会方面，每月召开"学生 – 教师对话会"，针对共性问题（如"智能控制理论课程难度过大"）制定改进计划，会议纪要公开至学院官网。

教师反馈可以通过教学反思与协作、企业挂职反馈实现。在教学反思与协作方面，要求教师每学期提交教学改进提案，例如，2022 年某教师提出"将 MATLAB 仿真替换为 Python 实战"，获学院教改基金支持；建立跨专业教研组，机械、电子、软件教师联合开发智能产线系统集成课程，解决原有课程内容碎片化问题。在企业挂职反馈方面，教师每 3 年需赴企业实践半年，例如，2023 年张老师在阿特斯光伏挂职实践后，将"光伏组件智能检测产线"案例引入机器视觉课程。

企业反馈可以通过校企数据互通平台、技术专家驻校机制实现。在校企数据互通平台方面，与江苏悦达起亚共建人才能力雷达图，企业每月上传岗位技能需求变化信息（如 2023 年新增"AGV 调度算法"能力项）；同时，毕业生入职 3 个月后，企业 HR 填写《岗位胜任力评估表》，2022 年数据显示"工业互联网协议应用能力"平均得分仅 65 分，触发课程紧急调整信号。在技术专家驻校机制方面，阿特斯光伏派出 2 名工程师常驻学院，参与实训课程设计并实时反馈行业技术动态［如 2023 年导入 TOPCon（拓普康）电池片智能分选技术案例］。

②改进措施制定

一是课程优化。课程优化主要通过动态内容更新、模块化重组实现。在动态内容更新方面，根据企业反馈，将工业控制技术课程中的三菱 PLC 教学内容替换为主流的西门子 S7-1200，并增加 CODESYS 平台实训。针对学生"数字孪生技术应用薄弱"的反馈，2023 年新增工业元宇宙与数字孪生实战选修课，采用 Unity 3D 与 ROS 仿真平台教学。在模块化重组方面，将原有智能制造概论课程拆分为智能装备基础、工业大数据分析、智能系统集成三门微课程，降低学习难度。

二是教学方法革新。教学方法革新包括 AI 赋能教学、项目式教学升级。在 AI 赋能教学方面，引入课堂情绪识别系统（如海康威视 AI 摄像头），实时监测学生专注度，以便教师动态调整授课节奏。数据分析显示，采用该系统后，课堂互动率提升 35%。开发智能作业批改助手，自动分析学生编写的代码的错误类型（如 PLC 梯形图逻辑错误），推送个性化学习资源。在项目式教学升级方面，与阿特斯光伏合作开发"光伏组件缺陷检测"真实项目，要求学生在 8 周内完成从算法开发（YOLOv7 模型训练）到产线部署的全流程，并将企业验收通过率作为课程成绩核心指标。

三是实践教学强化。学院投资 500 万元建设"智能制造数字孪生中心"，以便学生远程操控虚拟产线（如模拟江苏悦达起亚焊装车间），从而节省设备损耗成本

60%。企业捐赠淘汰设备（如 FANUC 旧款机械臂），用于拆装实训，要求学生在 2 周内完成"机械臂二次开发与功能升级"任务。

③效果跟踪与评估

量化指标监控包括课程改进效果、教学创新影响等。在课程改进效果方面，工业机器人技术课程改革后，学生实验报告优秀率从 52% 提升至 85%，西门子 PLC 认证通过率从 60% 增至 88%。2023 年毕业生中，掌握 Python 与 ROS 技能的学生平均起薪达 9500 元 / 月，较未掌握者高 25%。在教学创新影响方面，采用项目式教学的班级，企业真实项目验收通过率从 70% 提升至 92%，学生团队开发的智能仓储调度系统获"挑战杯"全国银奖。

第三方评估包括专业认证、企业审计等。在专业认证方面，2023 年通过教育部工程教育专业认证，专家特别指出"持续改进机制的系统性与数据支撑能力达到国内先进水平"。在企业审计方面，江苏悦达起亚每学年委托第三方机构（如 SGS）对毕业生能力进行抽样评估。2023 年评估中，"智能产线故障诊断能力"得分从 72 分提升至 89 分。

④支撑体系与技术创新

信息化平台建设。"智改云"大数据中心集成学生评教、企业反馈、教师提案等数据，通过机器学习模型生成改进优先级建议（如"工业互联网协议"改进紧迫度为 ★★★☆）。使用 Tableau 生成动态可视化看板，实时显示改进措施进度与效果（如课程更新完成率、学生满意度）。

校企协同生态。成立"双导师"改进小组，每个专业方向设立由企业工程师（如阿特斯光伏技术总监）与高校教师组成的改进小组，其拥有直接调整实训内容的权限。企业提供技术动态白皮书，学院每年据此修订 20% 以上的实践项目。

⑤实施成效

一是学生竞争力显著提升，2023 年毕业生进入世界 500 强企业的比例从 15% 增至 32%，平均薪资涨幅居江苏省同类高校前列。二是教学资源升级，建成省级虚拟仿真实验教学中心 2 个，获国家专利 56 项，转化科技成果 12 项。三是校企合作深化，与阿特斯光伏共建"智能制造产业学院"，获企业捐赠价值超 2000 万元的设备。四是获得社会认可，入选教育部"智能制造领域人才培养创新案例"，获江苏省职业教育类特等奖，教育部产学合作协同育人优秀案例奖。

⑥优化建议

技术融合升级。引入元宇宙技术构建虚拟改进实验室，支持教师在线模拟改进方案效果（如数字孪生课堂）；开发区块链反馈存证系统，确保企业数据的不可篡改性与可追溯性。

国际标准对接。申请德国 ASIIN 认证，推动改进机制与国际接轨；与新加坡南洋理工大学合作开发"智能可持续制造"联合改进项目。

伦理与隐私保护。制定《反馈数据伦理使用规范》，明确学生隐私保护红线（如禁止公开个体薪资数据）；设立数据伦理委员会，对改进措施所产生的社会影响进行评估（如技术升级的就业替代风险）。

盐城工学院通过构建"全员参与、数据驱动、敏捷迭代"的持续改进机制，实现了智能制造专业集群从"跟跑"到"并跑"的跨越式发展。其经验表明，持续改进不仅是技术的优化，更是教育理念与组织文化的革新。未来，随着生成式 AI、量子计算等技术的突破，改进机制将向"预测性优化"与"自适应进化"方向升级，为智能制造人才培养提供更强大的内生动力。

第7章

应用型高校智能制造专业集群建设实践案例
——以青岛黄海学院为例

7.1 研究背景与定位

7.1.1 背景分析

（1）制造强国战略对智能制造人才提出新的需求

制造业是国民经济的主体，是立国之本、兴国之器、强国之基。没有强大的制造业，就没有国家和民族的强盛，打造具有国际竞争力的制造业，是我国提升综合国力、保障国家安全、建设世界强国的必由之路。

2022年6月，周济院士在"智能制造与制造业数字化转型、智能化升级"主旨报告中介绍，"我国已经成为一个制造大国，但还不是一个制造强国，未来三十年，中国必定坚定不移建设制造强国，实现制造业由大到强，由世界产业链终端走向中高端"。我国制造业有着转型升级、高质量发展的强烈需求，同时，我国也正面临新一轮科技革命和产业变革，并与我国加快转变经济发展方式形成历史性交汇，而智能制造是最重要的一个交汇点，也是推进制造强国战略的主攻方向，是实现制造业创新发展的主要技术路线。要实现这一目标，需要重新定义智能制造领域人才标准，建设智能制造专业集群，提高人才培养质量，服务国家战略。

（2）教育部推进智能制造类"新工科"建设

2017年2月，教育部发布《教育部高等教育司关于开展新工科研究与实践的通知》。为了应对新经济的挑战，从服务国家战略、满足产业需求和面向未来发展的高度看，教育部持续推进"新工科"建设。2018年的《教育部办公厅关于公布首批"新工科"研究与实践项目的通知》指出，以新技术、新产业、新业态和新模式为特征的新经济呼唤"新工科"，国家一系列重大战略深入实施呼唤"新工科"，产业转型升级和新旧动能转换呼唤"新工科"，提升国家硬实力和国际竞争力呼唤"新工科"。要把握好"新工科"建设的内涵，统筹考虑"新的工科专业、工科的新要求"，加快培养新兴领域工程科技人才，改造升级传统工科专业，主动布局未来战略必争领域人才培养。通知中公布的 19 个项目群包含智能制造类，机械类，电子信息、仪器类等。应用型高校要对工程科技创新和产业创新发挥主体作用，对区域经济发展和产业转型升级发挥支撑作用。

（3）智能制造专业集群的建设将强力支撑青岛市"956"现代产业体系发展

青岛作为全省新旧动能转换综合试验区"三核"之一，应努力当好全省经济发展的龙头，打造青岛市"956"现代产业体系，加快优势特色产业价值链提升、产业链延伸、创新链突破，打造世界级先进制造业集群和国家重要的区域服务业中心。制造业是青岛产业发展的重大支柱之一，智能制造新业态对青岛高校的专业建设、人才培养、产教融合等诸多方面提出了全新的、更高的要求。智能制造专业集群主动对接区域产业群、产业链，积极适应地方产业发展需求，不断优化专业结构，凝练专业特色，提升人才培养质量。以此为青岛市智能制造领域转型升级提供强有力的人才支撑，并不断提升服务区域能力，不断提升为区域经济发展的贡献度。

7.1.2 定位分析

青岛黄海学院位于青岛西海岸新区，是国家首批应用型本科高校之一。依托青岛作为"中国智能制造试点示范城市"的区位优势，作为特色鲜明的地方应用型本科高校，青岛黄海学院积极响应国家号召，紧密对接海尔、海信、中车四方等龙头企业需求，聚焦智能制造领域，构建了涵盖机械设计制造及其自动化、机器人工程、智能制造工程、智能海洋装备、智能交互设计等专业的集群化人才培养体系。学院以"产教融合、工学结合"为核心，通过深化产教融合、强化内涵建设，打造智能制造专业集群，致力于培养具备工程实践能力、技术创新能力、跨学科协作能力的高素质智能制造人才，为支持制造强国目标实现提供了人才支撑与技术保障。

7.2 智能制造专业集群机制建设

7.2.1 组织机构保障

（1）建设领导小组

学院成立由校长、院长主要领导为组长的智能制造专业集群建设领导小组，确保项目的规划实施、推进督导、综合协调、进度控制。领导小组主要负责指导、检查、监督智能制造专业集群建设进展情况，监督项目定期进行自查，及时协调、解决建设过程中的问题；统筹安排各渠道建设资金，按照有关财务制度及办法规定，科学、合理地使用建设资金，确保资金使用效益和效果。

（2）智能制造专业集群建设组

学院成立由院长、专业带头人、骨干教师、行业专家组成的智能制造专业集群建设组，保障智能制造专业集群建设的推进实施。其主要职责是：负责项目建设的日常事务综合协调和调度管理；按照项目建设方案和任务书确定的建设内容，组织实施项目建设，确保项目建设进度符合预期和实现预期目标。

7.2.2 健全智能制造专业集群制度体系

青岛黄海学院先后制定《青岛黄海学院关于深化产教融合的实施意见》《青岛黄海学院智能制造专业集群建设与管理办法》《青岛黄海学院智能制造专业集群导师制实施办法（试行）》《青岛黄海学院智能制造专业集群奖学金管理办法》《青岛黄海学院产业教授选聘与管理办法（试行）》《青岛黄海学院智能制造专业集群绩效考核办法（试行）》《青岛黄海学院智能制造专业集群经费管理办法（试行）》《智能制造专业集群教学督导工作实施办法（试行）》《智能制造专业集群"企业导师"聘任与管理暂行办法》等一系列完善的产教融合政策、文件及制度，做好顶层设计和制度保障。

7.3 智能制造专业集群建设的具体实践

7.3.1 构建跨学科多方协同智能制造专业集群模式

青岛黄海学院作为地方应用型高校，在"中国制造"向"中国智造"转型升级的大背景下，对传统专业实行"人工智能＋交叉、融合、赋能"式的升级改造，依托机械工程和控制科学与工程重点学科，组建机械设计制造及其自动化、智能制造工程等6个本科专业的集群，服务区域产业集群布局和新业态下经济转型升级，坚持校政行企多元化主体合作办学，深化产教融合，促进专业链、人才链与产业链、创新链有机衔接，从而实现校企深度合作、共赢发展。其跨学科多方协同智能制造专业集群模式如图 7.1 所示。2021 年，青岛黄海学院与青岛市机器人产业协会、青岛宝佳智能装备股份有限公司、青岛丰光精密机械股份有限公司等企业联手，成立了跨学科融合、多团队汇聚的高端智能制造产业学院，实现了资源共享的创新机制，形成了强化立德树人、深化协同育人、优化机制育人、催化创新育人的四链协同的产教协同育人新体系，构建了聚焦智能制造产业需求、基于智能制造专业集群的"多元化、矩阵式"校企合作育人模式。

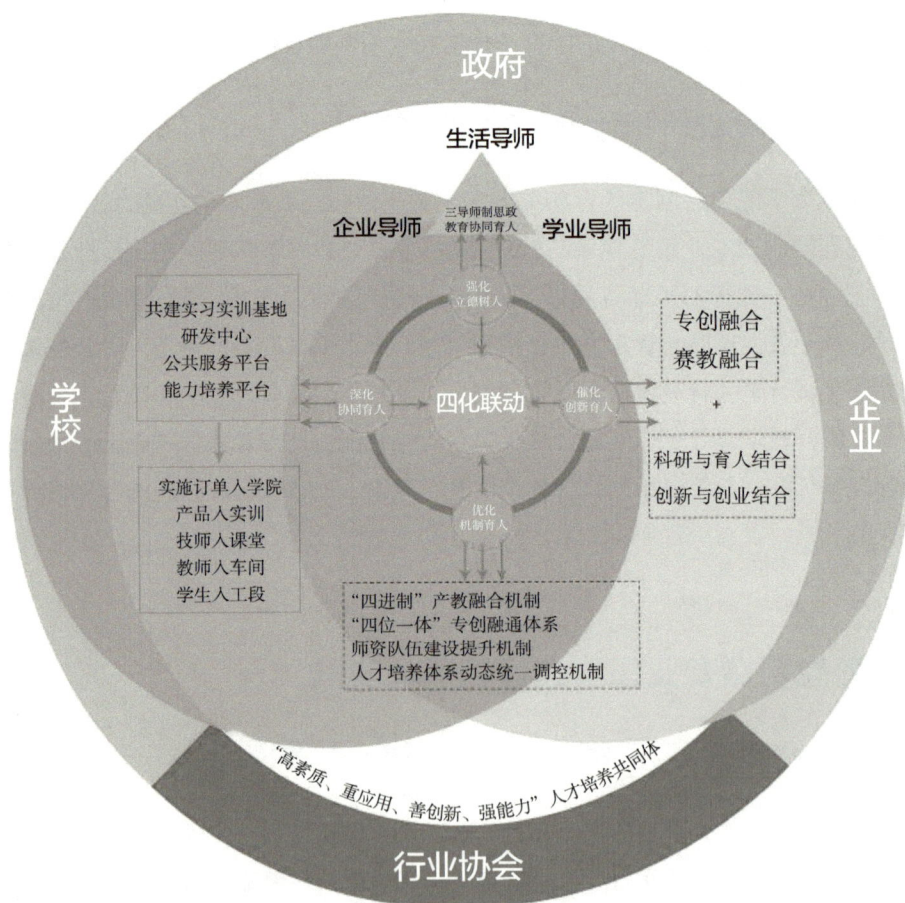

图 7.1　跨学科多方协同智能制造专业集群模式

7.3.2　构建产业导向的模块化课程体系

（1）动态课程开发机制

校企课程委员会与海尔智研院、酷特智能等企业成立联合工作组，每学期召开2次课程研讨会。例如，2023年针对工业互联网领域人才缺口，新增工业边缘计算与云平台集成课程，教学内容直接采用海尔COSMOPlat的真实数据案例。"1+X"证书融合方面，将西门子"智能制造系统集成应用"认证标准拆解为6个能力模块，融入智能制造系统设计课程，学生通过课程考核即可获得证书。2023届毕业生认证通过率达85%，较传统培训模式提升30%。

（2）共建共享融合融通模块化课程体系

青岛黄海学院紧密对接智能制造产业链，推动课程建设与企业生产有效衔接，建设高质量校企合作开发课程。以核心职业与技术能力培养为主线，积极结合企业标准和实际工程项目，构建"基础通用、模块组合、交叉融合、强化实践"的课程新体系。

基础模块如智能制造工程专业导论、电工电子技术、理论力学、材料力学。

核心模块如工程材料与机械制造基础、人工智能概论、智能制造工艺与装备、智能生产计划管理、机器视觉与图像处理、机器人技术基础、工程测试技术基础、制造系统自动化、电气控制与PLC。按产业需求划分方向，如机器人工程专业设置运动控制算法、机器视觉应用等核心课群。

综合实践模块如智能制造系统设计课程设计、嵌入式系统与应用课程设计、智能制造综合实训。通过跨学期项目（如"智能仓储物流系统开发"）整合多学科知识，学生需完成需求分析、硬件搭建、软件编程、调试交付全流程。

青岛黄海学院构建开放性特色课程集群。学校在多年的发展过程中，已经建成智能制造方向23门省级在线开放课程，27门校级一流课程，玩转工业机器人课程被"学习强国"平台全程收录为精品课程，6门课程被超星集团收录为在线教学典型案例库，初步形成了在线课程资源库。学校应围绕应用、实践、创新、思政四个维度，继续完善已建课程资源，新增课程，构建一流课程、课程思政案例、课程思政示范课程、创新创业课程等开放性特色课程集群。学校应持续推进课程建设，切实提高教学质量。同时，应开展项目式、案例式、工单式等教学方式改革，以贴近企业实际，符合企业要求。学校现有的70%课程进行了教学改革。

2021年山东省一流课程、"学习强国"平台精品课程（部分）如图7.2所示。

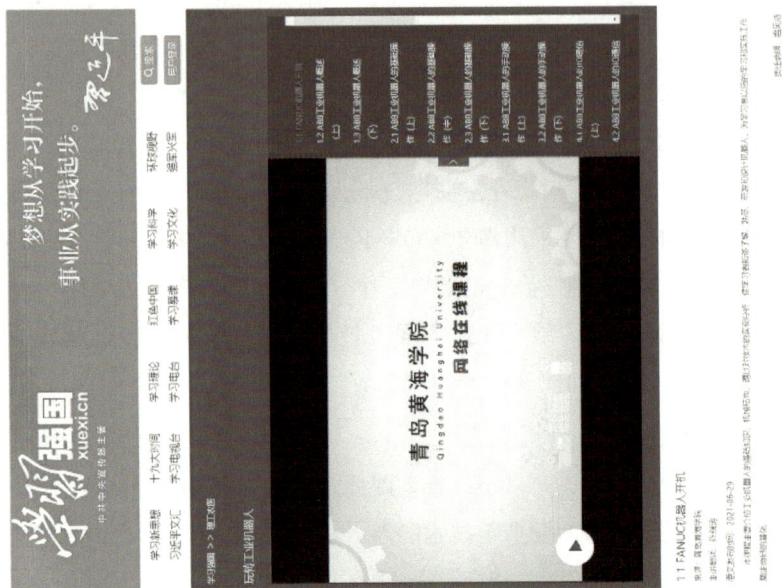

图 7.2　2021 年山东省一流课程、"学习强国"平台精品课程（部分）

2022 年山东省课程思政示范课程（部分）如图 7.3 所示。

附件 1

2022 年山东省普通高等教育课程思政示范课程公示名单

（按照课程类型、课程名称、学校名称排序）

序号	课程类型	课程名称	课程负责人	团队成员	所属学科门类	所属学校
66	本科教育	机械设计	周淑芳	刘纪新、卢坤媛、吕婧、陈玉杰、谈笑、王培芹、王民华	工学	青岛黄海学院
14	本科教育	船舶建造工艺	杜友威	田玉芹、李丹、孙洪源、刘润强、鞠宏一、高博、郭连镇	工学	青岛黄海学院

图 7.3　山东省课程思政示范课程（部分）

青岛黄海学院实施校企协同、课程共建，加大企业技师的引入力度，对现有的课程进行改造升级，如工程项目进课程，毕业设计进企业，共建课程资源，开展企业课堂，强化创新创业实践，提升课程质量，为更好地服务于学校、服务于企业、服务于行业奠定基础。

7.3.3　共建共享产教融合实践教学平台

青岛黄海学院立足智能制造专业集群实践能力培养，以工业 4.0 智能制造工厂为范本，重新规划布局，建设智能制造综合实训室。实训室以生产管理系统为核心，以电气控制网络化为基础，结合物联网技术，实现智能化生产、加工、装备、仓储、数字化物流跟踪等，形成了智能化柔性生产线。在生产管理及物流调度软件系统方面，通过合理的统筹、优化算法，结合网络技术及现场总线技术，实现了生产过程控制、物流仓储的高效智能化。依托开放式实践教学平台，学生可以完成网上下单、生产订单解析、工艺分析、智能仓储存取、柔性流程生产、平面装配和立体装配的全自动化过程，使机械设计制造及其自动化、智能制造工程等智能制造专业集群中各专业学生沉浸式感受智能制造的发展，并能够分课程、分模块地完成各专业实验，提高自身实践能力。同时，实践教学平台除向校内学生开放以外，同步向企业和社会开放，辅助企业完成专业技能培训。

智能制造产教融合创新中心配备的硬件如下。KUKA KR60 工业机器人 12 台、FANUC 协作机器人 8 台、西门子 S7-1500 PLC 实训台 20 套，以及数字孪生平台（达索 3DEXPERIENCE）等，总投资 3000 万元。功能分区如下。智能产线模拟区复刻海尔空调装配线，支持 PLC 编程、AGV 调度、视觉检测等实训；虚拟调试实验室利用 Tecnomatix Plant Simulation 软件实现产线布局仿真与优化，减少了 50% 的实体调试成本；创新工坊配备 3D 打印机、激光切割机等，支持学生自主项目开发。

例如，青岛工业机器人人才培训公共服务平台，是由青岛西海岸新区工业和信息化局指导，在专家马书根教授团队的带领下，由青岛海艺自动化技术有限公司、青岛黄海学院共同建设的，是集工业机器人本体展示、工作站集成、人才培训和特种机器人研发为一体的公共服务平台。工业机器人服务平台如图 7.4 所示。

图 7.4　工业机器人服务平台

2019 年 9 月 25 日，青岛黄海学院被国家工信部教育与考试中心批准为工业机器人应用工程师的考试站。同时，青岛黄海学院的合作单位青岛海艺自动化技术有限公司被工业和信息化部评定为技术支持单位，负责国家 FANUC 机器人考试标准的制定、试题审核等工作。

依托工业机器人工程技术研发中心和技艺技能传承平台等 4 个省级平台、工业机器人人才培养平台和高技能人才培养基地 2 个市级平台、智能制造实验中心和实训工场 2 个校内平台，以及 40 余家校外实习实训基地，青岛黄海学院建设"省 - 市 - 校企"三级人才培养实践平台；建立"学期小实践，学年大实践"的实践能力培养机制，构建并实施"基础型＋技能型＋综合型＋工程型"4 级递进实践教学体系。实践教学体系从简单到复杂、从基础到综合、从技能训练到工程应用，整体优化、层层递进，实现分阶段、进阶式实践能力培养，促使全部学生考取了职业资格证书，提升了学生工程实践应用和解决复杂工程问题的能力。青岛黄海学院建设的层层递进实践能力培养体系如图 7.5 所示。

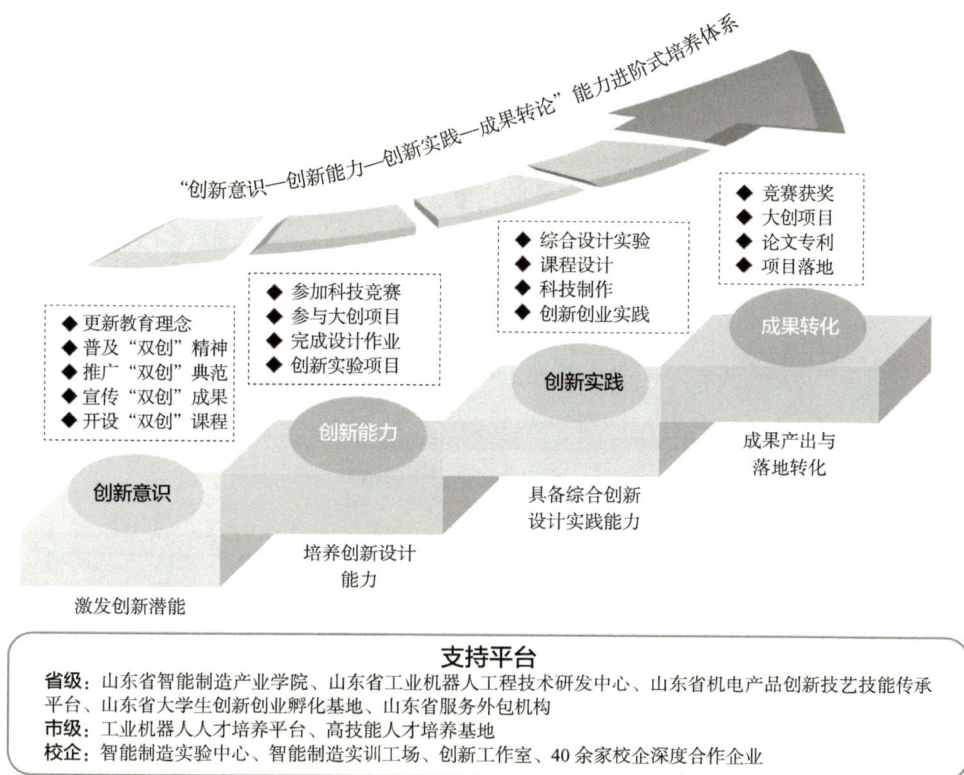

图 7.5　层层递进实践能力培养体系

青岛黄海学院推进"企业技师进课堂、工程项目进课程、实践锻炼进车间、毕业设计进企业"四个"进入"，将工程实践贯穿整个教学体系。

（1）企业技师进课堂

青岛黄海学院邀请近百位企业专家来校讲课，传授先进技术、生产工艺、工程伦理、安全知识等内容，充分发挥校企双主体育人作用，以提升学生职业素养，实现企业岗位需求与校内教学无缝对接，培养适应岗位需求的高素质应用型人才，具体如图 7.6、图 7.7 和表 7.1 至表 7.4 所示。

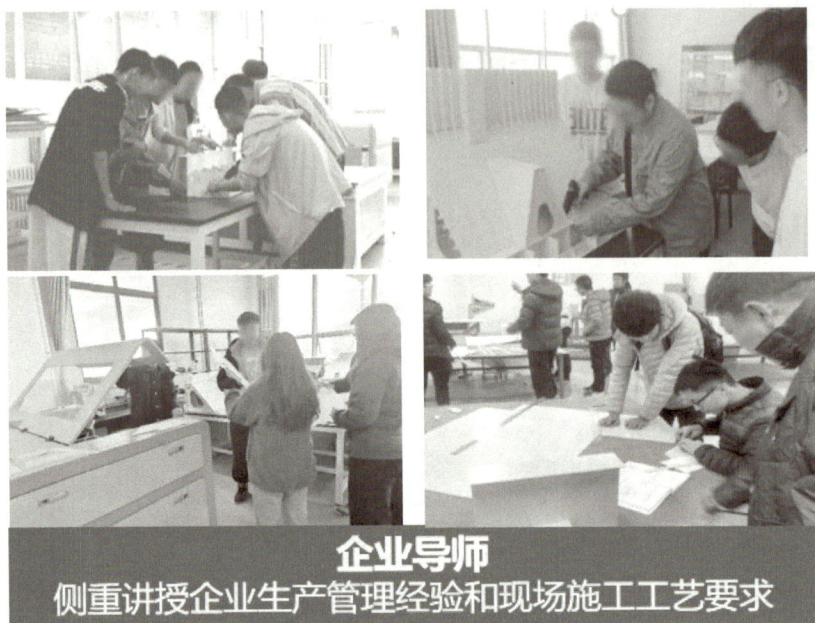

图 7.6 企业技师进行实践指导

图 7.7 企业技师进课堂

表 7.1　2021 年企业课堂统计表

学院名称：智能制造学院			本科专业数量：8 个		
序号	企业教师姓名	所在企业名称	讲授课程名称	授课专业	备注
1	张兆文	青岛斯玛特电子科技有限公司	3D 打印设备使用及维护	工业设计	
2	于蓬	山东泉氢动力科技有限公司	新能源汽车技术	车辆工程	
3	王志明	青岛黄海鼎盛机械有限公司	汽车制造工程学		
4	门凯	雷沃重工集团有限公司	液气压传动	智能制造工程	
5	赵鹏	康耐视公司	机器视觉	机械设计制造及其自动化	
6	卢玉强、吕仪杰	青岛赛邦智能自动化设备有限公司	机器人学	机器人工程	
7	宋森森	青岛迅铭智能产品有限公司	科技创新技能训练	电气工程及其自动化	
8	魏墨刚	上海利策科技股份有限公司	船体结构与制图	船舶与海洋工程	
9	李云蹊	海信空调有限公司	数字信号处理	电子信息工程	
10	孙强	中海油海洋石油工程（青岛）有限公司	电磁兼容技术		
11	孙靖东	青岛兰石重型机械设备有限公司	工程材料与成形工艺	机电一体化技术	
12	张鹏鹏	青岛润泽智能装备股份有限公司	可编程控制器		

表 7.2　2022 年企业课堂统计表

学院名称：智能制造学院			本科专业数量：8 个		
序号	企业教师名称	所在企业名称	讲授课程名称	授课专业	备注
1	郭连镇	威海德创船舶技术有限公司	船舶建造工艺	船舶与海洋工程	
2	唐广野	青岛龙嘉海事工程技术有限公司	船舶结构力学		
3	顾保迁	青岛翊妙智能科技有限公司	机器人学	机器人工程	

学院名称：智能制造学院			本科专业数量：8个		
序号	企业教师名称	所在企业名称	讲授课程名称	授课专业	备注
4	顾保迁	青岛翊妙智能科技有限公司	电气控制与PLC	机器人工程	
5	许友来	青岛立邦达工控技术有限公司	电气工程专业导论	电气工程及其自动化	
6	张鹏鹏	青岛润泽智能装备股份有限公司	可编程控制器	机电一体化技术	
7	俞晨铭	青岛吉青工业设计有限公司	设计素描	智能交互设计	
8	张泽	青岛吉青工业设计有限公司	专业导论		
9	孙靖东	青岛兰石重型机械制造有限公司	机械制造工艺与夹具设计	机械制造及其自动化	
10	侯林源	国网山东省电力公司超高压公司	电力工程	电气工程及其自动化	
11	陈小龙	青岛中科英泰商用系统股份有限公司	通信原理	电子信息工程	
12	赵修君	山东鑫泽消防技术服务有限公司	生产实习		
13	孙靖东	青岛兰石重型机械制造有限公司	金属工艺学	机械设计制造及其自动化	
14	李磊	山东海洋工程装备研究院有限公司	机械设计		
15	姜强	青岛德创达机电设备有限公司	机械原理	智能制造工程	
16	张鹏鹏	青岛润泽智能装备股份有限公司	可编程控制器		
17	宫廷旭	青岛吉青汽车科技有限公司	汽车设计	车辆工程	
18	高兆龙	青岛安途生汽车服务有限公司	汽车检测技术		

表 7.3　2023 年企业课堂统计表

学院名称：智能制造学院			本科专业数量：8 个		
序号	企业教师名称	所在企业名称	讲授课程名称	授课专业	备注
1	吴峰	青岛磨杵科技有限公司	船舶设计原理	船舶与海洋工程	
2	宋东岩	青岛龙嘉海事船舶设计有限公司	船体结构与制图		
3	梁克瑞	青岛翊妙智能科技有限公司	机器人学	机器人工程	
4	刘翊	青岛翊妙智能科技有限公司	电气控制与 PLC		
5	李友生	青岛萨纳斯智能科技股份有限公司	新能源发电技术	电气工程及其自动化	
6	李保国	山东天宇昶通能源集团有限公司	生产实习		
7	冯国华	青岛三华泰工程技术有限公司	可编程控制器	机电一体化技术	
8	孙靖东	青岛兰石重型机械设备有限公司	机械制造工艺与夹具设计	机械制造及自动化	
9	张晓方	青岛吉青工业设计有限公司	平面设计课程设计	智能交互设计	
10	孙承秋	青岛世纪润德环保设备有限公司	计算机辅助三维设计 I		
11	赵修君	山东鑫泽消防技术服务有限公司	生产实习	电子信息工程	
12	赵磊	上海振来物联网科技有限公司	嵌入式原理与应用		
13	王博	青岛海力威新材料科技股份有限公司	机械制造基础	机械设计制造及其自动化	
14	孙靖东	青岛兰石重型机械设备有限公司	机械工程材料		
15	刘宗伟	中科数创（临沂）数字科技有限公司	智能制造系统设计	智能制造工程	
16	王博	青岛海力威新材料科技股份有限公司	液气压传动		
17	马文涛	青岛吉青未来汽车科技有限公司	汽车 CAD/CAM	车辆工程	

学院名称：智能制造学院			本科专业数量：8个		
序号	企业教师名称	所在企业名称	讲授课程名称	授课专业	备注
18	王凤杰	青岛飞宇国际汽车城有限公司	汽车服务工程	车辆工程	

表 7.4　2024 年企业课堂统计表

学院名称：智能制造学院			本科专业数量：8个		
序号	企业教师名称	所在企业名称	讲授课程名称	授课专业	备注
1	肖辰龙	青岛垚鑫智能科技有限公司	三维数字化设计	机械设计制造及其自动化	
2	刘国华	赛轮集团股份有限公司	机械设计		
3	李泽天	赛轮集团股份有限公司	工程材料与机械制造基础		
4	杨文杰	莱茵科斯特智能科技（青岛）有限公司	数控加工技术	智能制造工程	
5	任旭颖	莱茵科斯特智能科技（青岛）有限公司	机器人技术基础		
6	张昊	成都盘沣科技有限公司	智能网联汽车技术	车辆工程	
7	张昊	成都盘沣科技有限公司	汽车车载网络技术	新能源汽车技术	
8	宋修涛	青岛大来防务技术有限公司	传感器与检测技术	电子信息工程	
9	李雪	青岛海信网络科技股份有限公司	嵌入式系统		
10	那青	青岛吉青工业设计有限公司	智能交互设计专业导论	智能交互设计	
11	那青	青岛吉青工业设计有限公司	设计统计与数据分析		
12	马文涛	青岛吉青工业设计有限公司	汽车设计	车辆工程	
13	田国华	青岛飞宇国际汽车城有限公司	车辆工程专业导论		

续表

学院名称：智能制造学院			本科专业数量：8个	
序号	企业教师名称	所在企业名称	讲授课程名称	授课专业	备注
14	高兆龙	青岛安途生汽车服务有限公司	汽车检测与维修技术	车辆工程	
15	宋东岩	青岛龙嘉海事工程技术有限公司	船体结构设计	船舶工程系	
16	宋东岩	青岛龙嘉海事工程技术有限公司	船舶原理		
17	郭志伟	青岛云柱电气有限公司	电力系统继电保护	电气工程及其自动化	
18	季绪跃	青岛嘉诚电工咨询有限公司	电力工程课程设计		
19	吴杰	华夏天信智能物联股份有限公司	电力电子技术		
20	冯立良	华夏天信智能物联股份有限公司	维修电工实训		
21	孙新涛	北京和利时智能技术有限公司	电气控制与PLC	机器人工程	
22	任旭颖	莱茵科斯特智能科技（青岛）有限公司	工业机器人操作与编程		
23	肖辰龙	青岛垚鑫智能科技有限公司	三维数字化设计	机电一体化技术	
24	穆勇	青岛垚鑫智能科技有限公司	单片机技术	机电一体化技术、机械制造及自动化	

（2）工程项目进课程

青岛黄海学院通过与行业企业调研交流（见图7.8），将原生态的工程项目引入课堂学习任务中，用真实的项目、具体的工作让学生得到了实践和锻炼，融"教、学、做"于一体。例如，在船舶建造工艺课程中通过开展企业项目化设计制作（见图7.9），模拟企业设计生产过程，使学生深入理解知识内涵，验证组装工艺过程的合理性，有助于培养学生的逻辑思维能力，提升学生解决复杂工程问题的能力。

图 7.8　与行业企业调研交流

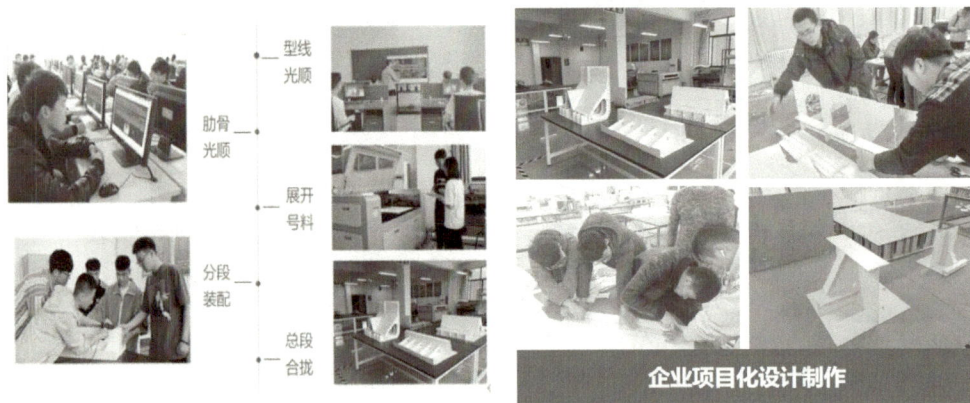

图 7.9　企业项目化设计制作

（3）实践锻炼进车间

　　青岛黄海学院构建了校企共享实践资源、校企共建实习实训基地、产学研共研平台、开放式创新实验室的多维度实习实训实践环境，为实践育人提供了有力的平台支撑。学院目前已建成智能制造产业学院、工业机器人工程技术研发中心、山东省高等学校特色实验室——海洋智能装备制造与测控技术实验室等 5 个省级实践平台，工业机器人人才培养平台和高技能人才培养基地 2 个市级平台，智能制造实验中心、智能制造实训工场 2 个校内平台和 40 个校外实习实训基地，部分教学与科研平台如图 7.10 所示。实践锻炼进车间如图 7.11 所示。

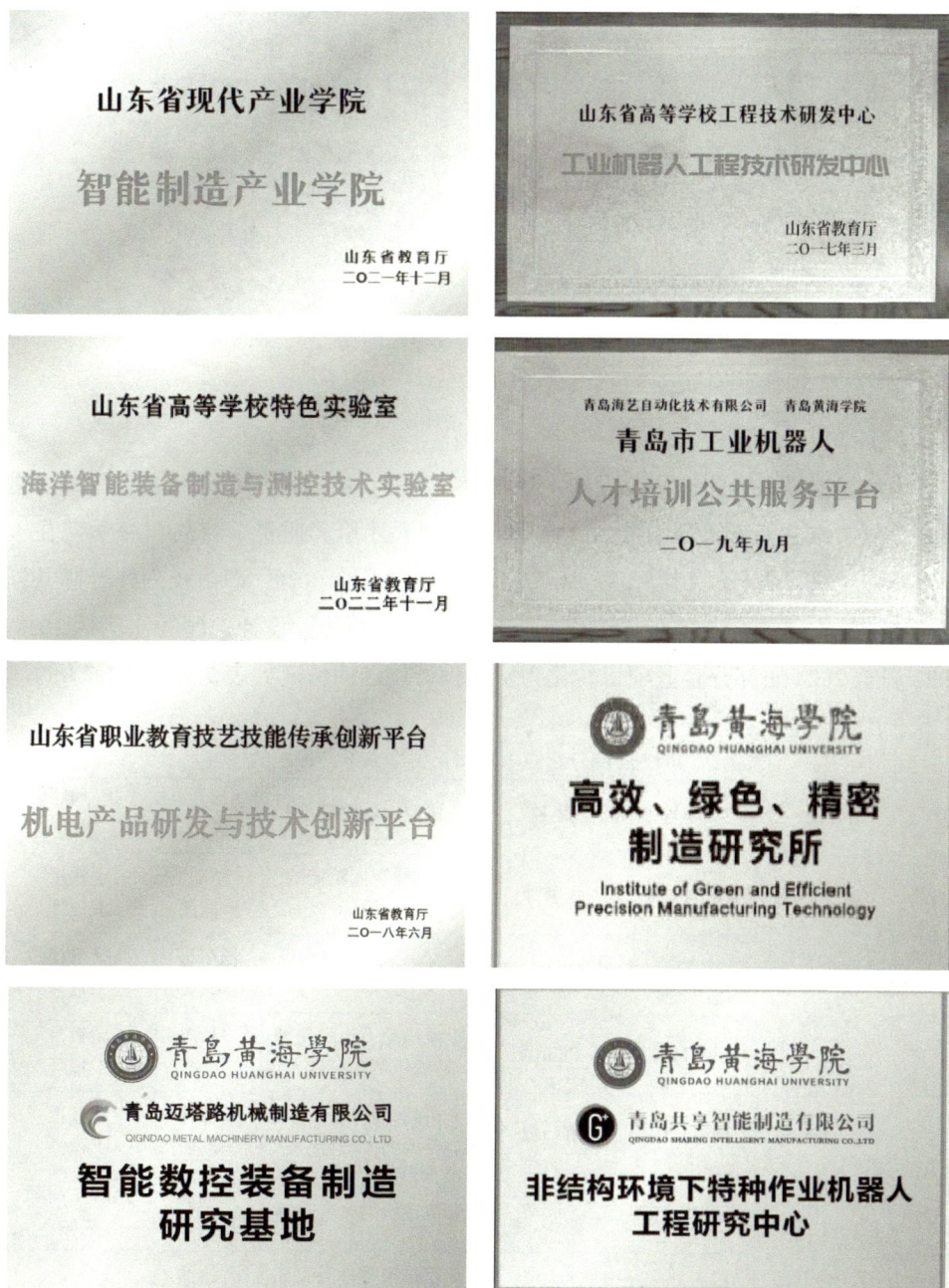

山东省现代产业学院

智能制造产业学院

山东省教育厅
二〇二一年十二月

山东省高等学校工程技术研发中心

工业机器人工程技术研发中心

山东省教育厅
二〇一七年三月

山东省高等学校特色实验室

海洋智能装备制造与测控技术实验室

山东省教育厅
二〇二二年十一月

青岛海艺自动化技术有限公司　青岛黄海学院

青岛市工业机器人

人才培训公共服务平台

二〇一九年九月

山东省职业教育技艺技能传承创新平台

机电产品研发与技术创新平台

山东省教育厅
二〇一八年六月

青岛黄海学院
QINGDAO HUANGHAI UNIVERSITY

高效、绿色、精密
制造研究所

Institute of Green and Efficient
Precision Manufacturing Technology

青岛黄海学院
QINGDAO HUANGHAI UNIVERSITY

青岛迈塔路机械制造有限公司
QIGNDAO METAL MACHINERY MANUFACTURING CO.,LTD

智能数控装备制造
研究基地

青岛黄海学院
QINGDAO HUANGHAI UNIVERSITY

青岛其亨智能制造有限公司
QINGDAO SHARING INTELLIGENT MANUFACTURING CO.,LTD

非结构环境下特种作业机器人
工程研究中心

图 7.10　部分教学与科研平台

图 7.11　实践锻炼进车间

（4）毕业设计进企业

为加强本科生毕业论文（设计）导师队伍建设，有效利用校外人才资源，推进校企合作，加强实践教学，提高学校的应用型人才培养质量，青岛黄海学院在本科生毕业论文（设计）指导工作中"双导师"比例达 100%，即由校内外导师共同完成毕业论文（设计）的指导工作，企业项目转化为毕业设计选题的比例达 20%。2022 届至 2024 届部分企业项目转化为毕业设计选题的情况如表 7.5 至表 7.7 所示。

表 7.5　2022 届部分企业项目转化为毕业设计选题的情况

序号	专业	学号	姓名	毕业设计题目	指导教师	指导教师职称
1		1801111001	张家帅	腿部复健智能轮椅的结构设计	董丽 邢同超	副教授 工程师
2		1801111003	高宇	多点润滑系统的设计	杨东进 宋明	高级工程师 工程师
3	机械设计制造及其自动化	1801111020	刘知恒	基于液压动力头的轮轴钻铣机结构设计	吕婧 郭峰	副教授 工程师
4		1801111025	苗乃磊	抛光机的结构设计与关键部件的力学特性分析	葛伟伟 姜强	副教授 工程师
5		1801111028	王胜涛	分丝绕丝机的设计计算	马嘉启 孙海燕	高级工程师 讲师
6		1801111058	高衍森	复杂箱体类零件的工艺分析及仿真加工	孙维丽 刘彬	教授 工程师

续表

序号	专业	学号	姓名	毕业设计题目	指导教师	指导教师职称
7	机械设计制造及其自动化	1801111064	朱志冬	热处理工艺对 7075 铝合金切削加工性能的影响	张平 雷晓玲	教授 工程师
8		1801111065	王维民	压缩机关键部件建模及有限元分析	董丽 邢同超	副教授 工程师
9		1801111101	郭鸿涛	SH36 复合支腿侧向装载物流卡车	赵伟民 常宝平	教授 工程师
10		1801111102	李佳雯	轴系组合件数控加工工艺设计与仿真加工	周淑芳 孙承秋	教授 高级工程师
11		1801111103	陈磊	轮式可爬楼轮椅车的机械结构设计	李媛媛 韩双凤	教授
12		1801111105	陈治远	履带式森林消防机器人设计与分析	宗成国 王丛丛	教授 工程师
13		1801111106	丁振雷	履带式越障机器人结构设计	郑义 冯康	副教授 工程师
14		1801111108	冯成	QTZ250 起重机载重小车及吊钩组设计	王广丰 太荣兵	教授 工程师
15		1801111112	符子坤	带式输送机自动张紧装置的设计	马嘉启 孙海燕	高级工程师 讲师
16		1801111114	龚雪峰	开顶集装箱翻转机构设计及关键部件的有限元分析	马嘉启 孙海燕	高级工程师 讲师
17		1801111115	黄晓龙	QTZ25 塔式起重机起升机构设计	王广丰 太荣兵	教授 工程师
18		2001351033	王旭	青岛地铁建设隧道掘进机盾体设计研究	丁绍军 宋慧	工程师 副教授
19		2001351036	刘妍	救援机器人机械结构设计	姜云春 刘开翼	高级工程师 工程师
20		2001351037	刘宁	基于三维设计的拨叉加工工艺及关键工序夹具设计	孟广耀 刘策	教授
21		2001351040	刘珂	淬硬钢不同润滑条件下对切削力、表面粗糙度的影响规律分析	徐创文 郭琳	教授

续表

序号	专业	学号	姓名	毕业设计题目	指导教师	指导教师职称
22	机械设计制造及其自动化	2001351042	张文睿	履带式搜救机器人机械结构设计	岳庆超 程栋苓	副教授 工程师
23		2001351048	宋传奇	高速铣削钛合金切削参数对切削力的影响分析、模型建立及预测	徐创文 郭琳	教授
24		2001351049	薛德航	立卧式连续生产真空可控气氛炉的主体结构设计	李镇江 齐田田	教授 工程师
25		2001351073	武一聪	立卧式连续生产真空可控气氛炉辅助系统设计	李镇江 齐田田	教授 工程师

表 7.6　2023 届部分企业项目转化为毕业设计选题的情况

序号	专业	学号	姓名	毕业设计题目	指导教师	指导教师职称
1	机械设计制造及其自动化	1901111007	穆茂凤	自动化上下料系统机械结构设计	王娜 余增霈	副教授 工程师
2		1901111012	王友峰	多功能自行车机械结构设计	王娜 余增霈	副教授 工程师
3		1901111020	刘振刚	自走式变距拱棚覆膜机结构设计	刘宝花 王志杰	助教 工程师
4		1901111021	董海	箱式便携折叠代步车结构设计	王娜 余增霈	副教授 工程师
5		1901111030	赵维双	室内外多功能清洁器机械结构设计	王娜 余增霈	副教授 工程师
6		1901111034	张胜豪	便携式混凝土打孔机的结构设计	孙维丽 任旭颖	教授 工程师
7		1901111054	郭其龙	物流仓库用万向搬运车的设计	刘宝花 王志杰	助教 工程师
8		1901111094	孙艳权	全自动硬币清洗分类包装机结构设计	王娜 余增霈	副教授 工程师
9		1901111102	徐存宝	拉丝型棉花糖生产打包机结构设计	葛伟伟 王磊	副教授 工程师

续表

序号	专业	学号	姓名	毕业设计题目	指导教师	指导教师职称
10	机械设计制造及其自动化	1901111107	刘嘉浩	基于三角形稳定原理的管道检测机器人的设计	葛伟伟 王磊	副教授 工程师
11		1901111114	宋智达	弹射式水上救援装置的设计	范沥元 范永红	高级工程师 副教授
12		202101351029	杨华	甘蓝收获机机械结构设计	刘宝花 王志杰	助教 工程师
13		202101351030	杨斌	茶叶采摘机器人机械结构设计	刘宝花 王志杰	助教 工程师
14		202101351045	张智越	履带式灭火机器人机械结构设计	刘宝花 王志杰	助教 工程师
15		202101351051	徐晓彬	道路护栏清洗车机械部分设计	耿欢 顾永鹏	助教 工程师
16		202101351052	于泽良	日光温室薄膜清洗机机械结构设计	刘宝花 王志杰	助教 工程师
17		202101351068	李文志	自动计数签器的设计	耿欢 顾永鹏	助教 工程师
18		202101351073	李俊凯	快递快件高效分拣机的设计	耿欢 顾永鹏	助教 工程师
19		202101351084	张城全	马铃薯播种机的设计	耿欢 顾永鹏	助教 工程师
20		202101351105	安震伟	猕猴桃双臂采摘机器人机械结构设计	刘宝花 王志杰	助教 工程师
21		202101351123	杨晓松	果蔬自动包装装置设计	范沥元 范永红	高级工程师 副教授
22		202101351132	张鹏	管道攀爬机器人结构设计	董丽 邢同超	副教授 工程师
23		202101351137	尹相阳	自动计数打包机的设计	耿欢 顾永鹏	助教 工程师
24		202101351144	李易珂	餐盘自动清洗机设计	范沥元 范永红	高级工程师 副教授
25		202101351146	刘书源	道路绿植养护装置的结构设计	董丽 邢同超	副教授 工程师
26		202101351147	纪杰	物料搬运机器人机械结构设计	董丽 邢同超	副教授 工程师

表 7.7　2024 届部分企业项目转化为毕业设计选题的情况

序号	专业	学号	姓名	毕业设计题目	指导教师	职称 / 学历
1	机械设计制造及其自动化	2001111063	齐志霞	海面垃圾清理装置结构设计	张国灵王鹏君	讲师博士研究生
2		2001111070	宋国杨	静电吸附式墙面彩绘机的结构设计	范沥元范永红	高级工程师副教授
3		2001111072	李伊凡	煤矿救援机器人的结构设计	范沥元范永红	高级工程师副教授
4		2001111081	唐欣怡	菠萝采摘机器人结构设计	张国灵王鹏君	讲师博士研究生
5		2001111098	甄兴源	新型广告清洗机结构设计	孙甲新陈永东	硕士研究生高级工程师
6		2001111104	高明杰	自升降式码垛机结构设计	孙甲新陈永东	硕士研究生高级工程师
7		2001111108	李鲁豫	种子包衣机结构设计	张国灵王鹏君	讲师博士研究生
8		2001111116	林万波	袋装物料码垛装车机结构设计	孙甲新陈永东	硕士研究生高级工程师
9		2001111124	张志伟	全自动点胶机结构设计	孙甲新陈永东	硕士研究生高级工程师
10		2001111133	袁向羽	外墙玻璃清洁机器人结构设计	张国灵王鹏君	讲师博士研究生
11		2001111134	王海源	自动上刀旋切机结构设计	张国灵王鹏君	讲师博士研究生
12		202201351214	李开元	轮履复合式爬楼轮椅的结构设计	孙甲新陈永东	硕士研究生高级工程师
13		202201351215	徐乐乐	物料搬运机械手结构设计	刘宝花王志杰	硕士研究生工程师
14		202201351225	陈子龙	一种多样式补苗机器人的结构设计	范沥元范永红	高级工程师副教授
15		202201351227	李海林	壁面爬行机器人的结构设计	范沥元范永红	高级工程师副教授
16		202201351229	王志磊	手推式清扫车的结构设计	范沥元范永红	高级工程师副教授

序号	专业	学号	姓名	毕业设计题目	指导教师	职称/学历
17	机械设计制造及其自动化	202201351237	丁威凯	关节式履带机器人的结构设计	范沥元 范永红	高级工程师 副教授
18		202201351241	高强	85t 汽车起重机转台机械结构设计	吕婧 王磊	副教授 高级工程师
19		202201351244	黄在飞	蔬菜定植撒药秒栽机的结构设计	范沥元 范永红	高级工程师 副教授
20		202201351247	刘超	自动给袋开袋的包装系统结构设计	范沥元 范永红	高级工程师 副教授
21		202201351251	卢彦霖	齿坯上下料桁架机械手结构设计	孙甲新 陈永东	硕士研究生 高级工程师
22		202201351253	多凤乐	仓储移动机器人机械结构设计	孙甲新 陈永东	硕士研究生 高级工程师
23		202201351257	孙国为	全自动液体灌装机设计	孙甲新 陈永东	硕士研究生 高级工程师
24		202201351270	吕奕超	进料螺旋输送机结构设计	何寒馨 邢晓喆	硕士研究生 硕士研究生
25		202201351275	王磊	门式起重机机械结构设计	吕婧 王磊	副教授 高级工程师
26		202201351277	王佳丽	双臂手救援工程转台机械结构设计	吕婧 王磊	副教授 高级工程师
27		202201351281	张帆	壁挂式天线扫描架机械结构设计	吕婧 王磊	副教授 高级工程师
28		202201351298	王洪焜	天轨式天线扫描架机械结构设计	吕婧 王磊	副教授 高级工程师
29		202201351304	孙振宁	糕点切片机结构设计	陈琪 王峰	硕士研究生 工程师
30		202201351333	王浩	红花采摘机的结构设计	刘宝花 王志杰	硕士研究生 工程师
31		202201351337	王德鑫	采茶机器人结构设计	陈琪 王峰	硕士研究生 工程师

续表

序号	专业	学号	姓名	毕业设计题目	指导教师	职称/学历
32	机械设计制造及其自动化	202201351198	王婧	多轴天线扫描转台机械结构设计	吕婧 王磊	副教授 高级工程师
33		202201351212	付玉飞	家用助老服务机器人结构设计	何寒馨 邢晓喆	硕士研究生 硕士研究生

7.3.4　改革教学模式：项目驱动与竞赛赋能

青岛黄海学院紧密联系企业，开展全方位深层次合作，目前在智能制造人才培养方面形成了"多元化、矩阵式"校企合作育人模式，共建企业课堂，并产出了系列成果。

青岛黄海学院改革课堂教学模式，推进教学方法改革，继续打造高质高效课堂；继续秉承"学生为中心、德能并重、多方协同、创新发展"的教育理念，采用项目驱动、翻转课堂、小组讨论、理论仿真一体化、线上线下混合式等多重手段进行教学，形成"一体两翼三合"（见图 7.12）、"五维联动、四段递进"（见图 7.13）、"三课递进"（见图 7.14）等特色教学模式，提升学生的学习效果。

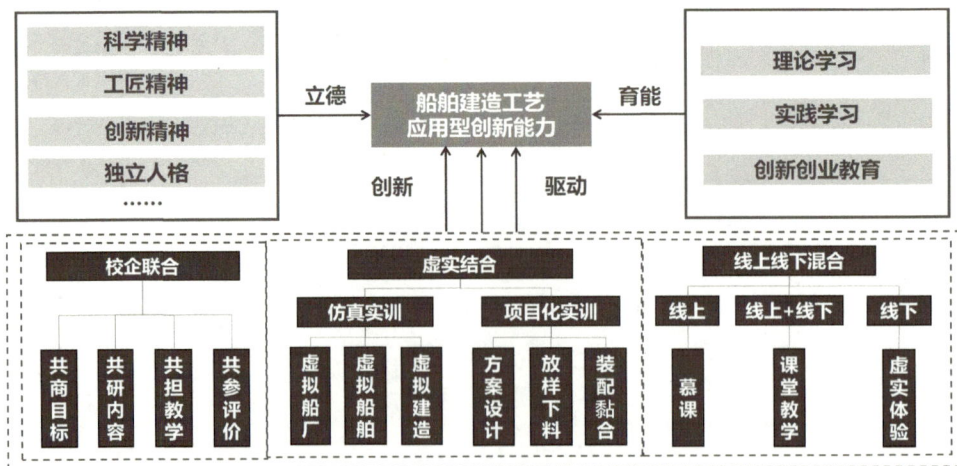

图 7.12　"一体两翼三合"课程教学模式

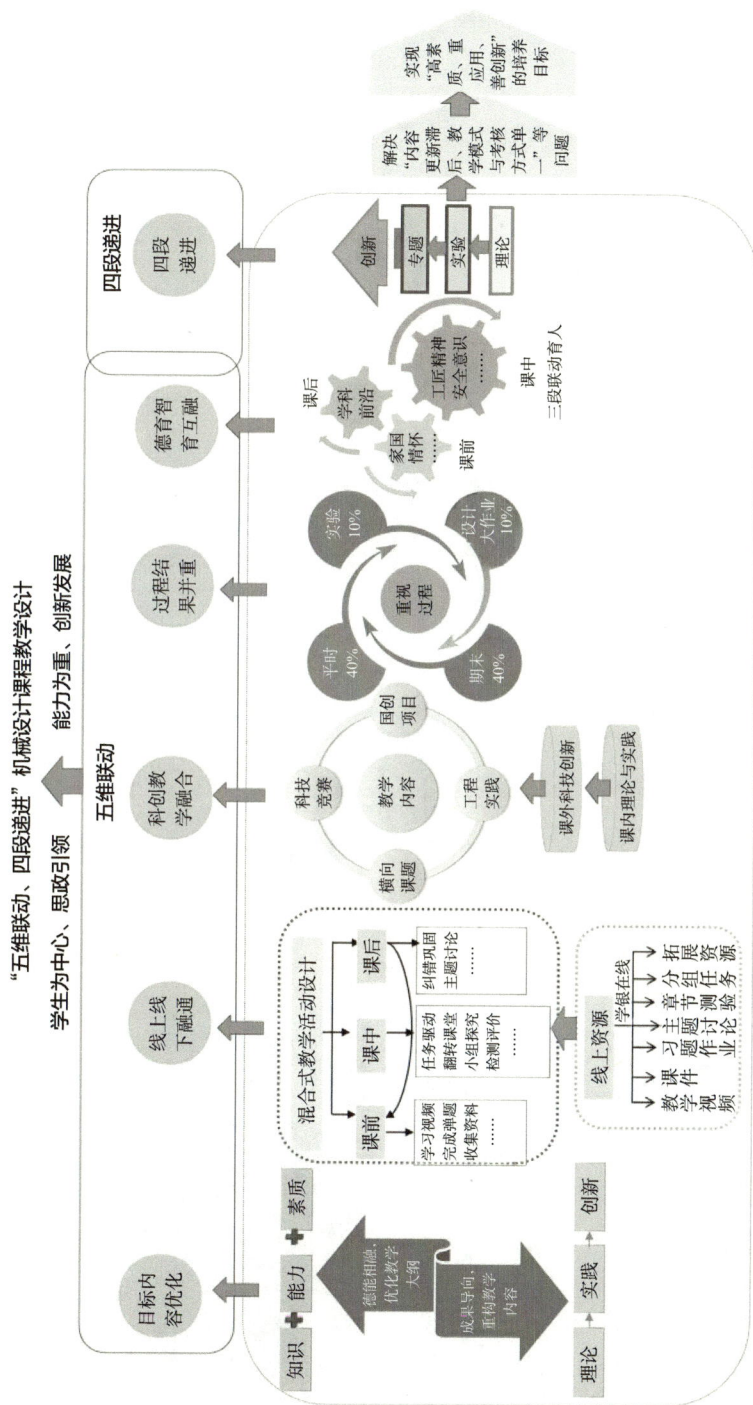

图 7.13 "五维联动、四段递进"教学模式

三课递进·课堂实施·项目驱动

项目导入	相关知识	项目实施	练习巩固
引入实际生产项目	学习相关知识	工艺设计数控编程仿真加工	练习互动

三课递进·课前准备·学生

01 通研导学案例明确任务

02 自主学习

03 整理资料

04 小组检查汇报

项目任务

三课递进·课堂实施·课后提升

实验报告 → 主题讨论 → 视频学习 → 整理笔记 → 辅导答疑

针对重要知识点及时布置作业、实验结束后布置实验报告任务

学习通发布主题讨论，由学生课后完成，对完成情况比较好的给予积分奖励

学习通视频学习，视频设置暂停，防止学生拖曳

整理学习笔记，组长检查评分

采取个别加集中辅导形式

三课递进·课堂实施·翻转课堂

明确任务 → 检验＋汇报 → 评价反馈 → 练习巩固 → 总结提升

任务导入，并展示学习目标

观看视频微课随堂检验学习效果，组内推荐与随机抽取相结合，由学生主讲汇报

针对每位同学的汇报进行点评反馈，给予相应积分，对于重点、难点进行总结梳理

设置针对性练习，检测学习效果，使知识回归实践

总结归纳、梳理知识结构，形成体系

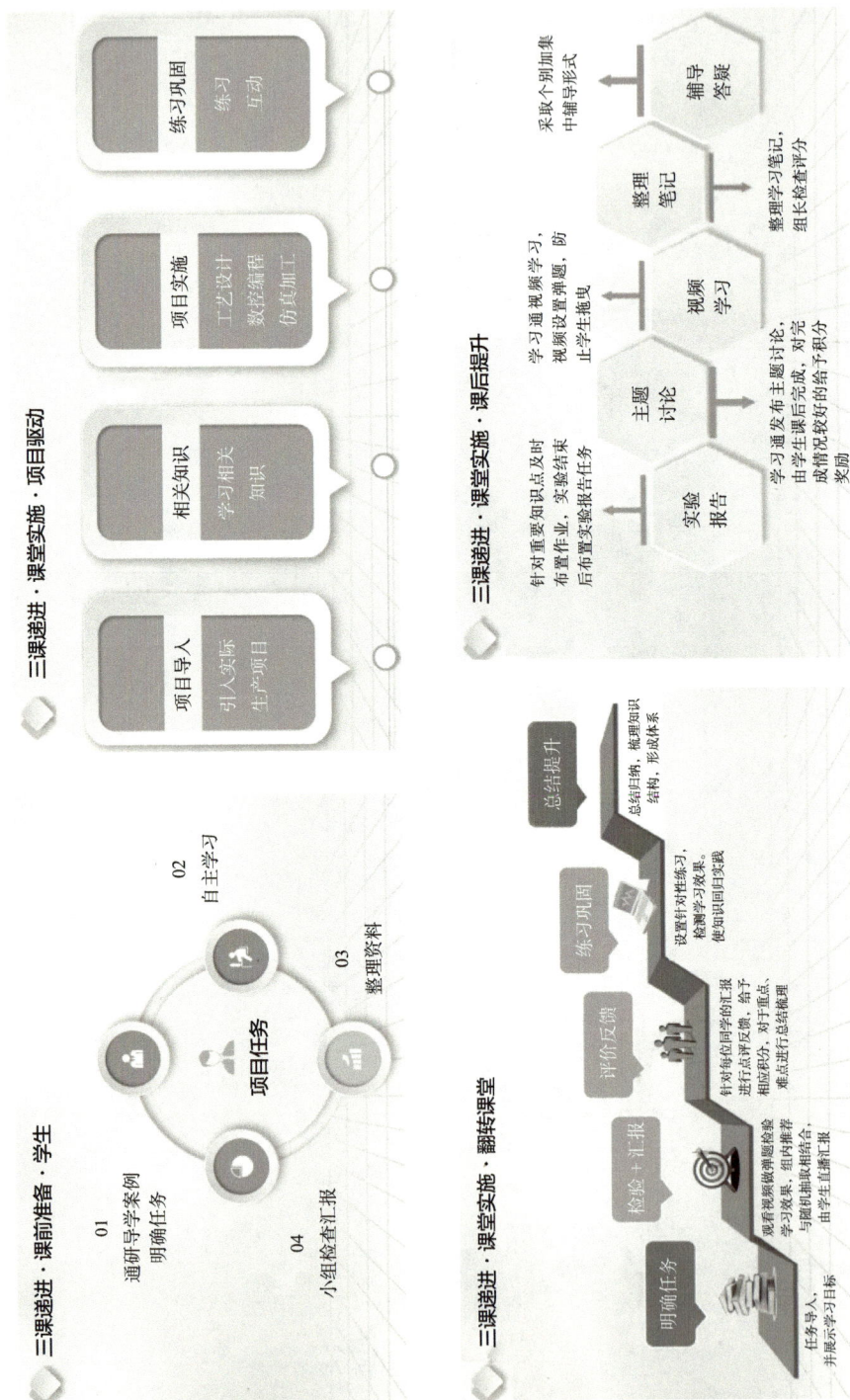

图 7.14 "三课递进" 教学模式

青岛黄海学院加大项目引入力度，积极申报教学改革项目和课程思政项目，鼓励教师编写高质量教材，鼓励师生共创，支持学生组建创业团队、自主创业，将智能制造项目深度融入教学过程，培育创业典型，确保最新研究成果和高质量教材进课堂。

青岛黄海学院强化工作室建设，以智能制造产业链需求为出发点，统筹规划工作室的职能，合理布局，形成产业缩影式的校内智能制造产业基地。实施赛教融通，将竞赛项目融入教学内容、竞赛资源融入教学资源、竞赛评价融入教学评价，形成"三融入"培养体系（见图 7.15），从而提高学生的工程素养。构建学科竞赛体系，"以赛促学"机制是大一参加校级"智能制造创意大赛"，大二选拔进入"省级竞赛训练营"，大三冲击国家级赛事。

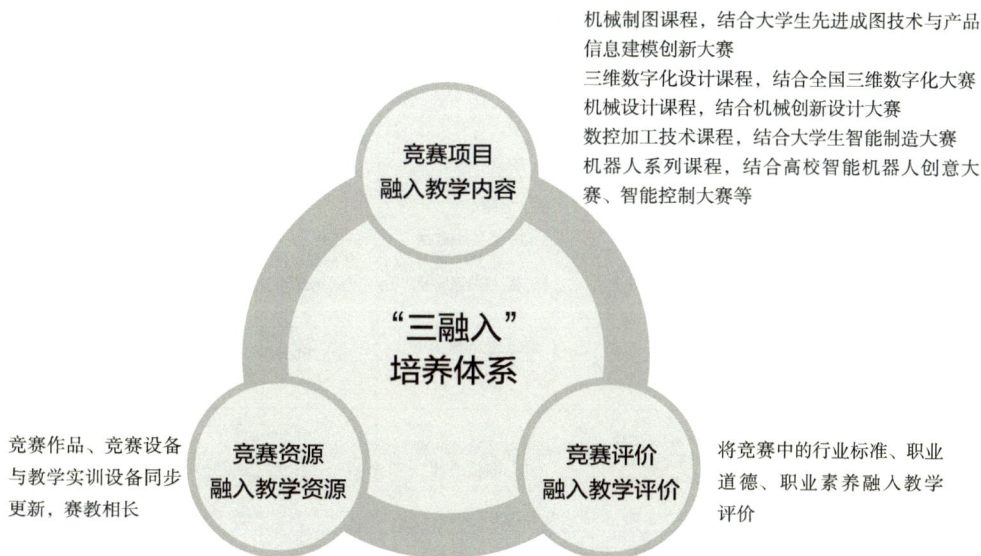

机械制图课程，结合大学生先进成图技术与产品信息建模创新大赛
三维数字化设计课程，结合全国三维数字化大赛
机械设计课程，结合机械创新设计大赛
数控加工技术课程，结合大学生智能制造大赛
机器人系列课程，结合高校智能机器人创意大赛、智能控制大赛等

竞赛作品、竞赛设备与教学实训设备同步更新，赛教相长

将竞赛中的行业标准、职业道德、职业素养融入教学评价

图 7.15　"三融入"培养体系

7.3.5　构建产教融合协同育人新模式

青岛黄海学院将人才培养标准和企业生产标准、岗位群标准全面对接，从传统的以知识为主线的培养模式转向以能力为主线的培养模式。实施"知识传授 + 能力培养 + 价值塑造"全方位协同育人；实施校企"平台共建、课程共创、师资共

培、资源共用、过程共管、成果共享、责任共担、人才共育"全过程协同育人；实施"课程＋项目、课堂＋车间、实训＋生产、教师＋专家、专业文化＋企业文化、应用研究＋技术创新"全要素协同育人。开展产教融合"八个对接"，即培养目标与产业需求对接、教学标准与行业标准对接、课程体系与职业能力对接、实训过程与生产过程对接、应用研究与技术创新对接、专业教师与企业导师对接、实训平台与现实工程对接、专业文化与企业文化对接，夯实学生实践创新、综合素养、工程应用、持续发展四个基本能力，构筑高素质应用型人才培养的"四梁八柱"（见图 7.16）。

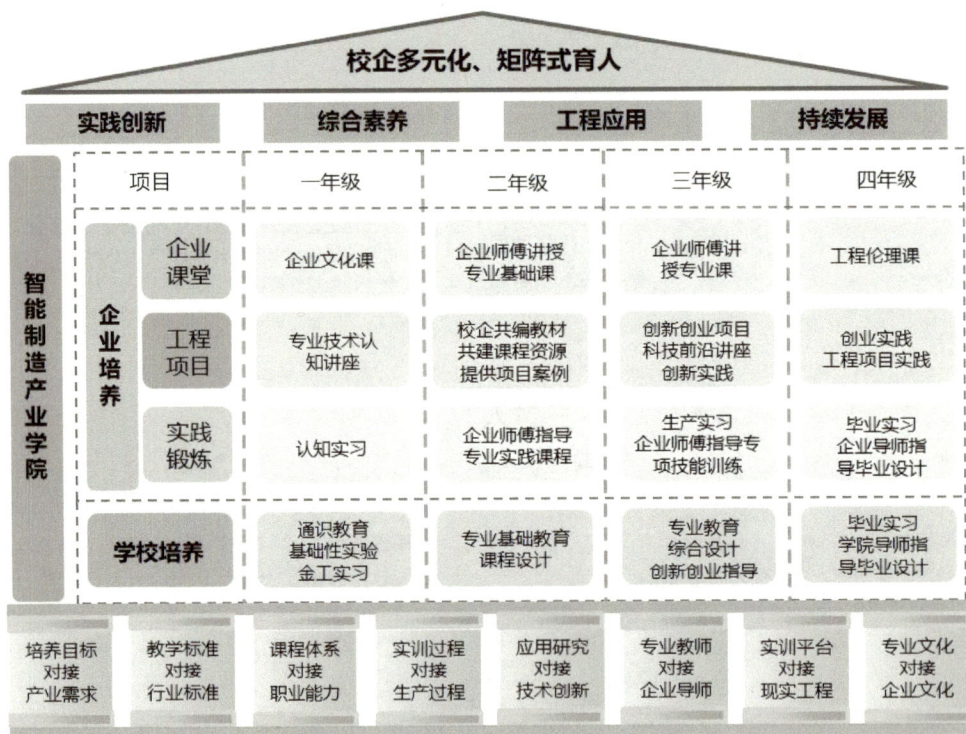

图 7.16　校企协同育人矩阵图

青岛黄海学院先后与青岛市机器人产业协会、40 余家企业紧密合作，校企合作 100% 全覆盖本科专业，建设校级机器人产业学院。近两年，与行业企业共建"工业机器人"等实验教学中心 2 个，共建机器人技术基础、船舶结构力学、机器人学等16门课程，合作开发12部教材，开展32节企业课堂，开发80个教学案例，有助于充实教学资源，丰富教学内涵，提升学生的工程实践能力。校企合作交流会如图7.17所示。校企合作开发的教材如图7.18所示。

图 7.17　校企合作交流会

图 7.18　校企合作开发的教材

7.3.6　打造"双师型"教师的举措

（1）健全产教融合长效机制，培养产教作用明显、发展能力强的师资队伍

通过互融互通、外引内培、混编互聘等方式，实现师资队伍校企双向交流。制定实施"常岗优酬"等特色制度，柔性引进企业专家。建设"技能大师工作室"，推动企业大师工匠、能工巧匠深度融入教学科研工作。

　　构建激励机制、监督机制和分类发展机制，建立健全用人管理制度、绩效考核制度和职称评审制度，实施高层次人才引进工程、青年教师成长工程和兼职教师提升工程，激发师资队伍活力和动力，增强师资队伍的凝聚力和战斗力。

　　青岛黄海学院聘任企业兼职教师百余人。具有企业背景的专职教师占 96.6%。"双师型"教师占 90% 以上，有 96.6% 的教师到企业挂职锻炼。近四年来，学院获批 3 个省级教师团队，18 人获得"黄炎培职业教育杰出教师"、"山东省教学名师"、"齐鲁首席技师"、科普技术专家、创新创业导师等省级及以上人才称号。教师参加"山东省民办高校教师教学比赛""山东省高等学校教师教学创新大赛"等获得 7 项相关荣誉。教师承担各类教科研项目 150 余项，产学合作协同育人项目 49 项，编写 20 余部特色教材、发表论文 300 余篇。学院建成 23 门在线开放课程，均在超星学银、山东联盟平台开放，服务 100 余所高校，访问量达 700 余万人次，机械设计等 5 门课程获批省级一流课程，船舶建造工艺等 2 门课程获批省级课程思政示范课程，玩转工业机器人等 2 门课程被"学习强国"平台全程收录为精品在线课程，运行效果良好，课程活跃度较高。近五年来，校企产学研深度合作，完成横向课题 56 项，到账经费 322 万元，成果转化到账经费 50 万元。

　　在目前校企合作的基础上，青岛黄海学院继续加大产教融合深度，解决产教脱节的关键问题，以社会需求为导向，有效激发校企双方主动性，加大行业企业在人才培养过程中的参与度，持续在师资队伍、课程建设、课堂改革、教科研平台等多方面加强合作。2021 年青岛黄海学院"智能制造学院"成功入选首批山东省现代产业学院建设名单，依托山东省现代产业学院的建设任务，逐步健全产教融合长效机制，经过多年发展，培养了一支集"产、学、研、创、用"于一体的师资队伍。截至 2025 年，学校拥有国家级众创空间 1 个，设有师生共创工作室 20 余个，通过众创空间、工作室，将教学、实践、科研有效串联，形成螺旋式结构，为培养和提高学生的工程素养搭建高端平台。青岛黄海学院通过健全产教融合长效机制取得的成果如图 7.19 至图 7.25 所示。

图 7.19　团队荣誉

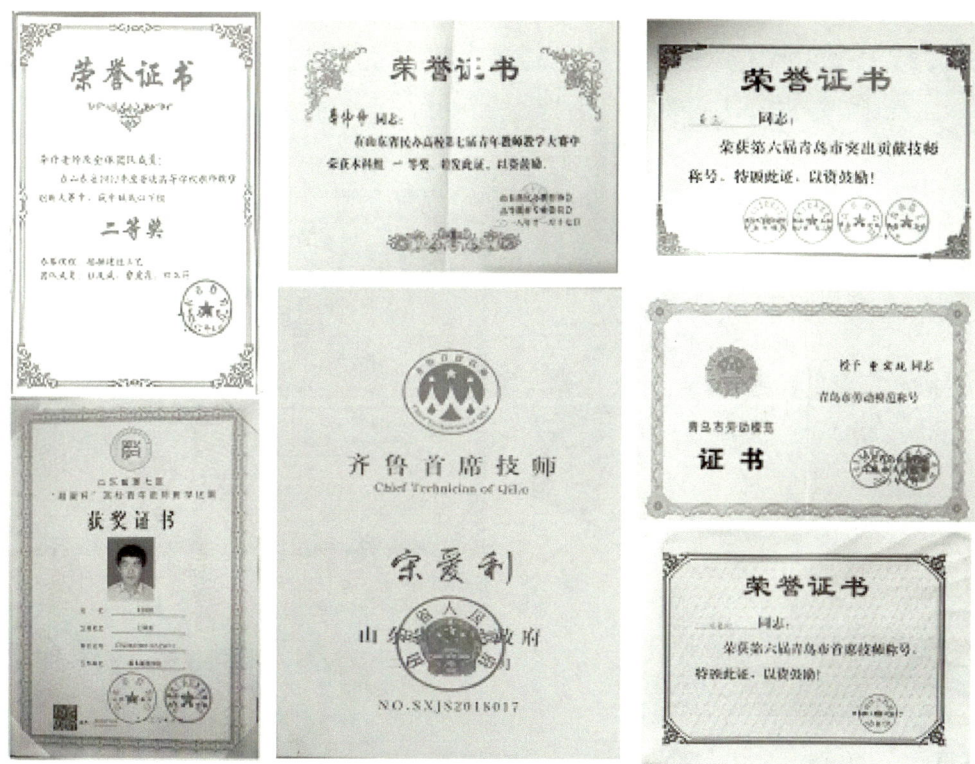

图 7.20　教师获批人才称号

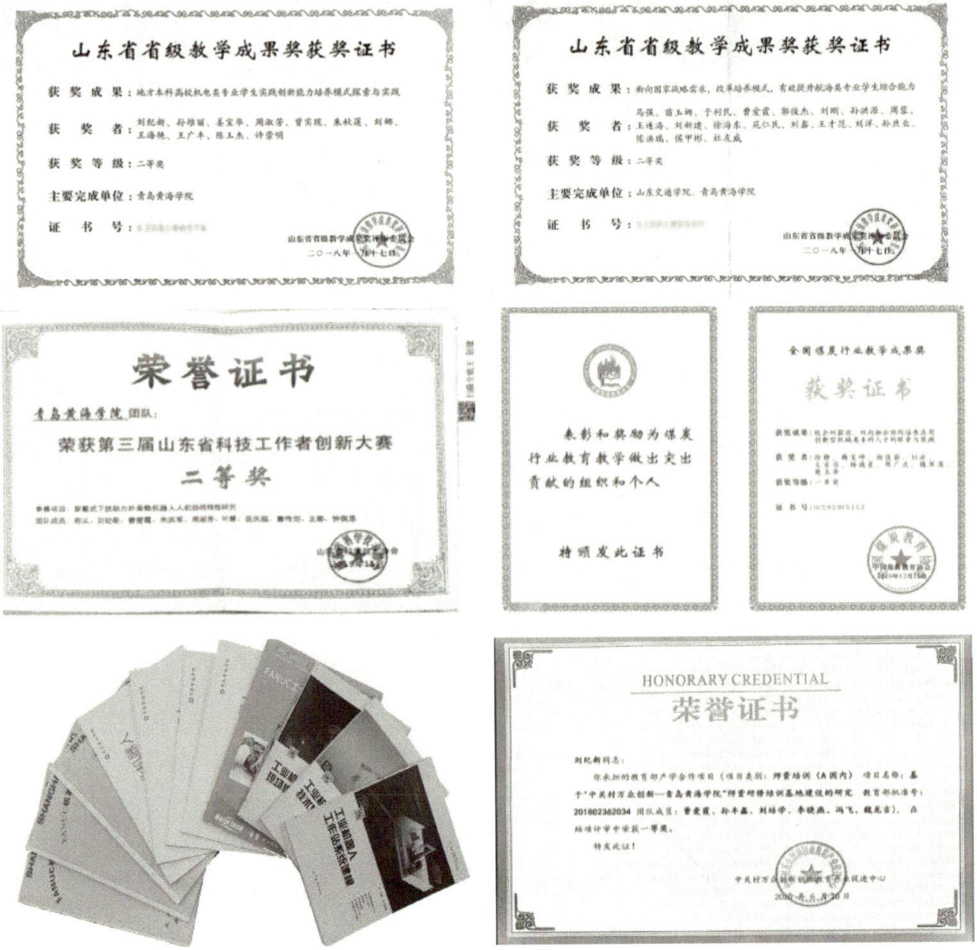
山东省省级教学成果奖获奖证书
获奖成果：地方本科高校机电类专业学生实践创新能力培养模式探索与实践
获奖者：刘纪新、孙维丽、姜宝华、周淑芳、曾宪观、朱秋莲、刘卿、王海艳、王广丰、陈玉杰、许崇明
获奖等级：二等奖
主要完成单位：青岛黄海学院
证书号：
山东省省级教学成果奖评审委员会
二〇一八年一月十七日
山东省省级教学成果奖获奖证书
获奖成果：面向国家战略需求，改革培养模式，有效提升航海类专业学生综合能力
获奖者：
获奖等级：二等奖
主要完成单位：山东交通学院、青岛黄海学院
证书号：
二〇一八年一月十七日
荣誉证书
青岛黄海学院 团队：
荣获第三届山东省科技工作者创新大赛
二等奖
表彰和奖励为煤炭
行业教育教学做出突出
贡献的组织和个人
特颁发此证书
全国煤炭行业教学成果奖
获奖证书
HONORARY CREDENTIAL
荣誉证书
刘纪新同志：
特发此证！
中关村万众创新教育产业促进中心

图 7.21　教学成果

山东省自然科学基金青年项目
资助项目立项任务书

项目名称	基于深度学习多模式融合的地质相号识别与标频方法				
项目立项编号	ZR2022QD112		项目类别	青年基金	
执行期限	2023-01-01—2025-12-30		资助经费（万元）	15	
学科分类	助探地球物理学		学科代码	DQ40901	
姓名	王敬	性别	女	学位	博士
电子邮箱				手机	
单位名称	青岛黄海学院		专业技术职务	副教授	
所在单位(院/系)	智能制造学院		主管部门	省教育厅	
所在省级以上重点实验室	无				

项目负责人签字：王敬
2022年12月9日

依托单位盖章（公章）
2022年12月12日

山东省自然科学基金委员会审查意见（公章）
2022年12月2日

山东省自然科学基金委员会办公室 2023年制

山东省自然科学基金青年项目
资助项目立项任务书

项目名称	基于微细观演变机制调控的7075铝合金高速切削加工机理研究				
项目立项编号	ZR2022QE149		项目类别	青年基金	
执行期限	2023-01-01—2025-12-30		资助经费（万元）	15	
学科分类	机械聚振、腐蚀与控制		学科代码	E050501	
姓名	岳修杰	性别	男	学位	硕士
电子邮箱				手机	
单位名称	青岛黄海学院		专业技术职务	讲师	
所在单位(院/系)	智能制造学院		主管部门	青岛市科技局	
所在省级以上重点实验室	无				

项目负责人签字：岳修杰
2022年12月2日

依托单位盖章（公章）
2022年12月12日

山东省自然科学基金委员会审查意见（公章）
2021年制

图7.22 2022年山东省自然科学基金项目

275

青岛黄海学院"西海岸新区高校校长基金"专项资金项目(第一批)拟立项统计表

序号	单位	项目名称	项目负责人	项目类别	合作单位	产业链方向	申请校长基金（万元）
1	智能制造学院	海洋冷链监测系统关键技术研究及实现	刘培学	技术转移类项目	青岛环测智控科技有限公司	海洋冷链	10
2	智能制造学院	大型船舶钢制壁面永磁吸附式除锈作业机器人的开发及应用	卢坤媛	技术转移类项目	青岛共享智能制造有限公司	船舶海工	10

图 7.23　2022 年青岛黄海学院"西海岸新区高校校长基金"专项资金项目（第一批）拟立项统计

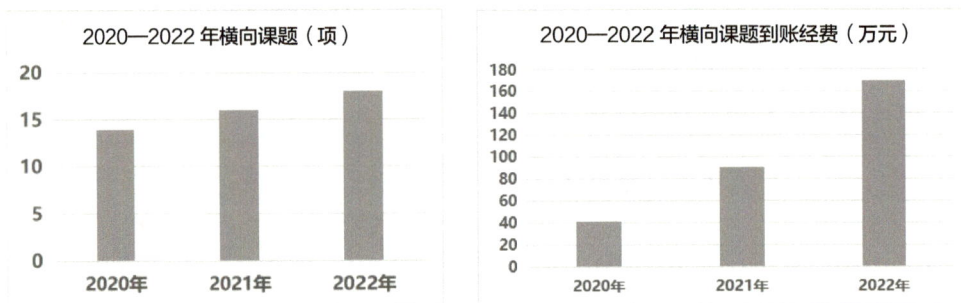

图 7.24　2020—2022 年横向课题项数与到账经费

图 7.25　部分科技成果

（2）实施人才引进和培养工程，打造优质"双师型"师资队伍

青岛黄海学院秉承"工匠精神"，强化精技善能育人方略，优化校企共育"双师型"师资队伍建设规划，按照"规模适度、结构合理、内培外引、专兼结合"原则，继续通过人才培养、引进、联合培养等形式，实施人才引进和培养工程，持续充实、优化师资队伍建设。青岛黄海学院制定《青岛黄海学院"双师型"教师认定与管理办法（试行）》（见图7.26），持续对师资队伍进行培养，通过技能训练、专业进修、会议交流、入企实践等多种形式，实施双师素养优化工程和教师教科研能力提升工程，鼓励教师参加科技开发、科技推广、各类教学比赛、微课大赛等，科研、教学相互促进，打造一支师德师风优良、教学理念先进、科研能力突出、社会服务成效显著的"双师型"教师队伍。青岛黄海学院"双师型"申报教师认定、考核通知部分如图7.27所示。行业企业挂职锻炼审批表、鉴定表如图7.28所示。

青岛黄海学院文件

青黄院人发〔2020〕11号

青岛黄海学院
"双师型"教师认定与管理办法（试行）

为适应学校应用型人才培养需要，加强"双师型"师资队伍建设，促进教师积极参与应用型课程改革，强化校企合作、产教融合，提升教师实践能力，做好"双师型"教师培养、培训、资格认定及管理工作。根据上级文件精神，结合学校实际，特制定本办法。

一、适用范围

（一）校内全体专任教师；

（二）经学校同意，受聘为我校的各类专家、技术能手、标

— 1 —

兵、劳动模范、企业高级管理人员等（一般应具有在行业、企业2年以上工作经历）。

二、"双师型"教师管理机构

学校成立"双师型"教师培养认定及管理工作办公室，负责"双师型"教师的培养、资格认定与管理、考核工作。成员单位包括组织人事部、教学工作部、科研服务部、纪检监察处、创新创业教育学院，办公室设在组织人事部。

三、"双师型"教师认定等级和条件

（一）认定等级

"双师型"教师认定级别由低到高设置三个等级：三级、二级、一级。

（二）认定基本条件

1.热爱教育事业，具有坚定的政治立场和良好的师德修养，教书育人，为人师表，治学严谨，爱岗敬业；

2.具有较坚实的基础理论和扎实的专业知识，能结合所承担的教学课程独立承担实践教学指导工作；

3.入职以来年度考核在合格以上。

（三）三级"双师型"教师条件

在符合认定基本条件的同时，还须满足下列条件之一：

1.通过国家组织的各类职业资格、执业资格考试或评审，获得职业资格证书；

2.有2年以上行业企业工作经历；

图7.26　青岛黄海学院"双师型"教师认定与管理办法（部分）

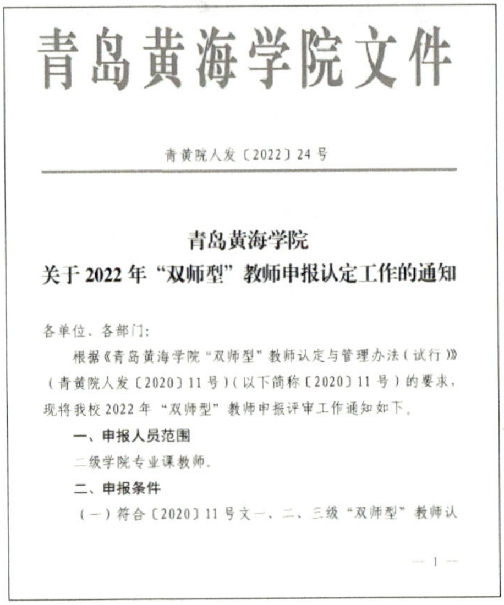

图 7.27　青岛黄海学院"双师型"申报教师认定、考核通知（部分）

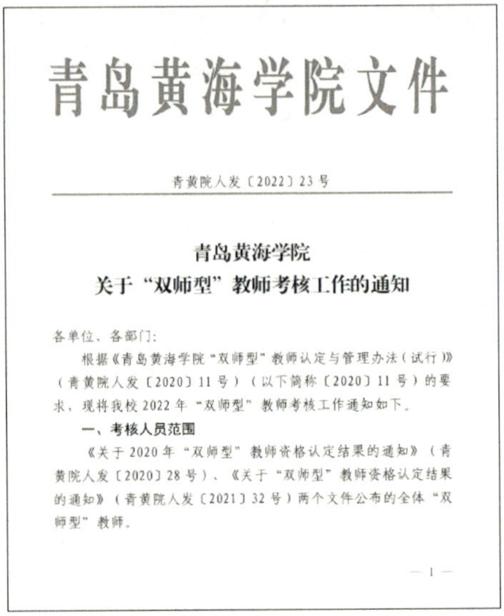

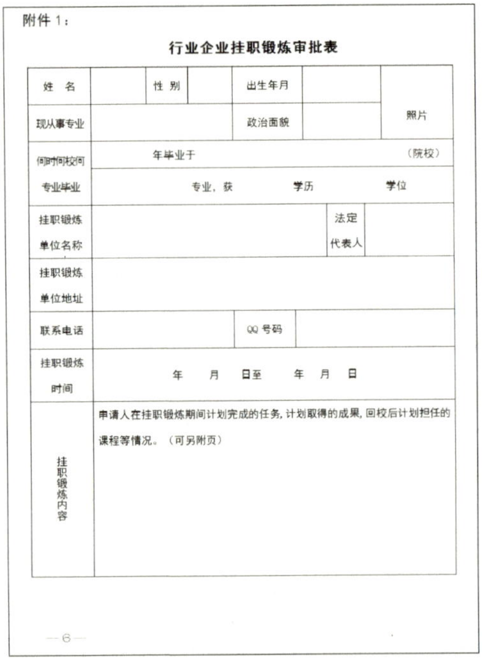

图 7.28　行业企业挂职锻炼审批表、鉴定表

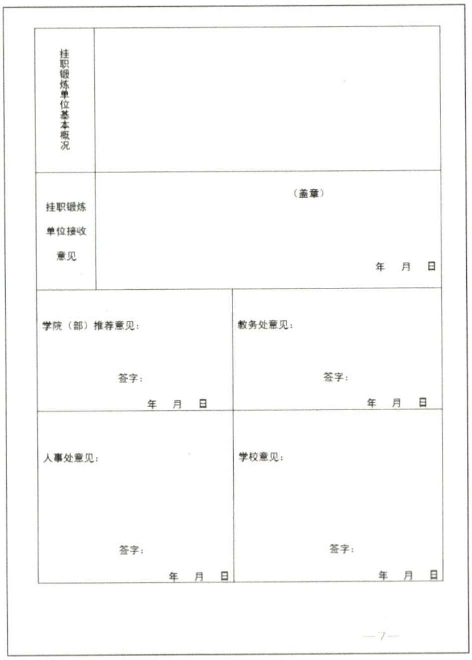

附件2：

行业企业挂职锻炼鉴定表

姓名		性别		出生年月		政治面貌	
职务		现从事专业					
挂职锻炼单位名称及岗位名称							
挂职锻炼时间	自 年 月 日至 年 月 日 共 天						

挂职锻炼总结及自评（可另附页）

□优秀　　□良好　　□合格　　□不合格

签 名：
年 月 日

—8—

挂职锻炼单位评价意见

□优秀　　□良好　　□合格　　□不合格

盖 章：
年 月 日

所在学院（部）评价意见

□优秀　　□良好　　□合格　　□不合格

负责人签字：
年 月 日

学校综合考核结果　　□优秀　　□良好　　□合格　　□不合格

—9—

图7.28　行业企业挂职锻炼审批表、鉴定表（续）

①要求教师定期到企业挂职实践，提高工程实践能力

工程教育教师除了必须具备较强的专业能力，还应具备企业工程实践能力。针对教师企业实践经验少的问题，学校发布了《青岛黄海学院专业教师企业实践暂行办法》（见图7.29），制定企业实践实施计划，明确企业锻炼形式，鼓励教师入企实践，明确规定三年任期内入企实践至少6个月，学习行业规范，参与企业具体生产过程，在企业中发现对口课题，将课题带到课堂教学；并要求教师采用企业新设备、新工艺、新工程技术，能独立解决复杂工程项目的设计问题。教师在企业实践中获取工程经验，能更好地促进教学，有利于提高教师工程实践能力。目前，青岛黄海学院的师资队伍中有50%以上的专任教师有在企业挂职锻炼的经历。教师参与企业实践的现场照片如图7.30所示。

图 7.29　青岛黄海学院专业教师企业实践暂行办法（部分）

图 7.30　教师参与企业实践的现场照片

②建立校企师资"互聘互兼"机制，提升教师专业技术能力

　　企业具有高端的机器设备、成熟的工艺流程和管理经验等资源，而学校教师具备扎实的专业理论，双方开展"资源共享、互惠互利、合作共赢"的合作。学校与

企业建立实习实训基地和师资培训基地，建立校企合作订单班，学校聘请企业优秀工程师加入学校师资队伍，制定《青岛黄海学院企业导师管理办法（试行）》（见图7.31）。企业聘请青年博士教师协助企业申报学科前沿课题、平台共建、科技成果转化等方面的政府资助项目。学校教师依托科研团队，借助企业平台，利用企业先进的生产设备，与企业联合申报横向项目，帮助企业攻克企业难题，提高企业经济效益。学校特邀企业能工巧匠深入教学一线指导教师的实习实训操作，切实利用企业优秀的教育资源，以快速提高教师的工程素养。

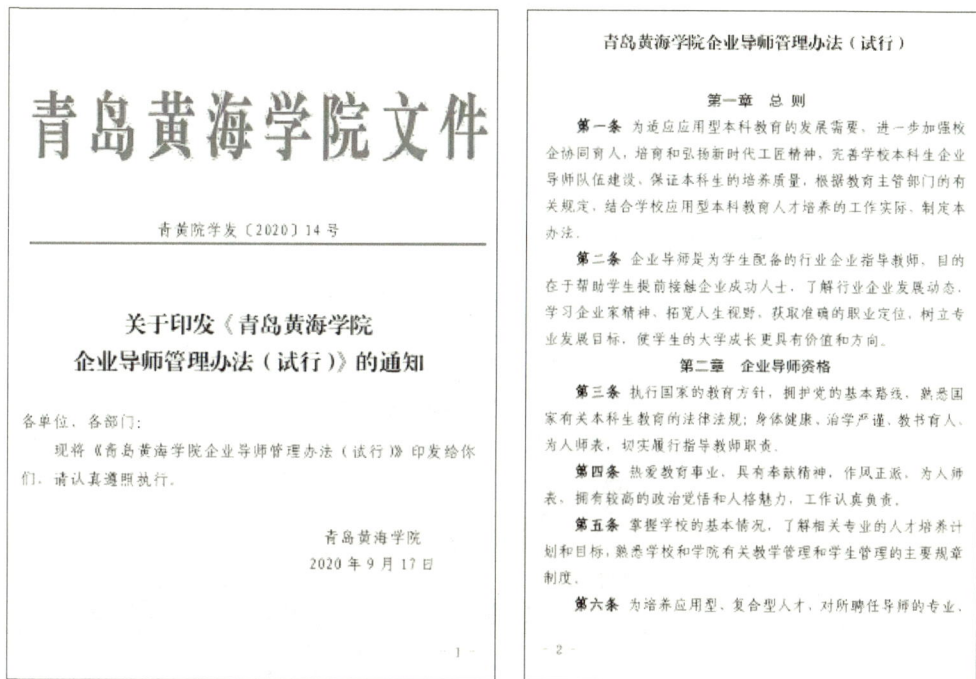

图 7.31　青岛黄海学院企业导师管理办法（试行）（部分）

③引进高水平教师，引领学校高质量发展

继续加大引进高水平教师的力度，包括行业内高水平人才、知名企业的领军人物等，引领学校高质量发展。搭建高水平学术交流平台，扩大学校学术影响力，先后邀请哈尔滨工程大学、山东大学、中国石油大学（华东）、南京航空航天大学、南京农业大学等众多院校的知名教授，九三学社山东省委员会委员孙鸿昌院长、天津大学二级教授胡绳苏教授等参加学校承办的第 137 期、219 期、381 期、470 期

山东科学大讲堂（见图 7.32）、以"智能起航，制造未来"为主题的泰山科技论坛及工程教育论坛并作学术报告。高水平交流平台的搭建，促进了高水平学术交流，深化了教师对相关领域前沿科技的了解与认识，提升了学校的影响力，对推动区域新旧动能转换重大工程建设做出重要贡献。青岛黄海学院通过发挥山东省智能制造产业学院优势，联合 50 余家合作企业实施柔性人才的培养和引进，共建基层教学组织、教学团队、人才培养平台等，提升教师工程素养。

图 7.32　山东科学大讲堂

7.3.7　构建"双闭环"工程人才培养评价体系

构建工程人才培养评价体系是工程教育人才培养的核心环节。为了实现以评促管、促教、促改的教学目标，学校积极开展评价工作，建立基于持续改进理念的

"双闭环"工程人才培养评价体系。该评价体系主要包括对教学水平、教学态度、教学效果、毕业生质量等方面的评价。其采用督导、教师评价、学生评价等方式，对专业知识、创新能力等方面进行定期评价，实现内环人才培养质量评价与持续改进；以企业、毕业生、机构评价为主，对毕业生工程素养、持续学习等方面进行客观公正评价和跟踪反馈，实现外环人才培养质量评价与持续改进。

（1）组织机构

学校成立完善的校院系三级教学质量监控组织——质量监控与评估中心，在校长领导下，开展质量监控工作。质量监控与评估中心全面负责并落实教学质量监控的研究开展工作，建立学校内部质量监控体系；负责组织实施学校质量建设与内部评估工作；负责学校质量文化引导和营造，质量建设规划及教学质量保障体系的建设工作，为二级学院质量保障体系建设提供指导和服务。校级教学督导组通过对教学情况进行常规检查、日常检查、不定期抽查，对各院（系）的教学情况进行监督，并对其教学质量管理工作进行考核评估。学院设立系部、教研室、质量监控与评估小组及教学督导小组，主要针对其学院、系部所属专业的教学任务、教学计划、课程安排、社会实践等进行质量监督与管理，侧重于教学计划的执行情况及社会实践的管理情况。

（2）标准体系

青岛黄海学院重视制度建设，科学规范教学管理。学校制定教学活动相关制度，如《青岛黄海学院学生评教实施办法》《关于加强本科教学持续改进机制建设的意见》《教师课堂教学质量评价办法（试行）》《教师同行评价实施办法》《青岛黄海学院教师评学实施办法》《教学管理文件和规章制度汇编》，为规范师生日常行为、保证教学活动正常运行及教学质量监控工作提供制度保障。此外，学校进一步完善课程考核制度、学籍管理制度、学生网上评教制度、师资聘任制度、听课制度、实验室管理制度、学生导师制、教师环节规范制度、教学质量评估制度、教师考勤制度、师生奖惩制度等，组成质量监控制度体系。这使教学组织活动、管理活动及各教学环节有一定的参照准则，使人才培养质量监控与评价体系更加制度化、科学化、规范化，同时也便于各教学单位、管理部门形成自我完善、自我约束的良好机制，以确保人才培养质量的稳步提升。

监控制度系统主要包含教学检查制度、听课制度、评教制度、评学制度、考核制度、教学督导制度、考务管理制度。

人才培养质量标准是教师及教学管理者工作的行为准则，为人才培养质量的科学评价提供参照依据。青岛黄海学院十分重视人才培养质量标准的制定，为适应社会变化发展的需要，符合学校人才培养目标及学校定位，学校以科学教育理念为指导，不断对质量标准进行完善。质量标准主要包含招生标准、专业设置标准、课程标准、教学标准、毕业生质量标准、师资队伍标准、教学条件标准、考核标准等方面。例如，在教学标准方面，按照专业特征及教学目标，制定备课、编写教案、课程设计、讲课、批改作业、辅导答疑及实践教学等方面的标准，要求教师严格按照相关标准进行教学活动，保障教学质量。青岛黄海学院部分校级教学管理制度如图7.33 所示。

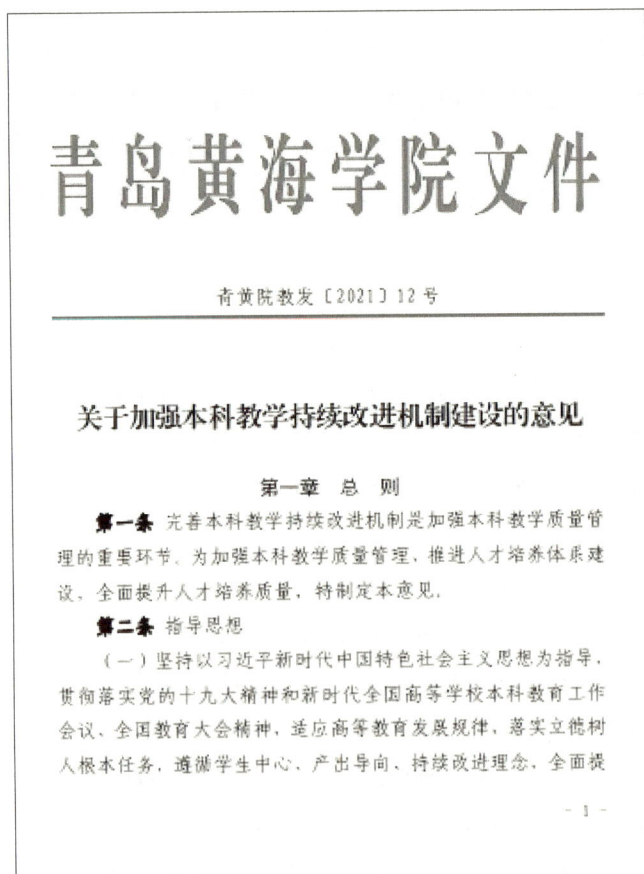

图 7.33　校级教学管理制度（部分）

青岛黄海学院文件

青黄院教发〔2021〕23号

教师同行评价实施办法

为进一步完善学校教学质量监控和保障体系、丰富教学评价方式，增强教学评价的专业性、促进教师交流合作与专业发展，整体提高教学水平，持续提升教学质量，特制定本办法。

第一章 评价主体及对象

第一条 评价主体：各教研组任课教师（不含兼职任课教师）。

第二条 评价对象：各教研组专、兼职任课教师。

第三条 评价时间：每学期期末进行一次。

第四条 评价成绩：教师两个学期同行评价成绩的平均值即该教师的学年同行评价成绩。

— 1 —

青岛黄海学院文件

青黄院教发〔2021〕7号

青岛黄海学院学生评教实施办法

为贯彻落实学生中心、成果导向、持续改进理念，进一步健全完善我校教学质量监控体系，规范学生评教工作，充分发挥学生的主体作用，切实提高教育教学质量，特制定本办法。

第一章 评教主体及对象

第一条 评教主体：学校全体全日制本专科学生。

第二条 评教对象：全校承担本专科教学任务的教师。

第三条 评教时间：每学期进行两次，分别安排在第3周和第16周。

第二章 评教组织与实施

— 1 —

青岛黄海学院文件

青黄院教发〔2021〕52号

关于表彰2020—2021学年
优秀学生教学信息员的通知

各学院：

为进一步完善教学信息反馈机制，充分发挥学生参与教学管理和自我管理的主体作用，搭建有效的教学管理部门、教师、学生三方的信息沟通平台，提高学校教学质量。根据《青岛黄海学院学生教学信息员管理办法》（青黄院教函〔2020〕9号），经各学院推荐并公示、质量监控与评估中心审核，任书瑾等70名同学被评为青岛黄海学院2020—2021学年优秀学生教学信息

青岛黄海学院质控中心函件

质函字〔2021〕10号

关于开展青岛黄海学院
学生学习效果自我评价问卷调查的通知

各学院：

为贯彻落实"学生中心、成果导向、持续改进"的理念，促进我校高水平应用型高校建设，不断提升学生学习效果，我校组织学生扫码进行学生学习效果自我评价问卷调查（二维码附后）。为确保本次问卷调查顺利进行，现就相关事宜通知如下。

一、问卷填写时间

2021年11月23日—2021年11月30日

二、问卷调查对象

调查对象为各学院各专业学生

三、调查问卷填写要求

1. 请各学院/学生教学信息员认真做好本次问卷调查活动的宣传、动员和组织工作，调动全体学生的积极性，充分发挥他们在调研工作中的作用。

2. 问卷调查须实事求是、公正客观，不走过场，保证调研的有效性。

质量监控与评估中心

图 7.33 校级教学管理制度（部分）（续）

（3）"双闭环"工程人才培养评价体系的主要内容

"双闭环"工程人才培养评价体系（见图 7.34）包括学生、教师、督导、用人单位与行业企业等主体的评价。

①学生评价

学校坚持以学生为中心，注重学生评价，定期开展师生座谈会，了解学生对教师教学的态度、方式、水平等的看法。学校于学期初、末开展学生网上评教活动，并将评价结果及时反馈给教师，教师根据评价结果进行课程改革，实现教学质量的持续改进。

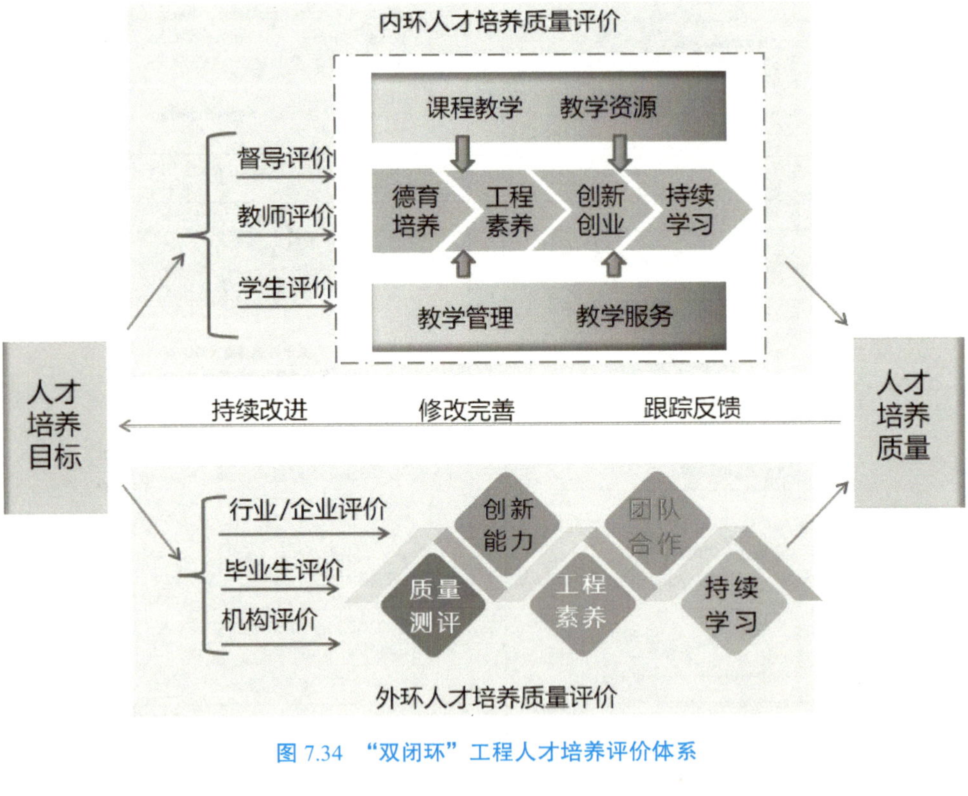

图 7.34　"双闭环"工程人才培养评价体系

②教师评价

在工程专业认证的背景下，从学生中心、产出导向、持续改进三个维度对教师教学质量进行评价，并要求教师改进。评价指标要根据理论课、实践课的实际情况制定，要根据培养目标的不同，制定多样化的评价标准，完善评价标准，重点是改进传统评价内容。主要评价内容包括：教学内容是否符合时代发展、是否采用信息化教学手段、是否融入课程思政，以及课堂互动情况如何，学生的专业技能、工程实践能力、创新创业能力、团队协作能力等的掌握情况。

③督导评价

建立校、院、系三级督导机制，常态化开展听课、教学检查工作。学校督导听课后每周及时进行课堂教学信息反馈，并每月评出课堂教学“三个一优秀案例”，分别是“课堂效果最优教师”“最优 PPT 课件”“最优板书设计”，每年编制 32 期课堂教学信息简报，校级课堂教学信息反馈如图 7.35 所示；学院督导听课后及时进行反馈并每两周编制院级督导简报（见图 7.36），每年编制 16 期院级督导简报；系部教学督导即听课系主任主要针对其系部所有教师每学期深入课堂听课，并及时进行反馈指导，促进教学质量提高。

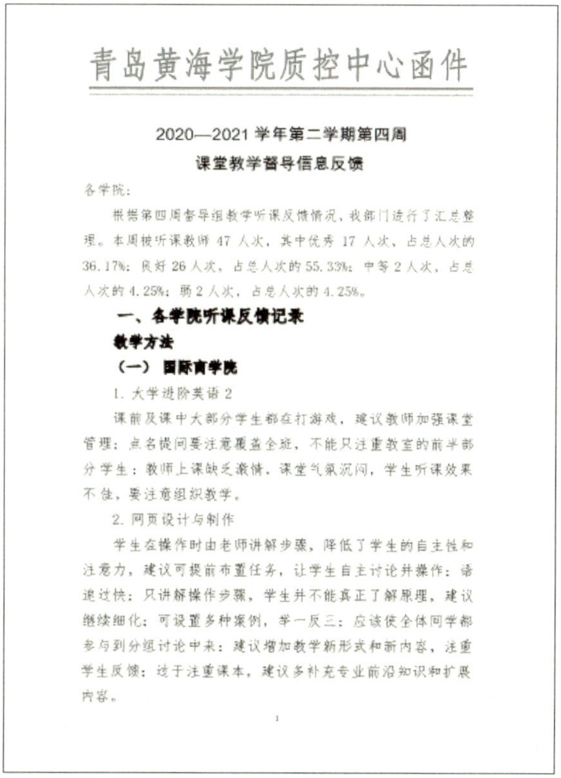

青岛黄海学院质控中心函件

2020—2021 学年第二学期第四周

课堂教学督导信息反馈

各学院：

根据第四周督导组教学听课反馈情况，我部门进行了汇总整理。本周被听课教师 47 人次，其中优秀 17 人次，占总人次的 36.17%；良好 26 人次，占总人次的 55.33%；中等 2 人次，占总人次的 4.25%；弱 2 人次，占总人次的 4.25%。

一、各学院听课反馈记录

教学方法

（一）国际商学院

1. 大学进阶英语 2

课前及课中大部分学生都在打游戏，建议教师加强课堂管理；点名提问要注意覆盖全班，不能只注重教室的前半部分学生；教师上课缺乏激情，课堂气氛沉闷，学生听课效果不佳，要注意组织教学。

2. 网页设计与制作

学生在操作时由老师讲解步骤，降低了学生的自主性和注意力，建议可提前布置任务，让学生自主讨论并操作；语速过快；只讲解操作步骤，学生并不能真正了解原理，建议继续细化；可设置多种案例，举一反三；应该使全体同学都参与到分组讨论中来；建议增加教学新形式和新内容，注重学生反馈；过于注重课本，建议多补充专业前沿知识和扩展内容。

1

图 7.35　校级课堂教学信息反馈

青岛黄海学院质控中心函件

2023—2024 学年第一学期第三期教学督导简报

为保证课堂教学质量，结合期中教学检查，11 月共有 6 位校领导、8 位职能部门负责人和 31 位校级教学督导深入课堂听课。共计听课 330 人次，其中评价优秀的 116 人次，占比 35%；良好 188 人次，占比 57%；合格 26 人次，占比 8%。

一、值得表扬的优秀课程

开课学院	课程	授课教师	班级
国际商学院	管理学	崔向东	2023 级商务英语专升本 2 班
	大学提高英语 B	金薇	分级教学
	物流管理	张春夏	2023 级物流管理专升本 1 班
智能制造学院	电气工程专业导论	会茂法	2023 级电气工程及其自动化本科 1 班
	电力工程	黄茂云	2021 级电气工程及其自动化本科 1 班
	电气工程专业导论	马文宏	2023 级电气工程及其自动化本科 2 班
	理论力学	陈静	2022 级车辆工程本科 1 班
	有限元分析	王志坤	2020 级机械设计制造及其自动化本科 1 班、4 班
建筑工程学院	专业英语	夏蕾	2022 级工程造价专升本 2 班
	建筑 CAD	衣淑丽	2022 级智能建造本科 1 班
设计与美术学院	儿童读物插画	高慧	2022 级绘画专升本 3 班
教育学院	幼儿舞蹈与编创	蔺月华	2022 级学前教育本科 3 班
	手工与玩教具制作	马莹	2023 级学前教育专升本 1 班、2 班
	现代教育技术应用	臧乔伟	2022 级学前教育本科 6 班
	学前儿童社会教育	张冬梅	2021 级学前教育本科 3 班
	绘画基础	张梦雨	2023 级学前教育本科 4 班
医学院	医学统计学	刘悦	2023 级护理学专升本 4 班
	药理学	谭晓敏	2023 级护理学专升本 2 班
	急危重症护理学	方秀婷	2021 级护理学本科 3 班
	预防医学	王世楠	2021 级护理学本科 1 班
	儿科护理学	杨帆	2022 级护理学专升本 4 班
	护理研究	尤芳	2022 级护理学专升本 3 班、4 班
马克思主义学院	形势与政策	李家琛	2022 级智能建造本科 1 班、2 班，2022 级经济统计学本科 1 班
	思想道德与法治	薛晓英	2023 级健康管理学本科 3 班，2023 级经济统计学本科 1 班
	思想道德与法治	周方青	2023 级电气工程及其自动化本科 1 班、2 班
创新创业教育学院	大学生就业指导	佟鑫宇	2020 级电气工程及其自动化本科 1 班，2020 级商务英语本科 1 班
	大学生职业生涯规划	袁芳	2023 级计算机科学与技术本科 6 班（校企合作）
	大学生职业生涯规划	张竹	2023 级影视摄影与制作本科 3 班
	大学生职业生涯规划	王倩文	2023 级环境设计本科 1 班
大学体育教学部	健身气功	张然	2023
	武术	邢海丽	2023

1

青岛黄海学院质控中心函件

2023—2024 学年第一学期第四期教学督导简报

为保证课堂教学质量，12 月共有 29 位校级教学督导深入课堂听课。共计听课 213 人次，其中评价优秀的 93 人次，占比 44%；良好 116 人次，占比 54%；合格 4 人次，占比 2%。

一、值得表扬的优秀课程

开课学院	课程	授课教师	班级
国际商学院	国际贸易实务	王娜娜	2022 级国际商务本科 1 班
	大学提高英语	毛晓霞	分级授课
	管理学	崔向东	2023 级商务英语专升本 2 班
	大学基础英语 B1	魏芳芳	2023 级电气工程及其自动化本科 2 班
智能制造学院	电路	韩曙	2023 级电气工程及其自动化（专升本）本科 1 班
	模拟电子电路	李晓琳	2022 级电气工程及其自动化本科 2 班
建筑工程学院	标准图集识读与应用	王凤敏	2023 级工程管理专升本 1 班
	建筑力学	张志运	2022 级工程造价本科 2 班
大数据学院	Web 技术基础	王子豪	2023 级数据科学与大数据技术专升本 2 班
	大数据分析与挖掘	陈荣	2022 级数据科学与大数据技术专升本 2 班
	大数据技术基础	张树江	2022 级计算机科学与技术专升本 3 班
	统计学	王春霞	2023 级数据科学与大数据技术专升本 3 班
	微观经济学	蒋翠平	2023 级经济统计学本科 1 班
	离散数学	生汉芳	2023 级数据科学与大数据技术专升本 2 班
设计与美术学院	秦汉印临摹	杜林	2023 级书法学本科 1 班
	篆刻临摹与创作 II	孟磊	2022 级书法学本科 1 班

1

图 7.35　校级课堂教学信息反馈（续）

教学督导简报

第 1 期

智能制造学院教学督导组编　2023 年 2 月 28 日

教学督导简报

第 2 期

智能制造学院教学督导组编　2023 年 3 月 15 日

教学督导简报

第 3 期

智能制造学院教学督导组编　2023 年 3 月 31 日

教学督导简报

第 4 期

智能制造学院教学督导组编　2023 年 4 月 15 日

本期要目：

- ●志愿服务进社区，传承雷锋精神常态化
- ●校企双赢谋发展　人才合作创新高——工业设计与图学系校企合作、开展专业调研
- ●智能制造学院组织期中教学材料检查
- ●船舶工程系召开期中师生座谈会
- ●智能制造学院组织触电伤害应急演练活动
- ●第十四届蓝桥杯全国软件和信息技术专业人才大赛（电子类）省赛圆满结束
- ●智能制造学院专家智库平台成立仪式
- ●智能制造学院进行 2023 届毕业设计（论文）中期检查
- ●机械工程系召开期中师生座谈会
- ●机电工程系召开期中教学师生座谈会
- ●我校开展国际工程教育专业认证专题会议
- ●电信工程系召开期中师生座谈会
- ●专业调研——电信工程系走进青岛理工大学
- ●电气工程系召开期师生期中座谈会

教学督导简报

第 5 期

智能制造学院教学督导组编　2023 年 4 月 30 日

教学督导简报

第 6 期

智能制造学院教学督导组编　2023 年 5 月 15 日

教学督导简报

第 7 期

智能制造学院教学督导组编　2023 年 5 月 31 日

教学督导简报

第 8 期

智能制造学院教学督导组编　2023 年 7 月 10 日

本期要目：

- ●2022—2023 学年第二学期 6 月督导听课反馈意见
- ●教学常规检查第 16 周反馈情况
- ●智能制造学院赴企业走访调研
- ●智能制造学院在 2023 睿抗机器人开发者大赛山东省赛中获 12 项奖励
- ●机电工程系举行第一期企业课堂
- ●工业设计与图学系举行第一期企业课堂
- ●青岛城市学院领导来我院交流研讨
- ●机械工程系举行 2024 届考研交流会
- ●智能制造学院特邀西安交通大学王晶教授
- ●做“机械创新设计大赛主题解析”报告并现场指导学生作品
- ●智能制造学院党总支开展“廉洁党课我来讲”专题组织生活会
- ●共建产业学院　校企合作迎新篇
- ●“党建引领聚合力，企业捐赠显担当”——智能制造学

图 7.36　院级督导简报

④用人单位、行业企业评价

用人单位主要针对实习生、毕业生的工作态度、专业理论知识、专业实践技能、团队协作能力、工作创新能力等方面进行客观公正的评价。行业企业评价主要指经常邀请行业企业专家为学生和教师作报告，了解行业企业的前沿信息，组织专家和教师共同探讨修订人才培养方案。学校通过发放调查问卷方式进行行业企业评价，通过评价了解行业企业所需人才的标准，分析人才培养过程中存在的问题，为教学、课程改革指明方向。

通过对企业进行问卷调查，得出以下结论。企业对学生的整体满意率达95.36%以上。其中，在综合素质方面，对毕业生的适应能力、学习能力、沟通表达能力、团队协作能力、创新精神、执行力等方面的满意度较高，分别达到88.13%、88.72%、82.05%、81.54%、81.19%、86.34%。在专业技能方面，对毕业生总体满意率达到88.27%。通过座谈会和调查分析可得，企业认可学校的学生，学校学生能吃苦，爱劳动，肯学习，专业知识扎实，动手能力强，适应能力强。调查问卷及企业评价分别如图7.37和图7.38所示。

用人单位调查问卷

尊敬的企业领导：

您好！为了进一步推动我校教学改革和人才培养工作，充分了解用人单位对我校毕业生的……综合评价和建议，我们设计了本份问卷，请在您认为合适的选项上划"√"，感谢您给予支持和帮助，谢谢！

一、贵单位属于以下哪种性质的单位：

A. 机关　B. 科研设计单位　C. 高等教育单位　D. 中等、初等教育单位　E. 医疗卫生单位　F. 其他事业单位　G. 金融单位　H. 国有企业　I. 三资企业　J. 民营企业　K. 私营企业　L. 其他＿＿＿

二、贵单位的规模：

A. 50人及以下　B. 51～300人　C. 301～1000人　D. 1001人及以上

三、贵单位所在地为：

A. 大城市　B. 中等城市　C. 小城市　D. 乡镇　E. 其它＿＿＿（请注明）

四、贵单位所属行业：

A. 农、林、牧、渔业　B. 采矿业　C. 制造业

D. 电力、热力、燃气及水生产和供应业　E. 建筑业　F. 批发和零售业

G. 交通运输、仓储和邮政业　H. 住宿和餐饮业

I. 信息传输、软件和信息技术服务业　J. 金融业　K. 房地产业

L. 租赁和商业服务业　M. 科学研究、技术服务和地质勘查

N. 水利、环境和公共设施管理业　O. 教育

P. 居民服务和其他服务业　Q. 卫生和社会工作　R. 文化、体育和娱乐业

S. 公共管理和社会组织　T. 国际组织　U. 其他

五、从贵单位看，我校毕业生与其它同类学校毕业生在专业知识和技术能力上相比：

A. 有一定优势　B. 差不多　C. 有一定差距　D. 有明显差距　E. 各有所长

六、您对我校毕业生总体表现是否满意：

A. 很满意　B. 比较满意　C. 一般　D. 不太满意

七、我校毕业生在贵单位从上岗到胜任工作的适应情况：

A. 很快　B. 较快　C. 一般　D. 较慢

八、您认为我校目前的专业设置、课程安排与社会需求是否适应：

A. 很适应　B. 较适应　C. 一般　D. 不太适应。

九、您对我校学生就业工作服务情况是否满意：A. 很满意　B. 比较满意　C. 一般　D. 不太满意

您希望改进的方面＿＿＿＿＿＿

十、您获取我校学生就业信息的渠道是：

A. 学校供需洽谈会　B. 学校网站　C. 与学校直接联络　D. 学校邮寄的宣传材料　E. 报刊杂志上的介绍　F. 其他宣传材料　G. 其他（请注明）＿＿＿＿＿＿

十一、您对我校毕业生毕业生能力和素质状况评价

评价项目	满意	比较满意	一般	不满意
敬业精神	√			
道德素养	√			
自我管理能力	√			
心理素质	√			
适应能力	√			
沟通能力	√			
团队协作	√			
专业技能	√			
工作能力	√			
表达能力	√			
实践操作能力	√			
组织与影响他人的能力	√			
学习与创新能力	√			
工作态度	√			
综合评价	√			
其他意见或建议				

十二、近三年贵单位每年在我校的招聘人数平均为：

A. 5人及以下　B. 6～10人　C. 11～15人　D. 16人及以上

十三、贵单位在招聘时看重的能力和素质是：

A. 敬业精神　B. 道德素养　C. 自我管理能力　D. 心理素质　E. 适应能力　F. 沟通表达能力　G. 团队协作　H. 专业技能　I. 工作能力　J. 表达能力　K. 实践操作能力　L. 组织与影响他人的能力　M. 学习与创新能力　N. 工作态度　O. 其他＿＿＿

单位名称：　　联系人：

通信地址：　　联系电话：[redacted]

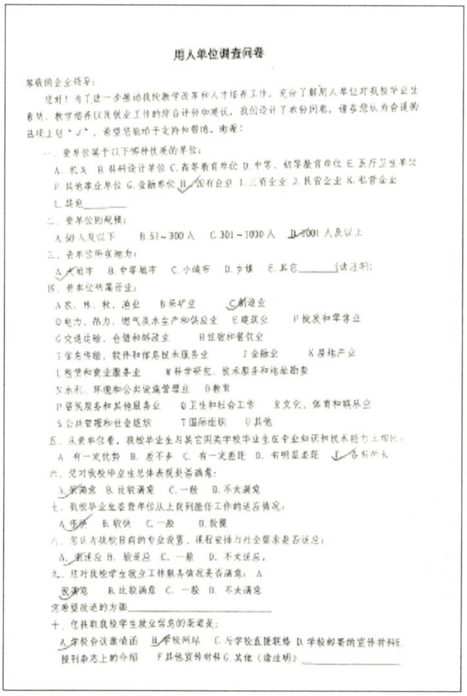

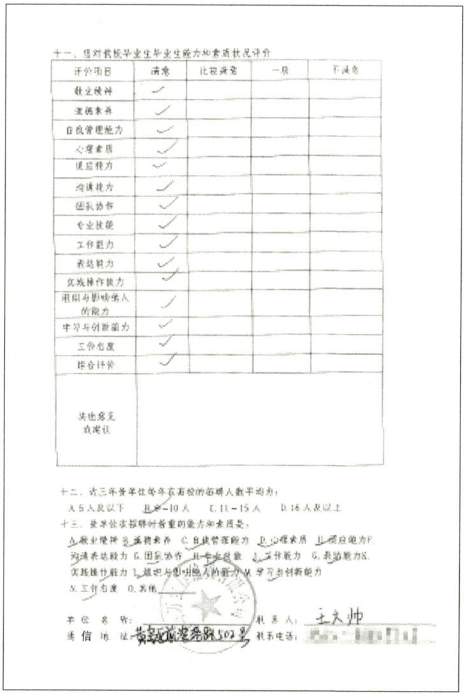

图7.37　调查问卷

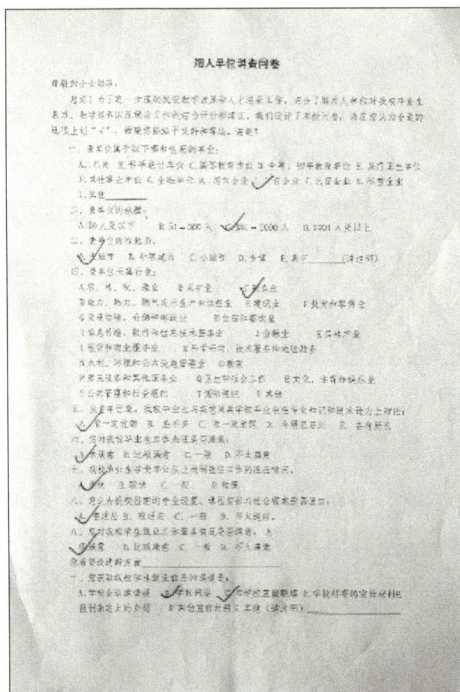

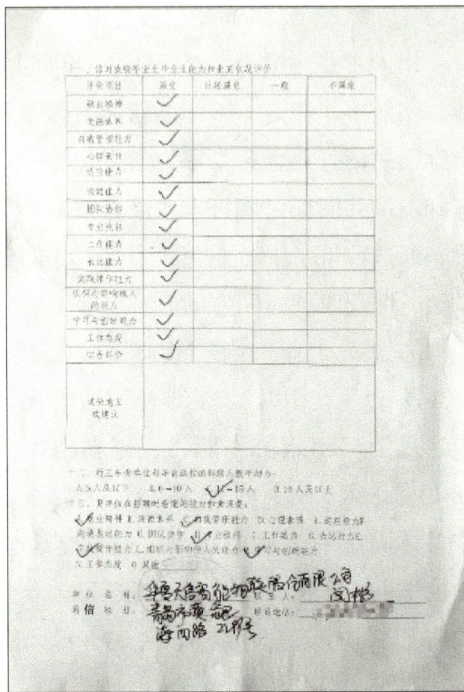

图 7.37　调查问卷（续）

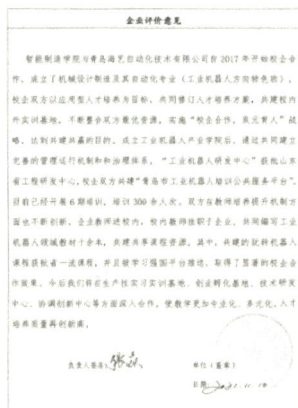

图 7.38　企业评价

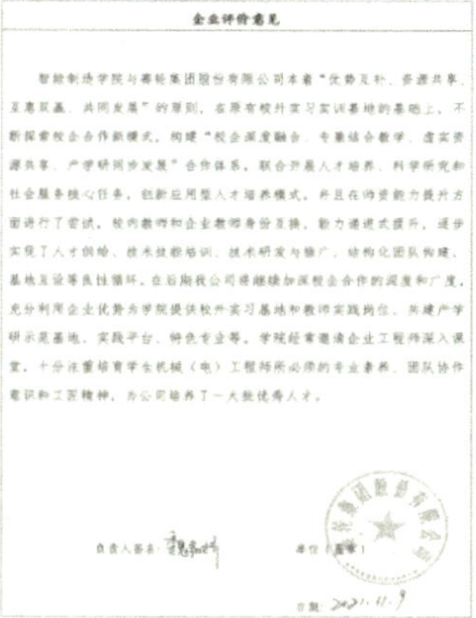

企业评价意见

智能制造学院与赛轮集团股份有限公司本着“优势互补、资源共享、互惠双赢、共同发展”的原则，在原有校外实习实训基地的基础上，不断探索校企合作新模式，构建“校企深度融合、专兼结合教学、虚实资源共享、产学研同步发展”合作体系，联合开展人才培养、科学研究和社会服务核心任务，创新应用型人才培养模式，并且在师资能力提升方面进行了尝试，校内教师和企业教师身份互换，能力递进式提升，逐步实现了人才供给、技术技能培训、技术研发与推广、结构化团队构建、基地互促等良性循环。在后期我公司将继续加深校企合作的深度和广度，充分利用企业优势为学院提供校外实习基地和教师实践岗位，共建产学研示范基地、实践平台、特色专业等。学院经常邀请企业工程师深入课堂，十分注重培育学生机械（电）工程师所必需的专业素养、团队协作意识和工匠精神，为公司培养了一大批优秀人才。

负责人签名：　　单位（盖章）

日期：2021.11.9

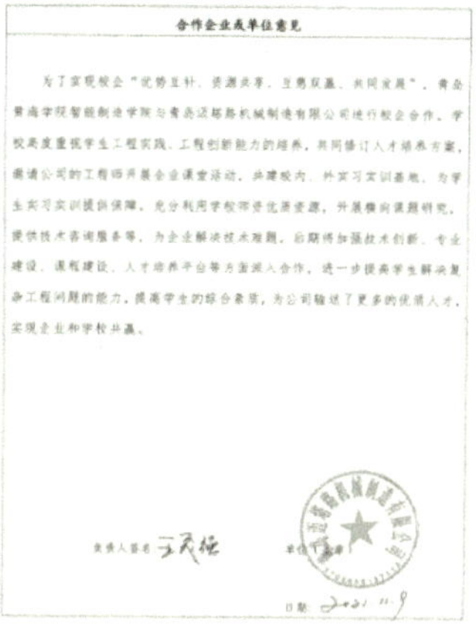

合作企业或单位意见

为了实现校企“优势互补、资源共享、互惠双赢、共同发展”，青岛黄海学院智能制造学院与青岛达扬路机械制造有限公司进行校企合作。学校高度重视学生工程实践、工程创新能力的培养，共同修订人才培养方案，邀请公司的工程师开展企业课堂活动，共建校内、外实习实训基地，为学生实习实训提供保障，充分利用学校师资优质资源，开展横向课题研究，提供技术咨询服务等，为企业解决技术难题。后期将加强技术创新、专业建设、课程建设、人才培养平台等方面深入合作，进一步提高学生解决复杂工程问题的能力，提高学生的综合素质，为公司输送了更多的优质人才，实现企业和学校共赢。

负责人签名：　　单位（盖章）

日期：2021.11.9

企业评价意见

本着“优势互补、资源共享、互惠双赢、共同发展”的合作理念，自2015年开始，青岛黄海学院智能制造学院与华夏天信智能物联股份有限公司开展校企合作，学校高度重视学生和教师工程实践能力的培养，从最初的实习、实训、就业等浅层次的合作，到后期的人才培养、科学研究、技术创新、企业服务、社会培训等方面开展深层次产教融合发展。学校与企业实行“双聘双挂”机制，教师利用假期时间到企业挂职锻炼，提升工程实践能力，学校聘请企业工程师到校担任实践类课程或做专业类报告，将生产与教育有机结合，为企业输送了大批优秀员工。

负责人签名：　　单位（盖章）

日期：2021.11

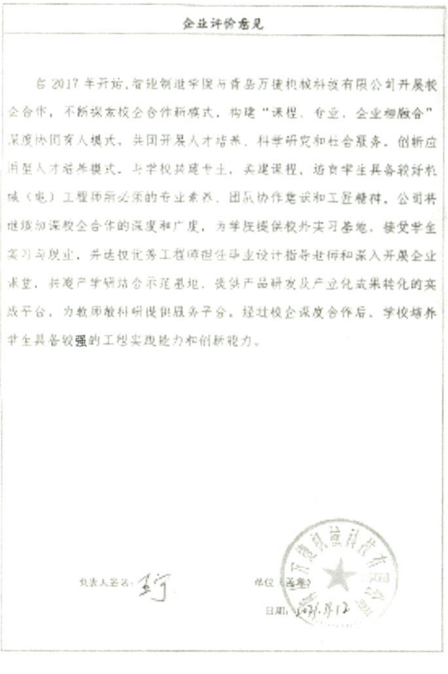

企业评价意见

自2017年开始，智能制造学院与青岛万捷机械科技有限公司开展校企合作，不断探索校企合作新模式，构建“课程、专业、企业相融合”深度协同育人模式，共同开展人才培养、科学研究和社会服务，创新应用型人才培养模式。与学校共建专业，共建课程，培育学生具备较好机械（电）工程师所必需的专业素养、团队协作意识和工匠精神，公司将继续加深校企合作的深度和广度，为学院提供校外实习基地，接受学生实习与就业，并选派优秀工程师担任毕业设计指导老师和深入开展企业课堂，共建产学研结合示范基地，提供产品研发及产业化成果转化的实践平台，为教师教科研提供服务平台。经过校企深度合作后，学校培养学生具备较强的工程实践能力和创新能力。

负责人签名：　　单位（盖章）

日期：2021.11.12

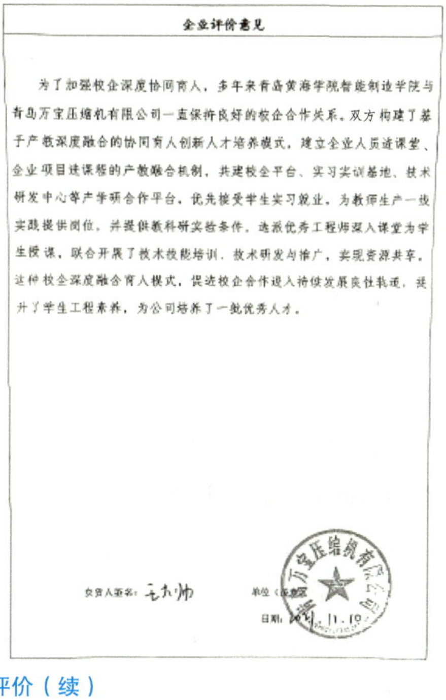

企业评价意见

为了加强校企深度协同育人，多年来青岛黄海学院智能制造学院与青岛万宝压缩机有限公司一直保持良好的校企合作关系。双方构建了基于产教深度融合的协同育人创新人才培养模式，建立企业人员进课堂、企业项目进课程的产教融合机制，共建校企平台、实习实训基地、技术研发中心等产学研合作平台，优先接受学生实习就业，为教师生产一线实践提供岗位，并提供教科研实验条件，选派优秀工程师深入课堂为学生授课，联合开展了技术技能培训、技术研发与推广，实现资源共享，这种校企深度融合育人模式，促进校企合作进入持续发展良性轨道，提升了学生工程素养，为公司培养了一批优秀人才。

负责人签名：　　单位（盖章）

日期：2021.11.10

图 7.38　企业评价（续）

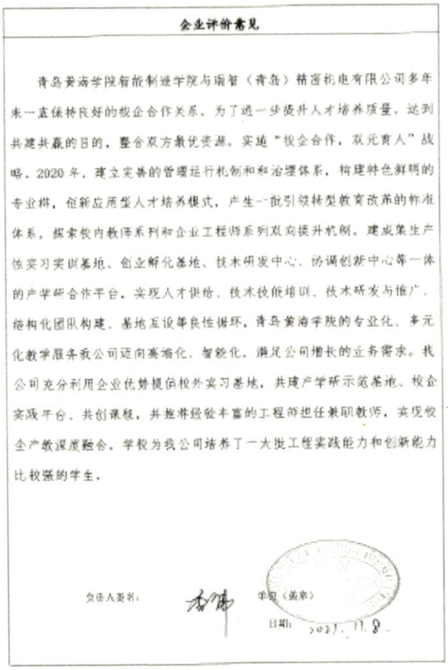

企业评价意见

青岛黄海学院智能制造学院与瑞智（青岛）精密机电有限公司多年来一直保持良好的校企合作关系，为了进一步提升人才培养质量，达到共建共赢的目的，整合双方最优资源，实施“校企合作，双元育人”战略。2020 年，建立完善的管理运行机制和和治理体系，构建特色鲜明的专业群，创新应用型人才培养模式，产生一批引领转型教育改革的标准体系，探索校内教师系列和企业工程师系列双向提升机制，建成集生产性实习实训基地、创业孵化基地、技术研发中心、协调创新中心等一体的产学研合作平台，实现人才供给、技术技能培训、技术研发与推广、结构化团队构建、基地互设等良性循环，青岛黄海学院的专业化、多元化教学服务我公司逐向高端化、智能化，满足公司增长的业务需求。我公司充分利用企业优势提供校外实习基地，共建产学研示范基地、校企实践平台，共创课程，并推荐经验丰富的工程师担任兼职教师，实现校企产教深度融合，学校为我公司培养了一大批工程实践能力和创新能力比较强的学生。

负责人签名：　　单位（盖章）

日期：2021.11.8

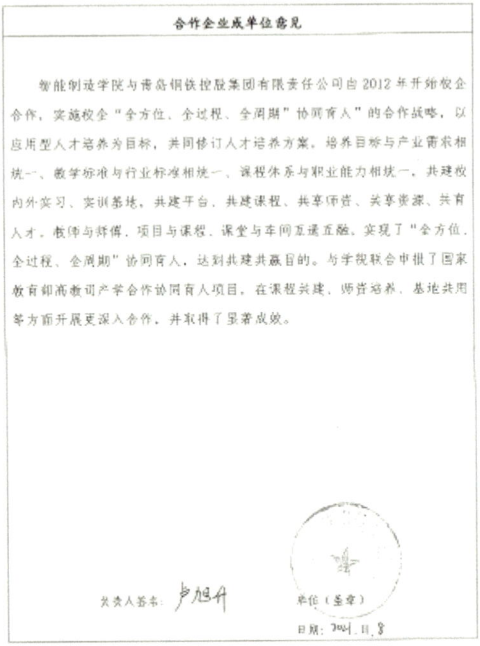

合作企业或单位意见

智能制造学院与青岛钢铁控股集团有限责任公司自 2012 年开始校企合作，实施校企“全方位、全过程、全周期”协同育人”的合作战略，以应用型人才培养为目标，共同修订人才培养方案，培养目标与产业需求相统一、教学标准与行业标准相统一、课程体系与职业能力相统一，共建校内外实习、实训基地，共建平台、共建课程、共享师资、共享资源、共育人才，教师与师傅、项目与课程、课堂与车间互通互融，实现了“全方位、全过程、全周期”协同育人，达到共建共赢目的。与学院联合申报了国家教育部高教司产学合作协同育人项目，在课程共建、师资培养、基地共用等方面开展更深入合作，并取得了显著成效。

负责人签名：　　单位（盖章）

日期：2021.11.8

图 7.38　企业评价（续）

⑤加强第三方评价、机构评价

人才培养质量是学校的生命线，为了培养满足社会需求的人才，必须加强行业企业、用人单位等第三方评价，将就业率、就业质量、创业质量融入评价体系中。具体措施如下。一是学校统筹做好引入第三方评价的规划，提出评价的重点内容，完善评价制度，评价要贯穿人才培养全过程，真正做到人才培养质量全过程监控与评价。二是各专业每年都要安排相关人员深入企业进行调查分析，并开展毕业生跟踪调查，根据企业需求与企业专家共同修订人才培养方案、质量标准、教学标准、课程标准等，以更好地提高学生培养质量。三是根据企业单位的反馈意见和建议，制定有关实习实训的管理办法，及时控制教学质量。邀请行业、企业专家组建校外评价组，不定期到校内理论和实践课堂听课、检查，掌握课堂情况，及时进行反馈，确保实现人才培养目标。四是对照各项指标，对第三方评价机构的反馈进行整理，找出问题主要原因，制定整改计划，确保人才培养质量的提升。

7.4　实施成效

7.4.1　加强产学合作、保障高质就业、企业满意度高

青岛黄海学院近三年就业落实率为 95.32%，高质量就业的人数比例保持在 30% 以上，且逐年递增。青岛黄海学院积极搭建平台，通过智能制造产业学院等加强与周边企业的产学研合作，保障高质量就业。通过走访企业和问卷调查可知，用人单位对毕业生的总体评价较高，对毕业生的敬业精神、实验技能等方面给予高度肯定，满意率在 95% 以上。

7.4.2　人才培养成效显著、成果受益幅面大

近三年来，师生在国家级、省级学科竞赛中累计获奖 1735 项，获奖数量位居省内民办高校之首。获省级以上创新创业项目 110 余项，授权专利 115 件，发表论文 126 篇。近四年来，学生高级职业资格证获取率达 100%，获省级以上大创项目 200 余项；在科技创新竞赛方面，获省级以上奖励 1800 余项，获奖数量位居省内民办高校之首。校内 14 名学生获"中国大学生自强之星""中国电信奖学金·飞 Young 奖"等国家级荣誉，工作室多次被省科协授予优秀科技社团称号。工作室学生获奖和科创作品获奖分别如图 7.39 和图 7.40 所示。中国高等教育学会高校竞赛评估与管理体系研究工作组发布的 2021 全国普通高校大学生竞赛分析报告中，青岛黄海学院位居 2017—2021 年全国"民办及独立学院"大学生竞赛榜单第 9 位，在全国新建本科院校中位列第 52 名。学校培养出央视网报道的齐鲁首席技师苗立岐、青岛市劳动模范孙靖东等"大国工匠"，优秀毕业生代表如表 7.8 所示。学校孵化出一批优秀创业公司，如年均销售额 8000 余万元的杭州沃伦森电气有限公司，年均销售额 2000 余万元的青岛永铭智能科技有限公司，等等。用人单位对毕业生给予高度评价：专业技能过硬，具有较强的创新意识和能力，能迅速适应工作岗位并成长为单位的骨干。

图 7.39　工作室学生获奖

图 7.40　科创作品获奖

表 7.8　优秀毕业生代表

创业典型	高建，毕业于电信专业，创建杭州沃伦森电气有限公司，专注于输配电系统无功补偿、滤波及电力电子设备的研发、生产和工程实施	

续表

创新典型	和雷涛，毕业于电气专业，现就职于青岛海检集团有限公司，在校期间获省级以上科技创新竞赛奖励 23 项，授权专利 3 件，发论文 5 篇，被评为"中国大学生自强之星"	
"大国工匠"	苗立岐，毕业于机电专业，现担任上汽通用五菱汽车股份有限公司青岛分公司总装车间工段长。先后获得"全国操作技术能手""齐鲁首席技师"等多项称号，被央视网大国工匠专题报道	
	孙靖东，毕业于机制专业，现担任青岛兰石重型机械设备有限公司手工焊班班长，多次获得"兰石集团劳动模范""甘肃省技术标兵""甘肃省青年岗位能手""青岛劳动模范"等荣誉称号	
升学典型	赵康，毕业于机制专业，现为石河子大学机械工程专业博士研究生，主要从事智能检测与自动化控制技术研究。作为主要完成人参与国家自然科学基金项目 2 项，获发明专利 2 件，发表 SCI 一区论文 1 篇，EI 检索论文 1 篇	

7.4.3 应用效果突出、社会各界评价高

深化产教融合、校企合作是解决企业用工的结构性矛盾的有效手段，也是培养高素质应用型人才的必由之路。自智能制造产业学院成立以来，青岛黄海学院平均就业率达 98.6%，为青岛的智能制造业输送了 2000 余名高素质人才，培养出苗立岐、孙靖东等一大批优秀毕业生。同时，学校致力于社会服务，组织承办"泰山科技论坛"等省级学术活动，累计受益学生 14 000 余人；连续 4 年承办山东省大学生先进成图技术与产品信息建模创新大赛等赛事（见图 7.41），累计服务 150 所高

校 5000 多名学生，增强了学生的团结协作能力、沟通交流能力和工程伦理意识。学校开展"3D 打印 & 智能制造"等师资培训活动，受益高校达 25 所。学校面向上汽通用五菱、青岛中加特等企业开展 4000 余名员工技能培训，面向海军部队开展舰员级技能培训，实现了企业资源和学校资源优势互补，服务区域经济发展，培养高素质应用型创新人才。

　　学生通过实践锻炼，创新能力与解决复杂工程问题的能力有了明显提升。专业志愿服务团队面向社区及中小学开展小家电义务维修（见图 7.42）、3D 打印科普（见图 7.43）、研学活动（见图 7.44）等志愿服务活动，累计开展 30 余次，服务人数达 4000 余人。其中，"农村劳动力赋能"项目获山东省"互联网+"大赛金奖，"雷小锋"志愿服务队入选国家级重点服务团队。

图 7.41　承办大赛照片

图 7.42 服务康大凤凰国际社区小家电维修现场

图 7.43 3D 打印科普进校园

图 7.44 为小学生开展研学活动

外交部前部长李肇星、中华全国总工会前副主席许振超、山东省教育厅前副厅长白皓对青岛黄海学院的应用型人才培养给予高度评价。中国教育报、大众网、人民网等 12 家媒体累计 30 余次报道青岛黄海学院的人才培养工作，产生了广泛的社会影响。领导视察、推广应用、媒体宣传示例如图 7.45 所示。

图 7.45　领导视察、推广应用、媒体宣传示例

第8章

结论与展望

8.1　研究结论

本书以应用型高校智能制造专业集群建设为核心，通过理论分析、现状调研、路径探索与实践案例研究，系统梳理了智能制造专业集群建设的逻辑框架与实践路径，得出以下结论。

第一，应用型高校智能制造专业集群建设是产业转型升级的必然要求。随着全球制造业向智能化、数字化方向加速转型，智能制造产业链对复合型、创新型技术技能人才的需求日益迫切。智能制造作为新一轮工业革命的核心驱动力，正在深刻改变全球制造业的格局。应用型高校作为培养高素质技术技能人才的重要阵地，必须紧密围绕产业链需求，构建与之相适应的智能制造专业集群。通过智能制造专业集群建设，高校可以更好地服务区域经济发展，推动产业转型升级。

第二，智能制造专业集群建设需要基于产业链需求进行优化与整合。智能制造产业链涵盖从产品设计、生产制造到物流服务的全过程，涉及多个技术领域和学科交叉。因此，应用型高校在构建智能制造专业集群时，必须深入分析产业链各环节的需求，优化和整合现有专业资源，形成与产业链高度契合的专业布局。

第三，课程体系与教学内容的优化是智能制造专业集群建设的核心任务。传统课程体系存在内容碎片化、技术滞后等问题，在智能制造领域，技术的快速发展和产业的不断升级对课程体系和教学内容提出了更高的要求。因此，智能制造专业集群需构建"模块化、动态化、项目化"的课程体系。例如，将工业机器人技术、数字孪生技术、大数据分析技术等前沿技术融入核心课程模块，优化课程体系，更新教学内容，确保培养的人才能够满足产业发展的需要。实践教学体系建设是智能制造专业集群建设的重要保障。智能制造专业集群构建层层递进的实践教学体系，并整合实践教学资源，对学生技术应用能力的培养具有显著促进作用。

第四，师资队伍建设是智能制造专业集群建设的关键要素。其建设水平直接影响到人才培养的质量。当前，应用型高校智能制造专业的教师普遍存在"理论强、实践弱""学科背景单一"等问题。在智能制造专业集群建设中，师资队伍的建设应以产业链需求为导向，注重教师的专业能力、实践能力和团队协作能力。本书通过案例研究发现，校企双向流动、教师技术技能培训、行业导师引进等机制，可有效提升教师的跨学科教学能力与实践指导水平。

第五，教学模式与方法的创新是提升人才培养质量的重要手段。传统的教学模式和方法已无法满足智能制造领域对复合型、创新型人才的需求。因此，应用型高校在智能制造专业集群建设中，应创新教学模式与方法，形成"一体两翼三合""五维联动、四段递进""三课递进"等特色教学模式，以适应产业发展的需求，提升学生的学习效果。

第六，质量保障与评价机制是智能制造专业集群建设的重要保障。质量保障机制是智能制造专业集群建设的重要环节，其目的是通过系统化的监控、评估和改进，确保智能制造专业集群建设的高质量发展。应用型高校需建立"全过程、多维度"的质量监控与反馈机制，包括基于成果导向教育理念的教学质量评价、学生能力评估的量化指标（如项目完成度、技能认证通过率）、毕业生职业发展跟踪等。此外，应用型高校应建立数据驱动的持续改进机制（如利用大数据分析课程教学效果），为智能制造专业集群的动态调整提供科学依据。

第七，以青岛黄海学院为例进行智能制造专业集群建设实践分析，从组织机构保障、健全智能制造专业集群制度体系、构建跨学科多方协同智能制造专业集群模式、构建产业导向的模块化课程体系、共建共享产教融合实践教学平台、改革教学模式、打造产教融合协同育人新模式等方面进行分析，人才培养成效较好。

本书通过实证分析发现，产教融合不仅是校企合作的简单延伸，更是教育链、人才链与产业链、创新链的深度融合。以青岛黄海学院为例，其通过采取共建共享实践教学平台、项目驱动教学模式、"双师型"师资队伍建设等举措，实现了智能制造专业集群与区域产业的深度对接。数据显示，该校智能制造专业毕业生就业率连续三年超过 95%，企业满意度达 90% 以上，充分验证了产教融合模式在提升人才培养质量方面的核心作用。

8.2　智能制造专业集群发展面临的挑战和应对策略

智能制造专业集群建设是应用型高校适应产业智能化转型、服务国家战略需求的重要路径。未来，应用型高校需直面多重挑战，把握行业趋势，通过系统性改革与创新，推动专业集群向纵深发展。

8.2.1　面临的挑战

第一，技术更新速度快，教学内容滞后。智能制造领域的技术更新速度非常快，而高校的教学内容往往滞后于技术发展。如何及时更新教学内容，确保学生掌握最新的技术和知识，是智能制造专业集群建设面临的重要挑战。

第二，学科之间的融合难度大，专业整合不足。智能制造涉及多个学科领域，如何实现学科之间的深度融合，形成有机的专业集群，是智能制造专业集群建设面临的重要挑战。

第三，实践教学资源不足，实践能力培养受限。智能制造领域的实践教学需要大量的硬件和软件资源支持，而部分高校可能资源不足。如何解决实践教学资源不足的问题，提升学生的实践能力，是智能制造专业集群建设面临的重要挑战。

第四，师资队伍建设难度大，高水平人才缺乏。智能制造领域对师资队伍的专业能力和实践能力提出了更高的要求，而部分高校可能缺乏高水平人才。如何吸引和培养高水平人才，是智能制造专业集群建设面临的重要挑战。

第五，产教融合深度不足，校企合作机制不完善。产教融合是应用型高校人才培养的重要途径，而部分高校可能与企业合作的深度不足，校企合作机制不完善。如何深化产教融合，推动校企合作，是智能制造专业集群建设面临的重要挑战。

8.2.2　应对策略

第一，建立动态更新机制。定期更新课程内容，确保教学内容与技术发展同步。通过校企合作，引入企业的最新技术和案例，丰富教学内容。利用 MOOCs 和 SPOC，开发在线课程，提供最新的学习资源。

第二，建立跨学科团队。组建跨学科的教学和科研团队，促进学科之间的协作与融合。开发跨学科的课程和项目，培养学生的跨学科能力。整合校内外的教育资源，形成有机的智能制造专业集群。

第三，加强校企合作。通过校企合作，引入企业的实践资源，建设实训基地。利用虚拟现实和增强现实技术，构建虚拟实验室，弥补硬件资源的不足。开发与产业需求紧密结合的实践教学项目，提升学生的实践能力。

第四，加强师资队伍建设。制定具有竞争力的人才引进政策，吸引高水平人才加入。通过校内培训、校外进修和企业实践，提升教师的专业能力和实践能力。通过给予薪酬激励、畅通职称晋升渠道和给予荣誉称号等方式，激励教师不断提升自身能力。

第五，建立产教融合平台。建立产教融合平台，促进校企之间的信息共享和资源整合。通过共建实训基地、联合开发课程、培养"双师型"教师等方式，深化校企合作。通过政府政策支持，鼓励企业参与产教融合。

参考文献

一、专著类（48 篇）

［1］乌尔里希·森德勒. 工业 4.0：智能制造与未来工厂［M］. 北京：机械工业出版社，2016.

［2］国务院发展研究中心课题组. 中国制造 2025：智能制造与产业升级［M］. 北京：中国发展出版社，2016.

［3］潘懋元. 应用型高等教育转型发展研究［M］. 北京：高等教育出版社，2017.

［4］赵志群. 专业集群：职业教育与产业协同发展［M］. 北京：教育科学出版社，2020.

［5］王继平. 产教融合：职业教育改革新路径［M］. 北京：清华大学出版社，2019.

［6］李培根，周济. 智能制造：技术基础与应用案例［M］. 北京：机械工业出版社，2018.

［7］张军，刘伟. 虚拟现实与智能制造实训［M］. 北京：电子工业出版社，2021.

［8］李明，王晓华. 跨学科教育：理论与实践［M］. 北京：科学出版社，2019.

［9］李骏. 工业互联网：架构、技术与实践［M］. 北京：人民邮电出版社，2020.

［10］黄卫东. 智能制造系统与集成技术［M］. 北京：清华大学出版社，2021.

［11］陈杰，王宁. 智能制造工程教育模式研究［M］. 上海：上海交通大学出版社，2019.

［12］刘宏，张涛. 产教融合视域下的专业集群建设［M］. 北京：教育科学出版社，2022.

［13］杨立华. 应用型高校实践教学体系构建［M］. 北京：高等教育出版社，2020.

［14］吴晓波. 工业 4.0 与教育变革［M］. 杭州：浙江大学出版社，2018.

［15］张新科. 德国双元制职业教育模式研究［M］. 北京：商务印书馆，2017.

［16］周洪宇. 智能制造人才培养的国际比较［M］. 武汉：华中科技大学出版社，2021.

［17］徐飞. 新工科教育：理念与实践［M］. 北京：科学出版社，2019.

［18］王建华. 跨学科课程设计与教学改革［M］. 北京：北京大学出版社，2020.

［19］陈宝生. 中国职业教育改革与发展报告［M］. 北京：人民教育出版社，2021.

［20］郑南宁. 人工智能与教育融合创新［M］. 西安：西安交通大学出版社，2022.

［21］李志民. 产教融合背景下的高校专业集群建设［M］. 北京：中国人民大学出版社，2021.

［22］丁烈云. 工程教育认证与专业建设［M］. 北京：高等教育出版社，2018.

［23］王众托. 系统工程与智能制造［M］. 北京：清华大学出版社，2019.

［24］顾佩华. 工程教育 OBE 模式的理论与实践［M］. 北京：科学出版社，2020.

［25］林毅夫. 产业政策与教育协同发展［M］. 北京：北京大学出版社，2017.

［26］周远清. 中国高等教育改革四十年［M］. 北京：高等教育出版社，2018.

［27］刘献君. 应用型高校课程体系改革研究［M］. 武汉：华中科技大学出版社，2019.

［28］马陆亭. 高校专业集群建设的理论与实践［M］. 北京：教育科学出版社，2021.

［29］钟秉林. 高等教育质量保障体系研究［M］. 北京：北京师范大学出版社，

2020.

［30］杨叔子. 智能制造与工程教育创新［M］. 武汉：华中科技大学出版社，2017.

［31］李晓明. 工业大数据与智能制造人才培养［M］. 北京：电子工业出版社，
2022.

［32］王树国. 产教融合协同育人机制研究［M］. 北京：清华大学出版社，2021.

［33］陈劲. 开放式创新与智能制造教育［M］. 杭州：浙江大学出版社，2020.

［34］袁驷. 工程教育国际化路径探索［M］. 北京：高等教育出版社，2019.

［35］张维迎. 产业升级与教育供给侧改革［M］. 北京：北京大学出版社，2018.

［36］李稻葵. 智能制造与区域经济发展［M］. 北京：清华大学出版社，2021.

［37］吴启迪. 新工科教育：全球视野与中国实践［M］. 上海：复旦大学出版社，
2020.

［38］王战军. 高校专业评估与质量保障［M］. 北京：科学出版社，2019.

［39］张尧学. 工业互联网与教育变革［M］. 北京：人民邮电出版社，2022.

［40］朱高峰. 中国工程教育发展报告［M］. 北京：高等教育出版社，2017.

［41］黄佳. 产教融合一体化育人策略与实践［M］. 北京：中国原子能出版社，
2021.

［42］杨春林. 产教融合背景下高校"双师双能型"师资队伍建设的探索与实践
［M］. 北京：北京工业大学出版社，2021.

［43］谢少娜，洪柳华，傅燕萍. 基于产教融合背景下的高职学生就业创业教育研
究［M］. 沈阳：辽宁大学出版社，2021.

［44］黄立. 产教融合背景下高职院校"双师型"教师团队建设研究［M］. 长春：
吉林人民出版社，2020.

［45］刘平国. 产教融合视域下高职院校"课程思政"理论与实践研究［M］. 湘
潭：湘潭大学出版社，2020.

［46］黄艳. 产教融合的研究与实践［M］. 北京：北京理工大学出版社，2019.

［47］黄小芳. 省域应用型本科教育质量监测评价研究：以福建省为例［M］. 厦
门：厦门大学出版社，2020.

［48］项勇，雷雨桐，黄佳祯，等. 基于产业集群的地方高校产学研合作机制研究
［M］. 北京：中国经济出版社，2021.

二、期刊论文类（30 篇）

［1］陈晓明，李华．智能制造背景下专业集群建设路径研究：以德国"工业4.0"教育实践为例［J］．高等工程教育研究，2021（3）：45-52．

［2］张伟，王丽．应用型高校智能制造专业群产教融合模式创新［J］．中国职业技术教育，2020（15）：23-29．

［3］刘强，赵敏．智能制造专业群跨学科课程体系构建研究［J］．现代教育管理，2022（5）：67-73．

［4］周涛，吴雪．基于OBE的智能制造专业集群质量评价体系研究［J］．教育发展研究，2021（12）：89-96．

［5］王峰，李静．智能制造实践教学资源整合与优化路径［J］．实验室研究与探索，2022（4）：112-117．

［6］陈刚，张莉．产教融合视域下"双师型"教师培养机制研究［J］．中国高教研究，2019（8）：54-59．

［7］李明，孙晓．工业互联网背景下智能制造课程体系设计［J］．现代教育技术，2021（6）：88-94．

［8］赵红，刘洋．虚拟仿真技术在智能制造实训中的应用［J］．实验技术与管理，2020（10）：101-106．

［9］周敏，王磊．智能制造专业群校企协同育人模式研究［J］．高等工程教育研究，2022（2）：33-39．

［10］黄波，陈雪．基于产业链的智能制造专业集群构建策略［J］．中国高等教育，2021（11）：45-50．

［11］张华，李娜．智能制造专业群课程思政融入路径研究［J］．思想理论教育导刊，2022（7）：78-83．

［12］吴昊，杨帆．智能制造领域国际化人才培养模式探索［J］．比较教育研究，2020（9）：67-73．

［13］徐杰，孙丽．应用型高校创新创业教育体系构建［J］．中国大学教学，2021（5）：22-27．

［14］李斌，王芳．智能制造专业群实践教学体系优化研究［J］．实验室科学，

2022（3）：55-60.

［15］刘伟，张涛. 工业 4.0 背景下德国职业教育经验借鉴［J］. 外国教育研究，2019（12）：89-95.

［16］陈丽，王鹏. 智能制造专业群师资队伍建设路径［J］. 教师教育研究，2021（4）：34-40.

［17］孙强，李敏. 基于大数据的专业集群质量评价模型构建［J］. 教育测量与评价，2022（1）：44-49.

［18］赵刚，周莉. 智能制造专业群产教融合平台建设研究［J］. 中国高校科技，2020（7）：61-66.

［19］王宁，陈杰. 智能制造专业群学生工程实践能力培养［J］. 高等工程教育研究，2021（6）：77-82.

［20］张敏，李强. 智能制造专业群国际化课程开发研究［J］. 教育理论与实践，2022（8）：32-37.

［21］刘洋，赵红. 智能制造虚拟仿真实验教学平台设计［J］. 实验技术与管理，2021（9）：105-110.

［22］李娜，张华. 智能制造专业群课程体系动态调整机制［J］. 中国高等教育，2022（10）：51-56.

［23］陈雪，黄波. 智能制造专业群跨学科教学团队建设研究［J］. 中国高校师资研究，2020（4）：23-28.

［24］杨帆，吴昊. 智能制造领域校企协同创新模式研究［J］. 科技管理研究，2021（12）：88-93.

［25］孙丽，徐杰. 应用型高校专业集群质量保障体系构建［J］. 教育发展研究，2022（3）：65-70.

［26］王鹏，陈丽. 智能制造专业群学生创新能力培养路径［J］. 创新与创业教育，2021（7）：44-49.

［27］李敏，孙强. 基于产教融合的智能制造课程开发［J］. 职业技术教育，2020（11）：55-60.

［28］周莉，赵刚. 智能制造专业群国际化认证体系研究［J］. 高等工程教育研究，2022（4）：39-45.

［29］陈杰，王宁．智能制造专业群学生职业发展跟踪研究［J］．教育研究与实验，2021（8）：72-77．

［30］张涛，刘伟．智能制造专业群产教融合政策支持研究［J］．教育政策与管理，2022（6）：61-66．

三、其他文献（报告、标准、汇编等）

［1］德勤．全球智能制造发展报告（2023）［R］，2023．

［2］中国电子学会．中国智能制造人才发展白皮书［R］，2022．

［3］国务院办公厅．关于深化产教融合的若干意见［Z］，2017．

［4］工业和信息化部.《中国制造2025》重点领域技术路线图［Z］，2015．

［5］Auer, M. E., Centea, D. Education and Training for Industry 4.0［M］. Berlin：Springer，2020．

［6］Krishnamachari, B. Smart Manufacturing：Concepts and Applications［M］. Hoboken：Wiley，2021．

［7］UNESCO-UNEVOC. Global Trends in Technical and Vocational Education［R］. Paris：UNESCO，2022．

［8］工业和信息化部，国家标准化管理委员会．国家智能制造标准体系建设指南［S］．北京：中国标准出版社，2021．

［9］教育部高等教育司．高校专业集群建设案例汇编［G］．北京：高等教育出版社，2020．